高职实用体育教程

主编　王朝霞

北京体育大学出版社

策划编辑　高　飞
责任编辑　魏国旺
责任校对　赵　雅
审稿编辑　李　飞
封面设计　张　勋
版式设计　李宇霞

图书在版编目（CIP）数据

高职实用体育教程 / 王朝霞等主编 . —北京：北京体育大学出版社，2016.7
ISBN 978-7-5644-2372-8

Ⅰ . ①高… Ⅱ . ①王… Ⅲ . ①体育 – 高等职业教育 – 教材 Ⅳ . ① G807.4

中国版本图书馆 CIP 数据核字（2016）第 191398 号

高职实用体育教程

出版发行　北京体育大学出版社
地　　址　北京市海淀区信息路 48 号
邮　　编　100084
电　　话　010–62963531　62963530
印　　刷　北京市密东印刷有限公司
规　　格　185mm × 260mm　16 开本
印　　张　19
字　　数　420 千字

2018 年 8 月第 1 版第 3 次印刷
ISBN 978-7-5644-2372-8
定　价　30.00 元

《高职实用体育教程》编委会

主　　编　王朝霞

副 主 编　牛海明　郭建松

编　　委　王明智　梁克平　李玉斌

　　　　　刘家瑞　孙雅娟

前　言

　　体育可以张扬人的个性，强健人的体魄，完善人的品格，丰富人的感情，甚至可以潜移默化地改变人的生活方式。体育是一项崇高、伟大而光荣的事业，伴随着人类的文明与进步，至今已有几千年的历史。在社会经济快速发展的今天，大学体育教育要面对科学技术的迅猛发展趋势和体育运动的广阔市场空间，传统的教育方式已经滞后，思维方式和教育方法的改变势在必行。因此，大学生体育教育不仅仅是传授体育知识，也不仅仅是增强体质，而应在提高生活质量和改善生活方式方面发挥它特有的功能，这样才能适应"三个面向"的要求，从而真正建立一种以人为本、理性的且符合人类可持续发展的体育教育课程体系。

　　为了全面贯彻党的教育方针，促进大学生的健康发展，使当代大学生成为社会主义事业的建设者和接班人，我们根据《中共中央国务院关于深化教育改革全面推进素质教育的决定》，在总结高等学校体育课程建设的基础上，遵循教育部颁布的《全国普通高等学校体育课程教学指导纲要》精神，编写了这本《高职实用体育教程》。

　　本教材以"健康第一"为指导思想和主线，更新传统观念，增加了最新知识，在继承和发扬原有体育教材的基础上，结合高职院校体育公共课的教学实际和特点，以培养高职学生的体育与健康意识、创新精神和实践能力为重点，力求体现该课程的新思想和新理念。

　　本教材重点突出了高职学生的心理、生理特点，以提高高职学生身心健康为目标，注重培养学生健康意识和行为，促进高职学生身体、心理、社会适应能力和整体健康水平的发展。本教材注重理论与实践相结合，内容充实，图文并茂，融科学性、知识性和实用性于一体，使身体锻炼与体育文化的学习同运动能力的培养有机地结合起来，切实培养大学生的体育锻炼兴趣，把满足社会发展的需要和个人发展的需要有机地结合起来，使高职学生进一步掌握体育科学理论知识与运动技能，从而提高大学生的身体素质。

第一章、第二章、第三章、第四章、第五章由牛海明编写；第六章、第七章、第八章、第九章由郭建松编写；第十章、第十一章由王明智编写；第十二章、第十三章由梁克平编写；第十七章第一节、第二节、第三节由刘家瑞编写；第十七章第四节、第十八章、附录由李玉斌编写；第十四章、第十五章由孙雅娟编写；第十六章由王朝霞编写。

在本教材撰写过程中，我们参阅了众多的专业书籍，学到了许多新理念、新知识，在此，我们谨向原作者深表谢意。由于编写人员水平有限，书中若有不足之处，恳请各位专家、读者给予批评与指正。

目　录

基础理论篇

运动实践篇

第一章

体育与健康概论

第一节 体育与健康课程

高等职业学院是培养新时期德智体美全面发展、具有高素质职业技能的人才基地。高职学生在校期间，要将完善身心健康和增强职业体能作为投身现代化建设的自我需求和必备条件，自觉积极地参与各项体育活动，努力锻炼身体，塑造健全的体格。要达到此目的，首先要认真上好体育与健康课程，在课内外体育锻炼中，达到身心全面健康。

一、课程性质

体育与健康课程，是大学生以身体练习为主要手段，通过合理的体育教育和科学的体育锻炼，达到增强体质、增进健康、提高体育文化素养为主要目标的必修课程。

体育与健康课程是学校体育的基本组织形式，是寓促进身心和谐发展、思想品德教育、体育文化教育、生活与体育技能教育有机结合的综合教育过程，是实施素质教育、培养全面发展人才的重要途径。

二、课程目标

课程目标决定体育教学的方向。高职院校体育课程的目标，既面向全体学生，又针对学生的个性发展因人而异。现代课程目标领域扩大，内容丰富全面。大学生应该在运动参与、运动技能、身体健康、心理健康、社会适应五大目标领域的学习和实践中，自觉努力地提高体育文化素养和体质健康水平。

（1）运动参与目标：培养体育兴趣，积极主动地参与各种体育活动，形成良好的体育锻炼习惯，增进终身体育意识。

（2）运动技能目标：学习体育基本知识，具有一定的体育文化欣赏能力；熟练掌握两项以上健身运动的方法与技能，能科学和安全有效地进行体育锻炼，具有一定的野外生存能力。

（3）身体健康目标：能自我测试和评价体质健康状况；掌握全面发展体能的知识与方法；发展良好的身体素质；懂得环境与营养卫生知识；养成良好的行为习惯，形成健康的生活方式；具有健康的体魄。

（4）心理健康目标：认知体育活动对身心健康的积极影响，并能自觉利用体育活动调节和改善心理状态，克服心理障碍，充实课余生活，养成积极乐观的生活态度；体验参与运动和运动成功的乐趣，培养坚强的心理意志品质。

（5）社会适应：在体育活动中，养成良好的体育道德、行为习惯和合作精神，和谐人际关系；正确处理竞争与合作的关系。

以上课程学习目标是有机联系的整体，主要是通过运动主线（运动参与、运动技能）提高健康主线的水平（身体与心理健康和社会适应）。实现以上目标，不仅在体育课内，还要在课外体育活动、运动竞赛中，互相促进，共同发展。

三、课程结构

课程类型结构：根据课程的目标和课程的自身规律，面向全体学生，开设基础课，界定选项课和非限定选项课（课外活动），使之具有多样性、灵活性、整体性、开放性等特征，形成课内外一体化的课程体系。

课程内容结构：包括体育与健康理论知识；发展身体素质练习；基本运动技能；结合身体健康、心理健康和社会适应的教育，实施《国家学生体质健康标准》等。在学习中遵循体育健身性和文化性相结合、选择性与实效性相结合、科学性和可接受性相结合、民族性和世界性相结合的原则。

课程评价结构：对学生学习评价，由重甄别、选拔功能转向重激励、发展功能，即重视考核评价与重视过程评价相结合，由重视运动成绩转向重视全面发展。

对学生学习的评价内容有：体能、知识与技能、学习态度与行为等。

课程评价领域的拓宽，评价内容与课程目标保持一致，体现了素质教育的基本要求，即注重学生的全面发展。对不同体育基础的学生，尤其对体能较差的学生，给予客观的评价，更有增强信心和激励作用。

四、上好体育课

体育课是规定的必修课程，是高职大学生学习体育、锻炼身体的主要形式。上好体育课要求做到以下三点。

（1）提高上好体育课的认识。适应高职学院体育教学的要求，充分认识体育课的重要性，接受正规化、规范化的课程要求，遵守课堂堂规。认真完成课程的学习任务。

（2）发挥学生的主体作用。认真贯彻"健康第一"的指导思想，以人为本，以学生为主体，在课程教学中，使每个学生克服被动状态，全力以赴，充分表现出学习的自主性、能动性和创新精神。

（3）认真使用体育教材。本教材是根据《全国普通高等学校体育课程教学指导纲要》编写而正式出版的课本，具有实用性、阅读性、指导性等作用。学生在使用课本时，要做到课前阅读预习、课中实践体会、课后复习对照，以理论指导实践，用实践加深理解，以此来丰富体育文化知识，提高学习和锻炼的效果。同时，此教材对课外体育活动也有良好的指导作用，是健康生活的指南，是终身体育理论与实践的良师益友。

第二节　21世纪的健康观

一、健康的定义

健康是人类最大的财富，其重要性几乎人人皆知。然而，对于什么是健康，真正说得清的人却为数不多。通常人们认为，一个人只要不生病、不吃药、不打针就是健康的。随着社会的进步与发展，人们对健康有了更加深刻和全面的认识。世界卫生组织（WHO）于1948年在其《组织法》中指出："健康不仅是没有疾病或不虚弱，而且是身体上、精神上和社会适应方面的完美状态。"1989年，世界卫生组织将健康重新定义为："心理健康、身体健康、道德健康和社会适应良好。"

身体健康：是指躯体结构和功能正常，具有生活自理能力。

心理健康：是指个体能够正确认识自己，及时调整自己的心态，使心理处于良好状态，以适应外界的变化。

道德健康：是指能够按照社会规范的准则和要求来支配行为，能为人类的幸福作贡献。

社会适应良好：是指能以积极的态度和行为去适应社会生活的各种变化。

二、健康五要素

对于健康的认识，美国学者劳森（Lawson）还提出了"健康五要素"。他认为，个体健康应当在身体、精神、智力、情绪、社交等五个方面都处于健康和完美状态，才称之为真正的健康。

（一）身体健康

身体健康，不仅指无病，而且还包括充足的体能。后者是一种满足生活需要并有足够的能量完成各种活动、任务的能力。具备这种能力就可以预防疾病，增进健康，提高生活质量。

（二）精神健康

精神健康，主要包括理解生活基本目的的能力，以及关心和尊重所有生命体的能力。

（三）智力健康

智力健康是指在长期的学习和生活中，大脑始终保持活跃状态。有许多方法可以使大脑活跃敏捷，如听课、与朋友讨论问题和阅读报刊书籍等。努力学习和勤于思考还能使人有一种成就感和满足感。

（四）情绪健康

情绪涉及到我们对自己的感受和对他人的感受。情绪健康的主要标志是情绪的稳定性。所谓情绪稳定性，是指个体应对日常生活中人际关系和环境压力的能力。当然，生活中偶尔情绪高涨或情绪低落均属正常，关键是在生活的大部分时间里要保持情绪稳定。

（五）社交健康

社交健康是指形成与保持和谐人际关系的能力。此能力将使你在交往中有自信感和安全感。与人友好相处，也会使你少生烦恼，心情舒畅。

三、HELP 哲学观与健康

如何保障当今社会人类的健康生存？ HELP哲学观的提出为当今社会保障人类健康生存提供了理论基础。HELP是四个英语单词的首字母，H—Health，E—Everyone，L—Lifetime，P—Personal。理解HELP理论的内涵将有助于人们培养健康的生存方式，并影响其终生。

HELP中的H代表健康，即Health。健康是生命的根本，要使人们认识到健康的重要性，认识到健康的生活习惯是机体健康的根本保证，只有从根本上理解和认识健康的含义，才能有效地付诸行动，并保持良好的生活习惯。而良好的生活习惯将会有效地促进身心健康的发展，并使机体具有良好的体质。

HELP中的E代表每个人，即Everyone。具备追求健康的意识很重要，但关键是要使每个人认识到健康的重要性，进而保证使每个人都能有良好的生活习惯，并影响周围的人。要使每个人都认识到：终生都要保持良好的生活习惯。健康效果的显现滞后于生活习惯和行为的改变。体育运动并非运动员的专利，也不是为了艺术欣赏而出现的，体育运动的根本目的是为了健康。这里强调每个人，最终目的是消除国民的健康差距，促进全民健康。

HELP中的L代表一生，即Lifetime。年轻时人们可能并没有意识到吸烟、酗酒、运动不足等不利健康的行为对机体危害的严重性。只有等到疾病发生时，才意识到这种行为的后果。要使人们认识到不良健康行为具有累积性。从生命的早期就开始重视健康行为，树立终身体育意识，将使人受益终生。健康的生活习惯实施的时间越早、越长，机体的受益时间就越持久。长期的健康生活习惯甚至还能改变某些疾病的遗传易感性。

HELP中的P代表个人，即Personal。迄今为止，世界上还没有一种能包治百病的灵丹妙药。同样，增强身心健康、提高身体素质也没有单一的行为或运动处方。健康的生活习惯应基于个人需求，每个人都要根据个人的习惯，对个人行为作出调整。

四、亚健康

（一）亚健康的概念

亚健康状态是指机体虽无明确的疾病，却呈现出活力降低、功能减退的一种生理状态。它是一种暂时性的生理功能失调，常常会造成精神紧张综合征、疲劳综合征、疼痛综合征等。亚健康状态的主要表现有：疲乏无力、焦虑不安、易激怒、情绪不稳定、适应能力差、失眠、胃口不佳、懒散、注意力不集中、理解判断能力差、社交障碍等。

（二）亚健康状态的调控

（1）改变不良生活习惯，戒烟、限酒，从而减少或避免来自外界的恶性刺激。

（2）保持体内生物钟的稳定，做到劳逸结合、作息规律，防止重新加重身心疲惫。

（3）适度增加体力活动的强度和体育锻炼的时间，给躯体加大些"负荷"，不仅可以增强心肺功能，还能使心理产生愉悦之感。

（4）加强营养，定时进餐，尤其要重视早餐，注意提高早餐的质量。

（5）通过旅游活动，如春踏青、夏赏花、秋登山、冬赏雪等，经受大自然的洗礼，增强体质、陶冶情操。

（6）通过自我心理调适，逐渐提高对外来刺激的承受能力，增强心理抗病力，以心理健康带动躯体健康。

（7）广交朋友，尽量将自己置于"朋友快乐世界"中去，成为他们中的一员。调查表明，有些处于亚健康状态的人就是被朋友的友谊之手拉回到健康者行列的。

（8）症状重而不能自拔时，请医生帮助，必要时进行一些对症治疗，以中药为宜。

各健康状态的转化图。（图1-2-1）

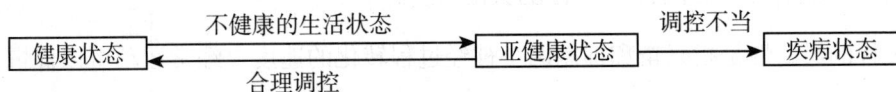

图1-2-1

第二章

体育锻炼与身心健康

第一节　体育锻炼与生理健康

一、体育锻炼对神经系统的影响

（一）体育锻炼能改善神经系统的调节机能

人体在运动时，神经系统要调节运动系统来完成准确的动作。运动动作的完成，主要是各肌肉群协调收缩并作用于骨骼的结合，各肌肉群之间的协调活动都是在神经系统调节下进行的。因此，经常参加体育锻炼能提高神经系统的分析、综合和控制能力。人体在运动时，身体各部位所处的空间位置以及肌肉收缩的状况，每时每刻都在发生着变化。这些变化的信息以神经冲动的形式传向中枢，到达大脑皮层的特定感觉区域，产生相应的感觉，并通过中枢神经系统的分析和综合，对体内外情况进行判断，并控制动作。经常参加运动，反复强化某些刺激信息，促进人体各种感觉分析能力的提高，使其具有敏锐的肌肉感觉，以保证动作完成得准确、适度。经常参加运动的人，在平时的生活、学习和运动中，动作灵活、敏捷，大脑反应快，身体的适应能力和工作能力得到增强。

（二）体育运动可以提高神经过程的灵活性

神经过程的灵活性是指兴奋和抑制两个神经过程转化的速度。经常运动可以促进二者的转化。

二、体育锻炼对心血管系统的影响

（一）体育锻炼可改善心脏的形态结构和机能

体育锻炼时，心脏的工作量增加，心肌的血液代谢过程加强。长期锻炼的运动员心肌纤维增粗、心壁增厚、心脏增大，以左心室增大最为多见，而且训练水平越高，这种变化越显著。这样，不但使心脏具有更大的收缩力，而且还能增加心脏的容量，从而使心脏的每搏输出量和每分钟输出量增加。心容量可由一般人的 765 ～ 785 毫升增加到 1 015 ～ 1 027 毫升。每搏输出量由安静时的 50 ～ 70 毫升增至 100 毫升左右。到中老年时，还可延缓肌纤维的退化过程。

（二）体育锻炼可影响血管的结构和改变血管在器官内的分布

动物试验证明，体育锻炼可使动脉血管壁的中膜增厚，平滑肌细胞和弹力纤维增加，而在大动脉（主动脉）处，弹力纤维占优势，在中等动脉（腰动脉）处，平滑肌细胞占优势。动物试验还证明，体育锻炼能使骨骼肌的毛细血管分布数量增加，分支吻合、丰富。这些变化都有利于改善器官供血，增强物质与能量的交换。

动物试验研究还证明，体育锻炼能够反射性地引起冠状动脉扩张，使冠状动脉口径增粗，改善冠状动脉循环，心肌的毛细血管数量增加。心肌中肌红蛋白含量也增高，可以增强心脏在缺氧条件下的工作能力，对预防冠心病有着重要的意义，也是延缓冠心病发展的重要因素。

（三）体育锻炼可促使大量毛细血管开放

体育锻炼对于人体组织细胞的物质代谢过程，特别是脂质代谢，以及增加血管壁的弹性，都起着良好的作用。

（四）体育锻炼可显著降低血脂含量（胆固醇、β 脂蛋白、三酰甘油）

体育锻炼会使低密度脂蛋白减少，高密度脂蛋白增加，它对防治动脉硬化有着重要意义。另外，从事体育锻炼还可增强血液中抗凝血系统的功能，降低血液中的尿酸含量，预防血小板的聚集，以免发生血管栓塞。

（五）体育锻炼可使安静时脉搏徐缓和血压降低

通常人安静时脉搏每分钟 70 ～ 80 次，经过长期体育锻炼后，可使安静时脉搏减慢到每分钟 50 ～ 60 次。脉搏频率的减少能使心脏收缩后有较长的休息时间，为心脏功能提供了储备力量。这样当人体进行激烈运动时，心脏就能承受大运动量的负荷。

运动时，经常锻炼的人每分钟脉搏次数增加较少，而且恢复较快；不常进行体育锻炼的人脉搏次数增加较多，恢复也慢。正常人轻度运动时，脉搏增加越少，恢复时间越短，说明心血管机能越好。

经过长期的体育锻炼，在完成定量工作时，心血管机能变化呈现以下特点。

（1）动员快。完成一定量的工作或劳动时，能迅速动员心血管的机能活动，以适应机体承受负荷的需要。

（2）潜力大。在极度紧张的劳作中，心血管系统可发挥最大的机能潜力，充分调动人体的储血力量。

（3）恢复快。在体力活动之后，虽然心血管机能变化很大，但能很快恢复到安静状态的水平。每次搏动及每分钟输出量增加时，自静脉流入心脏的血液也随之增加。

血液具有维持内环境的相对稳定作用、运输作用以及防御作用，在体育锻炼的影响下，血液的成分及生化方面都可发生改变。适量的体育锻炼，首先使血红蛋白和红细胞数量增加，这就增加了血液的溶氧量。前苏联学者研究证实，长期锻炼可使机体碱储备增加，因而也增加了血液的缓冲性，在进行剧烈的肌肉活动时，虽有大量代谢的酸性产物进入血液，但血液也能在比较长的时间内保持正常反应，而不致造成酸性产物对各器官组织的刺激。

三、体育锻炼对呼吸系统的影响

体育锻炼能提高呼吸机能，主要表现为呼吸肌发达，收缩力增强，最大通气量增大，肺活量增大。呼吸差区别较大，一般人为 6 ~ 8 厘米，经常锻炼的人为 9 ~ 16 厘米。安静时，一般人呼吸浅而快，每分钟男子为 16 ~ 20 次，女子要比男子快 1 ~ 2 次。而经常锻炼者呼吸深而缓，每分钟 8 ~ 12 次，一般成人肺活量为 2 500 ~ 4 000 毫升，而经常锻炼的人可达 4 500 ~ 6 500 毫升。一般人最大通气量为每分钟 80 升左右，最大吸氧量为 2.5 ~ 3.5 升，只比安静时大 10 倍；而经常锻炼的人每分钟通气量可达 100 ~ 120 升，最大吸氧量可达 4.5 ~ 5.5 升，比安静时大 20 倍。

此外，由于长期坚持锻炼，负氧量增大，对缺氧耐受力强，氧的吸收利用率也较高，调节呼吸的节奏和形式的能力也较强。

四、体育锻炼对消化系统的影响

体育锻炼对提高消化器官的机能有良好的作用。它能使胃肠的蠕动加强，消化液的分泌增多，因而使消化和吸收的能力提高，从而增加食欲。但是，进食后立即进行比较剧烈的运动或比较剧烈运动后立即进食，都对消化系统有不良影响。因在剧烈运动时，大脑皮层运动中枢兴奋占优势，以致减弱和抑制了其他部位的活动，使消化中枢处于抑制状态，因而减弱了胃肠的蠕动，并减少了消化液的分泌。

五、体育锻炼对运动系统的影响

体育锻炼能保持肌张力，减小肌萎缩和退行性变化，保持韧带的弹性和关节的灵活性，使脊柱的外形保持正常，从而能够防止和减少肌肉、韧带、关节等器官的损伤和退化，使运动系统功能得到改善。

体育锻炼时骨的血液供给得到改善，骨的形态结构和性能都发生了良好的变化，骨密质增厚使骨变粗，骨小梁的排列更加整齐而有规律，骨骼表面肌肉附着的突起更加明显，这些变化使骨变得更加粗壮和坚固，从而提高了骨的抗折、抗弯、抗压缩和抗扭转等方面的能力。

（一）体育锻炼对关节的影响

体育锻炼既可增强关节的稳固性，又可提高关节的灵活性。关节稳固性的加大，主要是增强了关节周围肌肉力量的结果，同时与关节和韧带的增厚也有密切关系。关节灵活性的提高，主要是关节囊韧带和关节周围肌肉伸展性加大的结果。例如，游泳或体操运动时，肩、肘、手、足等关节运动幅度都加大，从而使灵活性提高。人体的柔韧性提高了，肌肉活动的协调性加强，有助于适应各种复杂动作的要求。

（二）体育锻炼对肌纤维的影响

（1）肌纤维变粗，肌肉体积增大，因而肌肉显得发达、结实、健壮、匀称而有力。正常人的肌肉占体重的 35% ~ 40%，而经常从事体力劳动和体育锻炼的人，肌肉可占体重的 45% ~ 55%。

（2）肌肉组织的化学成分可发生变化，如肌肉中的肌糖原、肌球蛋白、肌动蛋白和肌红蛋白等含量都有所增加。肌球蛋白、肌动蛋白是肌肉收缩的基本物质。这些物质增多不仅能提高肌肉收缩的能力，而且还使三磷酸腺苷酶的活性增强、分解速度加快并增加供给肌肉的能量。肌红蛋白具有与氧结合的能力，肌红蛋白含量增加，则肌肉内的氧储备量也增加，有利于肌肉在氧供应不足的情况下继续工作。

（3）体育锻炼有助于增强肌肉的耐力。因为肌纤维内线粒体的大小和数量成倍增加能产生更多的能量，使肌肉中的毛细血管大量开放（安静时肌肉每平方毫米开放的毛细血管不过 80 条，剧烈运动时可增加到 2 000 ~ 3 000 条）。长期坚持锻炼，可使肌肉的毛细血管形态结构发生变化，出现囊泡状，从而增加了肌肉的血液供应量。

第二节　体育锻炼与心理健康

健康是幸福人生的载体，是颐养天年的保证。众所周知，体育有健身功能，有利于增强体质、体能，但我们还需要认知体育锻炼对心理健康的促进作用。人生道路是曲折的，每个人在生活、学习和工作中，都要面对不同的压力和挫折，容易出现心理障碍。体育锻炼可以改善情绪，消除心理障碍。现代青年学生，应努力在体育锻炼中促进心理健康，达到生理、心理、社会适应三位一体的完美状态。

一、心理健康的定义与评价标准

（一）心理健康的定义

1946 年，国际心理卫生联合会将心理健康定义为，心理健康是指在身体、智能及情感上与他人心理健康不相矛盾的范围内，将个人心境发展成最佳状态。

健康诸要素之间的关系实际上是身心之间的关系。它们关系密切，相互作用，相互依存，身体健康有助于心理健康，心理健康维护身体健康。

美国心理学家马斯洛和密特尔曼还提出了心理健康的 10 条标准：（1）有充分的自我安全感。（2）对自己有较充分的了解，并能恰当地评价自己。（3）生活理想切合实际。（4）与周围环境保持良好的接触。（5）能保持自身人格的完善与和谐。（6）具备从经验中学习的能力。（7）保持良好的人际关系。（8）能适度地宣泄和控制自己的情绪。（9）能在符合机体要求的前提下，有限度地发挥个性。（10）在不违背道德规范的情况下，适当满足个人的基本需要。

（二）大学生心理健康的标志

1. 智力正常

智力是各种能力的总和，包括观察、记忆、思维、想象、操作等能力，是生活、学习、工作的基本条件，也是适应社会环境的保证。智力正常的人才能进取，得到满足和快乐。

2. 具有情绪控制能力

人的情绪是所有心理活动的背景条件和其他心理过程的体验。情绪是心理健康与否的标志。心理健康的大学生应该经常保持愉快、开朗、乐观、知足的心境，对未来充满希望，能主动调节、适度表达和控制过激情绪。

3. 能对自己做出客观的评价

客观评价自己，对自我状态、环境、未来的发展方向有一个清醒的认识，摆正位置，自信、自觉地发展自己。

4. 保持良好的人际关系

人际关系最能体现和反映心理健康状况。心理健康的学生乐于也善于与人交往，对别人尊重、信任、友爱、宽容、理解，具有协调、合作精神，助人为乐，诚信至上。

5. 心理行为符合年龄特征

不同年龄阶段有不同的心理行为表现。心理健康的人，其认知、情感、言行、举止都符合现所在年龄段。大学生应该是精力充沛、勤奋好学、反应敏捷、喜欢探索的时代骄子。

二、体育锻炼促进心理健康

体育锻炼与心理健康，两者相互统一，相互促进。体育锻炼对心理健康的促进作用是多方面的，概括起来有以下几点。

（一）改善情绪状态

情绪状态是衡量体育锻炼对心理健康影响的主要标志。人们生活在错综复杂的社会环境中，经常会出现忧愁、紧张、压抑等情绪反应，体育锻炼可以转移人的不愉快的情绪，使人摆脱烦恼和痛苦。高职学生面对学习、考试、求职的压力，经常参加体育锻炼可消除自己的焦虑，降低压力。

（二）提高智力水平

经常参加体育锻炼者的注意力、记忆力、反应、思维和想象等能力都能得到提高，并能使情绪稳定，性格开朗，疲劳下降，对人的智力很有促进作用。

（三）确立良好的自我意识

自我意识是个人主观上对自己的身体、思想和情感的整体认识。它由许多要素组成，包括"我是怎样的人？我主张什么？喜欢什么？"等等。坚持体育锻炼可强壮体格，改善身体表象，提高自尊心、自信心。

（四）培养坚强的意志品质

意志品质是指一个人的果断性、坚韧性、自制力以及勇敢顽强和主动独立等精神。体育锻炼能使人在不断克服客观困难（不良气候、完成动作不力和意外障碍）和主观困难（胆怯、畏惧、疲劳、运动损伤等）的过程中，培养坚强的意志品质，并将这一品质迁移到日常的学习、生活和工作中去。

（五）消除疲劳

疲劳是综合性症状，与人的生理、心理因素有关。当一个人的情绪消极或任务繁重时，都会感到生理与心理的疲劳。高职学生为理想奋斗，学习压力大，极易造成身心疲劳和神经衰弱。体育锻炼能使身心得到放松，疲劳得到缓解或消除。

（六）治疗心理疾病

体育锻炼本身就是心理治疗的良方和手段。美国一项调查显示，1 750 名心理医生中，80%认为体育锻炼是治疗抑郁症的有效手段，60%的人认为应该将体育锻炼作为消除焦虑症的治疗方法。在高职学生中，有不少人由于学习和其他方面的挫折引起焦虑症和抑郁症，体育锻炼能减缓或消除这些心理疾病。

第三章

体育卫生保健

第一节 女子体育保健

女子经常参加体育锻炼，不仅可以促进身体发育，增进健康，更好地完成负担量大的工作任务，而且还能使身体各部分肌肉得到协调均匀的发展。特别是通过锻炼能使腹肌、腰背肌和骨盆底肌得到增强，对女性怀孕期的身体健康和顺利分娩都有好处。但是，由于男女身体结构和生理功能有所不同，因此在进行体育锻炼时，必须考虑到女子的解剖生理特点，以便采用正确的方法，提高她们的健康水平和运动成绩。

一、女子生理特点

（一）女子运动系统的特点

女子身高、体重一般低于男子。女子躯干长，四肢短，肌肉比重小（女子32%～35%、男子40%～45%），脂肪比重大（女子28%、男子18%）、胸廓小；但女子盆骨宽，重心低，关节韧带富有弹性，椎间盘厚，脊柱柔韧性好。

（二）女子呼吸系统的特点

女子的胸廓和肺廓的容积都小，男子肺总容量为3.6l～9.4l升，而女子仅为2.8l～6.8l升。加上女子呼吸肌肉力量较弱、胸廓狭窄、耐力差、呼吸深度浅、肺通气量小，因此肺活量小于男子（女子2 500～3 000毫升，男子3 500～4 000毫升），最大吸氧量和氧债最大值均低于男子。

（三）女子心血管系统的特点

女子心脏体积较小，心脏重量较男子轻 10% ~ 15%，心脏容积也比男子小，所以女子的心血输出量小，安静时的脉率比男子高（女子 77.5 次/分，男子 75.2 次/分），心脏收缩力量比男子弱，血压比男子低。

此外，女子还有月经、妊娠、分娩、哺乳等生理过程和特点。

二、女子运动卫生

（1）女子进入青春期以后，身体形态、机能、素质和心理等方面均发生了变化，尤其是生殖系统变化最大。因此，男女生必须分班上体育课。

（2）由于女子运动器官系统、心血管系统和呼吸系统的机能都不及男子，因此，运动项目、运动内容、运动负荷和体育教学手段与方法，一定要符合女子的特点。

（3）女子的胸廓小、肩带窄、肌肉力量差、重心低，故不宜做单纯支撑、悬垂摆动和静力性练习。

（4）女子的有氧与无氧代谢功能较差，在进行速度和耐力练习时，应掌握适宜的运动强度和持续时间。

（5）注意发展女子的肩带肌、腰背肌、腹肌、骨盆底肌和骨盆后肌。这些肌肉是女子的薄弱环节，有意识地加强以上肌肉的锻炼，有利于保持子宫的正常位置。

三、月经期的体育锻炼

在月经期间，人体一般不会出现异常变化。因此，月经正常的女子在月经期间可以随班上体育课，但只做些轻微活动，如做广播操、打乒乓球、打羽毛球或软式排球等。通过这些活动，不仅可以改善盆腔的血液循环，减轻盆腔的充血现象，而且还有助于经血的排出。此外，丰富多彩的体育活动还可以调节大脑皮质的兴奋和抑制过程，从而减轻全身的不适反应。

一般情况下，月经期间身体的反应能力、适应能力、肌肉力量、神经调节的准确性等可能下降。因此，月经期间运动量的安排要适量减少，运动时间不宜过长，还要避免做剧烈运动。月经期的体育活动应注意以下几方面。

（1）避免进行剧烈的、震动大的跑跳动作和静力性力量练习，如中长跑、快速跑、跳高、跳远、负重蹲起、举重、排球中的扣球和拦网、篮球中的跳跃等，以免造成子宫的移位和经血过多。

（2）凡有痛经、腰背酸痛、下腹痛、经血过多或过少、经期不正常、盆腔有炎症者，均应暂停体育活动。

（3）月经期一般不宜游泳，以免引起细菌侵入而发生炎症病变和因冷刺激引起子宫痉挛、收缩而不能顺利行经的现象。

（4）月经期可否参加训练或比赛，应根据个人的习惯而定。若平时有参加比赛和训练的习惯，是可以参加的，但应采取慎重的态度。如果经血过多、月经过频和痛经，应当停止月经期的比赛和训练。

（5）月经期参加体育活动，应特别加强医务监督，注意经期身体的反应和活动后的反应，以便发现问题，及时解决。

第二节　运动中常见的生理反应及处理

一、肌肉酸痛

（一）原因和征象

运动后肌肉酸痛的原因是运动时肌肉活动量过大，引起局部肌纤维及结缔组织的细微损伤，以及部分肌纤维的痉挛所致。这种酸痛不是发生在运动结束后即刻，而是发生在运动结束后 1 ~ 2 天以后，因此也称为延迟性疼痛。由于这种酸痛现象只是局部肌纤维的细微损伤和痉挛，不影响整块肌肉的运动功能，所以，酸痛后经过肌肉内部对细微损伤的修复，肌肉组织会变得更加强壮，以后同样负荷将不易再发生酸痛。

（二）处置和预防

1. 处　置
当已经出现肌肉酸痛后，可采用以下方法减轻和缓解。
① 热敷；② 伸展练习；③ 按摩；④ 口服维生素C；⑤ 针灸、电疗。

2. 预　防
锻炼时，应根据自身的身体状况安排锻炼负荷，尽量避免局部肌肉负担过重；锻炼时，要充分做好运动前的准备活动和运动后的整理活动。

二、运动中腹痛

（一）原因和征象

运动中腹痛多数在中长跑时发生。主要因准备活动不充分，开始时运动过于剧烈，或者跑得过快，内脏器官功能尚未达到运动状态，致使脏腑功能失调，引起腹痛；也有的因运动前吃得过饱，饮水过多，以及腹部受凉，引起胃肠痉挛而出现腹痛；少数因运动时间过长或过于剧烈，使下腔静脉压力上升，引起血液回流受阻，或因肝脾淤血，膈肌运动异常，致使两肋部胀痛而出现腹痛。

（二）处置和预防

1. 处　置

如果没有器质性病变迹象，一般可采用减慢跑速、加深呼吸、按摩疼痛部位或弯腰跑等方法处理，疼痛常可减轻或消失。如疼痛仍不减轻，甚至加重，就应停止运动，并口服十滴水或溴丙胺太林（每次 1 片），或揉按内关、足三里、大肠俞等穴位。如仍不见效，应送医院做进一步检查。

2. 预　防

饭后 1 小时方可进行运动，但要做好准备活动，运动量要循序渐进，并注意呼吸节奏；夏季运动要适当补充盐分；对于各种慢性疾病引起的腹痛应就医检查，病愈之前，应在医生和体育教师指导下进行锻炼。

三、运动性贫血

（一）原因和征象

血液中红细胞数与血红蛋白量低于正常值，称为贫血。因运动引起的这种血红蛋白量减少，即称为运动性贫血。

运动性贫血的指数为男性的血红蛋白量低于 12%，女性低于 10.5%。通常情况下，此病的发病率女性高于男性。

（1）由于运动时，肌肉对蛋白质和铁的需要量增加，一旦需求量得不到满足，即可引起运动性贫血。

（2）由于运动时，脾脏释放的溶血卵磷脂能使红细胞的脆性增加，加上剧烈运动时血流加速，易引起红细胞破裂，致使红细胞的新生与衰亡之间的平衡遭到破坏，从而导致运动性贫血。

运动性贫血发病缓慢，其症状表现有头晕、恶心、呕吐、气喘、体力下降、运动后心悸、心率加快、脸色苍白等。

（二）处置和预防

1. 处　置

如运动中（后）出现头晕、无力、恶心等现象时，应适当减小运动量，必要时暂停运动，并补充富含蛋白质和铁的食物，口服硫酸亚铁，这对缺铁性贫血的治疗有明显效果。

2. 预 防

遵循循序渐进和个别对待原则，合理调整膳食。如运动时经常有头晕现象时，应及时诊断医治，以利于正常参加体育锻炼。

四、运动性昏厥

（一）原因和征象

在运动中，由于脑部血液突然供给不足而发生的暂时性知觉丧失现象，叫运动性昏厥。原因是剧烈运动或长时间运动，使大量血液积聚在下肢，回心血量减少所致，也与剧烈运动后引起的低血糖有关。

运动性昏厥表现为全身无力、头昏耳鸣、眼前发黑、面色苍白、失去知觉、突然昏倒、手足发凉、脉搏慢而弱、血压降低、呼吸缓慢等。

（二）处置和预防

1. 处 置

应立即使患者平卧，脚略高于头部，并进行由小腿向大腿和心脏方向的推摩或拍击，同时用手指点压人中、合谷等穴位，必要时给氨水闻嗅。如有呕吐，应将患者头部偏向一侧；如停止呼吸，应立即进行人工呼吸。轻度休克者，应由同伴搀扶慢慢走一段时间，帮助进行深呼吸，即可消除症状。

2. 预 防

平时要经常坚持体育锻炼，以增强体质；久蹲后不要突然起立；不要带病参加剧烈运动；疾跑后不要立即停下来；不要在饥饿的情况下参加剧烈运动。如果遵循上述要求，运动性昏厥则可避免。

五、肌肉痉挛

（一）原因和征象

在体育锻炼时，肌肉受到寒冷的强烈刺激时，可能发生肌肉痉挛，常在游泳或冬季户外锻炼时发生；准备活动不充分、肌肉猛力收缩、收缩与放松不协调，也可能发生肌肉痉挛；也有的因情绪过分紧张所致。

肌肉痉挛时，肌肉突然变得坚硬、疼痛难忍，而且一时不易缓解。

（二）处置和预防

1. 处　置

对痉挛部位的肌肉做牵引。例如，腓肠肌痉挛时，即伸直膝关节，并配合按摩、揉捏、叩打以及点压委中、承山、涌泉穴等，以促使痉挛缓解和消失。

2. 预　防

运动前做好准备活动，对容易发生痉挛的部位，事先应做适当按摩；夏季进行长时间运动时要注意补充盐分；冬季锻炼时要注意保暖；游泳下水前应先用冷水淋浴；游泳时不要在水中停留时间过长；疲劳和饥饿时，不要进行剧烈运动。

第三节　运动损伤的预防与处理

一、常见运动损伤

（一）挫　伤

1. 损伤部位及征象

挫伤多发生在头部、胸部和四肢，受伤后局部红肿、疼痛，皮肤破裂的当时就出血，没有破裂的，会出现青紫淤血。

2. 发生挫伤的原因

① 运动前准备活动做得不够，肌肉关节没有得到充分活动；② 活动时用力过猛，超过了肌肉、关节、韧带的负荷限度；③ 参加活动的人员过于拥挤或没有按正确的方法进行；另外，场地不平或器械设备不安全以及没有做好保护工作也可能导致挫伤。

3. 处　理

发生了挫伤应根据情况及时处理。如果皮肤出血应立即停止运动，先用酒精或碘酒将伤口消毒，然后用净布包扎。如果受伤部位红肿疼痛可先用冷水或冰进行冷敷局部，抬高受伤部位，必要时加压包扎，防止继续出血。24 小时以后改用热敷、按摩来活血、消肿、止痛。经过治疗待伤势减轻以后做针对性的活动，使关节、肌肉得以恢复功能，如做下蹲、弯腰、举腿等，可以避免伤后关节不灵或发生肌肉萎缩。

（二）肌肉损伤

1. 损伤征象

肌肉损伤分主动收缩损伤和被动拉长损伤两种。主动收缩损伤是由于肌肉做主动的猛烈收缩时，其力量超过了肌肉本身所能承担的能力；而被动拉伤主要是肌肉力量牵伸时超过了肌肉本身的伸展程度。肌肉损伤如果是细微的损伤，则症状较轻；如果是肌纤维完全断裂，则症状较重。一般表现为伤处疼痛、局部肿胀、压痛、肌肉紧张或抽筋，伤后肌肉功能减弱或丧失。

2. 发生肌肉损伤的主要原因

准备活动不充分；肌肉的生理机能尚未达到剧烈活动所需的状态就参加剧烈活动；体质较弱，运动水平不高，肌肉的弹性、伸展性和力量较差，疲劳过度；运动技术低、姿势不正确、动作不协调、用力过猛、超过了肌肉活动范围，气温过低或过高、场地太硬等都是发生肌肉损伤的原因。

3. 处 理

肌肉损伤治疗要依具体情况而定，少量肌纤维断裂者，应立即采取冷敷，局部加压包扎，并抬高患肢。肌肉大部分或完全断裂者应加压包扎后立即送医院进行手术缝合。

（三）关节韧带损伤

1. 损伤征象

关节韧带损伤后，一般表现为压痛，自感疼痛，轻者发生韧带部分纤维的断裂，重者则韧带纤维完全断裂，引起关节半脱位或完全脱位，从而出现关节功能障碍。

2. 损伤部位及原因

上肢关节以肩关节、肘关节、腕关节损伤最为常见。例如，掷标枪引枪后的翻肩动作错误造成肩、肘关节扭伤；下肢关节以髋关节、膝关节、踝关节损伤较多，从高处跳下，平衡缓冲不够使膝、踝关节受伤；做"下桥"练习时，过分提腰造成腰椎损伤等。

3. 处 理

发生关节、韧带扭伤应当在 24 小时内采用冷敷，必要时加压包扎，24 小时以后采用理疗、热敷、按摩、针灸治疗。待疼痛减轻后可增加功能性练习。对急性腰部损伤，如果出现剧烈疼痛，切不可轻易处理，可让患者平卧，并用担架送医院就诊。

（四）骨 折

1. 骨折征象

骨折可分完全性骨折（骨完全断裂）和不完全性骨折（骨未完全断裂，如裂缝骨折）两种，是运动中一种比较严重的损伤。骨折后的症状主要表现如下。

（1）肿胀和皮下淤血：因骨折处血管破裂骨膜下出血以及周围软组织损伤所造成。

（2）疼痛：因骨膜撕裂和肌肉痉挛引起，尤其在活动时更加剧烈，甚至可引起休克。

（3）功能障碍：骨折后肢体失去杠杆和支持作用，丧失了原来的功能，再加上剧烈疼痛和肌肉痉挛，肢体多不能活动。

（4）出现畸形和假关节：因骨折端发生移位和重叠，伤肢变形以至缩短；完全骨折的地方可出现假关节，移位时可产生骨折摩擦音。

（5）压痛和震痛：骨折端有明显的压痛，在远离骨折处轻轻捶击，骨折处往往出现震痛。

2. 骨折原因

运动时发生骨折的原因是身体某部位受到直接或间接暴力，或肌肉强烈收缩所致。常见的骨折部位有肱骨、尺（桡）骨、手指、小腿、肋骨等。

3. 处 理

一旦出现骨折，暂勿随意移动患肢，应先用夹板或其他代用品固定伤肢，动作要轻巧、缓慢，不要乱拉乱拽，以免造成错位，影响整复。如果是上肢骨折，可用木板托住伤肢，用绷带扎紧骨折处的上、下两端。如果是下肢骨折，先将伤腿轻轻放好，然后用宽布条或褥单将两条腿缠在一起，慢慢抬到硬板担架上，送往医院救治。如果是头部、颈部或脊柱骨发生骨折，运送时就更要小心，以免损伤神经和脊椎而造成肢体瘫痪；搬运时头部用枕头或衣服塞紧，防止移动。固定好以后，患者不要扭动肢体。在送医院的路上也要迅速、平稳。

（五）关节脱位

1. 原因与征象

因受外力作用，使关节面失去正常的连接关系，叫关节脱位，又称脱臼。关节脱位可分为完全脱位和半脱位（或称错位）两种。严重的关节脱位，伴有关节囊撕裂，甚至损伤神经。运动中发生的关节脱位大都是间接外力撞击所致。例如，摔倒时用手撑地，引起肘关节或肩关节脱位。关节脱位后常出现畸形，与健肢相比不对称，因软组织损伤而出现炎症反应，局部疼痛、压痛和关节肿胀，并失去正常活动功能，甚至发生肌肉痉挛等现象。

2. 处 置

用长度和宽度相称的夹板固定伤肢。如果没有夹板，可将伤肢固定在躯干或健肢上，防止震动，随后及时送医院治疗。

二、常见运动损伤的处理

在运动过程中所发生的各种损伤统称为运动损伤。运动损伤又可分为开放性损伤和闭合性损伤。对于运动损伤的处理一般分为前、中、后处理原则。对于急性损伤前期（24小时以内）处理原则是制动、止血、防肿、镇痛即减轻炎症。处理方法可根据具体情况选用一种或几种并用。

（一）一般处理方法

（1）一般先冷敷，加压包扎并抬高伤肢。这种方法应在伤后立即使用，有制动、止血、止痛及防止或减轻肿胀的作用。冷敷一般使用冰袋、自来水或氯乙烷。冷敷之后，用适当厚度的棉花或海绵置于伤部，立即用绷带稍加压力进行包扎。

（2）伤后 24 小时打开包扎，可进行热疗、按摩，如理疗、外敷活血化瘀和生新的中草药、贴活血膏等，也可用几种方法进行综合治疗。

（3）待损伤组织已基本恢复正常，肿胀和压痛已消失后，就要进行功能性的恢复治疗，这时仍以按摩、理疗以及增加肌肉、关节功能锻炼为主。如果是轻微、慢性的损伤，主要是改善伤部的血液循环，促进组织的新陈代谢，可以合理地安排局部的负荷量。

（二）开放性软组织损伤的处理

常见的开放性软组织损伤有擦伤、切伤、刺伤和撕裂伤；局部皮肤或黏膜破裂、伤口与外界接触，常见组织液渗出或血液自伤口流出。紧急处理的要点是及时止血和处理伤口，预防感染。

1. 擦 伤

擦伤多发生在摔倒时，对于伤口较脏的擦伤可先用生理盐水洗净伤口，然后再用酒精棉球或红汞药水消毒杀菌，伤口较浅、面积较小的擦伤无需包扎，待干后即可。

2. 切伤与刺伤

伤口往往较深、较小，如果伤口较脏，除了进行伤口的止血消炎、包扎外，还要注射破伤风抗生素。

3. 撕裂伤

撕裂伤中以头面部皮肤伤为多见，如拳击运动中眉弓被对方肘部碰撞而引起眉际皮肤撕裂等。若撕裂的伤口较小，经消毒处理后，贴上创可贴即可；若撕裂伤较大，则需止血后缝合创口；若伤情和污染较重，应注射破伤风抗生素。

（三）闭合性软组织损伤的处理

急性闭合性软组织损伤是运动损伤中较常见的一类损伤，如肌肉拉伤、挫伤、韧带拉伤等都属于这类损伤。

急性闭合性软组织损伤的特点是：皮肤黏膜完整；由于暴力，从而损伤局部组织的撕裂、血管损伤等引起出血、组织液渗出、肿胀。在急性闭合性软组织损伤发生后，首先要检查有无合并伤，如腹部挫伤后是否合并有内脏破裂；肌肉挫伤后有无断裂、有无明显血肿；头部挫伤有无脑震荡等。应先处理合并伤，然后处理软组织损伤。在确定没有严重的合并伤后，在急性闭合性软组织损伤后应进行冷敷、加压包扎、制动和抬高患肢，24小时以后解除包扎，并进行局部热敷、理疗、按摩等，以改善血液循环，促进局部代谢，加速损伤的修复。当损伤基本恢复后，开始进行肌肉、韧带的伸展性练习以及加强局部力量练习，以恢复局部受伤部位的肌肉力量及肌肉、韧带的柔韧性。

第四节 疲劳程度的判断与消除

一、判断疲劳的简易方法

一般可根据以下三个方面对疲劳进行评定。

（1）根据运动者的各种自我感觉症状（如疲乏、头晕、心悸、恶心等）加以评定。

（2）根据疲劳的客观体征（如面色、排汗量、呼吸、动作和注意力等）进行评定。

（3）根据身体各器官系统的生理、生化指标变化的情况（如心率、心电图、脑电图、肌电图、肌腱反射、肺活量、血压、握力和尿蛋白等）进行评定。

在学校体育教学和训练中，还可以采用比较容易的方法来判断疲劳程度。（表3-4-1）

表3-4-1 疲劳程度的标志

内 容	轻度疲劳	中度疲劳	重度疲劳
自我感觉	无任何不适	疲乏、腿痛、心悸	除疲乏、腿痛、心悸外，还有头痛、胸痛、恶心，甚至呕吐等征象。有些征象存在时间较长。
面 色	稍 红	相当红	十分红或苍白，有时呈紫蓝色。
排汗量	不 多	较多，特别是肩带部分	非常多，尤其是整个躯干部分以及汗衫和衬衣上可出现白色盐迹。
呼 吸	中等程度加快	显著加快	呼吸表浅（其中有少数深呼吸出现），有时呼吸节奏紊乱。
动 作	步态稳定	步伐摇摆不稳	摇摆现象显著，在行进时掉队，出现不协调动作。
注意力	比较好，能正确执行指示	执行口令不准确，改变方向时有时会发生错误	执行口令缓慢，只有大声口令才能接受。

二、消除疲劳的常用方法

疲劳是一种生理现象，又是一种运动量的标志。从某种意义上说，运动训练是以疲劳为媒介而不断提高身体训练水平的。科学研究证实，疲劳与恢复是运动后的必然过程，如果大强度训练后不能采取消除疲劳的适当措施，疲劳就会积累，不仅使运动成绩下降，还会成为疾病和伤害事故的诱因。所以运动后应及时消除疲劳、恢复体力，才能有效地提高训练水平。尽快消除运动性疲劳主要有以下几种方法。

（一）睡　眠

睡眠是消除疲劳的最好方法之一。一般每天不少于 8 ～ 9 小时，并应安排一定的午休时间。在大运动量和比赛期间，睡眠时间还可以适当增加。

（二）积极性休息

休息是除睡眠外消除疲劳的另一种积极手段，对由紧张训练和比赛引起的肌肉和精神疲劳有良好的缓解作用。积极性休息的方法和内容很多，如在公园、湖滨或海边散步、听音乐、观看演出、钓鱼、下棋和参观游览等。

（三）按　摩

按摩是消除运动性疲劳的重要手段之一。一般采用手法按摩，进行全身或局部的按摩，有损伤的还可以兼做治疗，均有良好效果。按摩对放松肌肉、消除肌肉酸痛和恢复体力效果极佳。

（四）物理疗法

训练后采用淋浴和局部热敷是一种简易的消除疲劳的方法。淋浴时水温不能过高，一般以温水浴（水温 40 摄氏度左右）为佳，时间 15 ～ 20 分钟为宜，温水浴有良好的镇静作用，能促进血液循环和放松肌肉，以达到消除疲劳的目的。如有条件，还可以采用蒸汽浴、干燥空气浴和旋涡浴等恢复手段。热敷能减少肌肉中酸性代谢产物的堆积，消除肌肉僵硬、紧张以及酸痛。热敷的温度以 47 ～ 48 摄氏度为宜，时间约 10 分钟。

第四章

体育锻炼方法

第一节 发展身体素质的主要方法

身体素质是衡量一个人体质水平的重要标志之一。青少年正处于正常生长发育、身体素质和运动能力全面发展的时期，重视身体素质的锻炼，将对人的一生产生决定性的作用。

一、发展力量素质的主要方法

（一）有关力量素质的概念

力量素质：身体的肌肉在工作时克服阻力的能力。

力量素质种类：最大力量、相对力量、速度力量和力量耐力。

最大力量：排除体重因素，身体或身体一部分克服最大阻力的能力。

相对力量：练习者每千克体重所具有的最大力量平均值。

速度力量：快速克服阻力的能力。速度力量是力量与速度有机结合的一种特殊力量素质。在尽可能短的时间内发挥出尽可能大的力量，又称之为爆发力。评定爆发力可采用爆发力指数。

力量耐力：长时间克服阻力的持久能力。

（二）发展力量素质的方法

力量素质是人们日常生活、生产劳动和体育锻炼所必需的素质。力量素质是速度、灵敏等素质的基础。发展力量素质有以下几种方法。

1. 静力性力量锻炼方法

这种练习的主要特点是肢体不产生明显的位移，肌肉产生张力但不发生长度变化。其方法如下。

（1）身体处于特定位置站立或仰卧，推或蹬住固定重物，以肌肉最大收缩力坚持几秒钟，或负一定重量使身体固定不变。例如，肩负杠铃半蹲，重复一定次数。

（2）静力性力量练习还可以用很慢的速度，不借助反弹力和惯性力，单纯依靠肌肉的紧张收缩来完成。例如，肩负 80% ~ 85% 强度的重量，深蹲慢慢起立。

2. 动力性力量锻炼方法

动力性力量练习时，肢体或身体某部位产生明显的位移；或推动别的物体进行运动，如投掷各种器械、踢球等。具体方法如下。

（1）绝对力量锻炼

绝对力量是指用最大力量克服阻力的能力。通常以较少次数举起接近最大重量或最大重量的重物。

（2）速度力量锻炼

速度力量是指人体快速克服阻力的能力，最典型的表现形式是爆发力。爆发力是在最短的时间内发挥最大力量的能力。从事跑、跳、投掷等运动项目，对这种力量有特殊要求。

（3）力量耐力锻炼

力量耐力是指人体长时间克服小阻力的能力。经常做俯卧撑、仰卧起坐等是发展上肢和腰腹力量耐力的有效练习形式。

（三）力量素质练习的基本要求

1. 正确选择练习方法

选用方法总的要求是适用所练习的肌肉群，如发展股四头肌力量，可选负重半蹲的练习，同时要求练习者双脚平行或稍内扣，否则就达不到发展股四头肌的目的，而把臀部肌肉练习得很大。

2. 合理安排各种力量练习的顺序

各种力量练习对机体影响是不同的。小负荷多次数的练习，主要影响肌肉的结构，使肌肉纤维变粗，肌肉横断面增大。而大负荷少次数的练习，主要改善肌肉的协调功能。力量练习应先使肌肉结构改变，然后再提高肌肉的协调功能。

3. 处理好负荷与恢复的关系

有人实验过，隔日练习力量增长 77.6%，每日练习力量增长只有 47%。练习者应采用机体部位交替练习，有利于消除疲劳。负荷要有节奏，大中小合理调整，逐渐提高。（表 4-1-1）

表4-1-1 力量练习四周循环安排

强度（%）	周第一次练习	周第二次练习	周第三次练习
100	第五周		
95			第四周
90	第四周		
85	第二周	第四周	第三周
80	第三周	第一周	第一周
75		第三周	第二周
70	第一周	第二周	

4. 力量练习后要特别注意放松

放松有利于肌肉紧张的恢复，有利于提高神经调节功能，有利于速度力量的发展。如不放松，肌肉的紧张得不到消除，会使血管继续受压，血流受阻，并可引起静止状态下的肌肉痉挛。因此，放松对力量练习特别重要。

5. 力量练习要坚持做到循序渐进

有人试验过，练习 20 周，每天练习，力量增长 100%。以后完全停止练习，40 周后练习所获的效果完全消失。另一实验，练习 45 周，每周只练习一次，力量增长 70%。停止练习 70 周后效果尚未完全消失。（图 4-1-1、图 4-1-2）

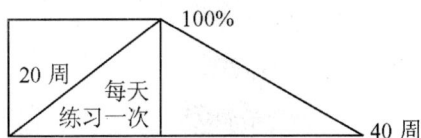

图 4-1-1

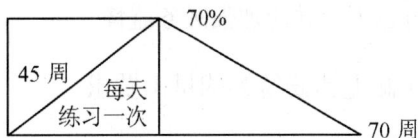

图 4-1-2

上述表明，力量练习增长得快，停训后消失得也快；增长得慢，停训后消失得也慢。

二、发展耐力素质的主要方法

（一）有关耐力素质的概念

耐力素质：有机体长时间工作抗疲劳的能力。

耐力素质种类：心血管耐力和肌肉耐力。

心血管耐力又分为有氧耐力和无氧耐力（通常为速度耐力）。人的耐力受遗传、自然规律、后天环境、体育锻炼等因素的影响。判断人体耐力水平的高与低，一般用肺活量和在 400 米场地进行的 12 分钟跑（库伯测试法）及 2 400 米跑测试法来测试。

（二）发展耐力素质的方法

耐力素质是健康者体能的最重要素质之一，也是一般竞技能力的基础素质之一。

1. 有氧耐力锻炼

发展有氧耐力主要是提高心肺功能水平。

（1）负荷强度

心率一般控制在 140 ~ 170 次／分，大约为锻炼者所能承受最大强度的 75% ~ 85%。如果负荷强度太低，心率在 140 次／分以下，心输出量达不到较大值，同时吸进的氧气也较少。如果负荷强度高于 170 次／分，机体就会产生氧债，不利于发展有氧耐力。有氧耐力锻炼持续时间最少 5 分钟，一般多在 15 分钟以上。

（2）锻炼负荷方法

发展有氧耐力，经常采用的负荷方法有两种：一种是连续负荷法，即在较长时间内速度保持不变；另一种是交换负荷法，是在连续负荷的基础上，短时间加大负荷强度，使机体的呼吸能力和血液循环能力产生良性刺激。选用的锻炼手段有跑步、跳绳、原地跑、球类、自行车、溜冰、划船等。

有氧耐力锻炼时，应注意速度由慢到快，距离由短到长，逐步增加运动强度和频率。

2. 无氧耐力锻炼

为了保持快速跑的能力，多进行无氧耐力锻炼。它对提高短距离快跑的能力有显著效果，如 100 米跑、200 米跑、400 米跑等。在进行无氧耐力锻炼时，由于强度大，心率一般控制在 160 次／分以下，并应加强医务监督。

（三）耐力素质练习的基本要求

1. 注意呼吸问题

呼吸的作用在于摄取发展耐力所必需的氧气。练习中随着练习负荷的增加，体内耗氧与供氧的不平衡程度也随之增大。而机体的摄氧是通过提高呼吸频率和加深呼吸深度两方面来实现的。因此，培养练习的呼吸能力，对耐力素质练习来说是十分重要的。

2. 无氧耐力练习应以有氧耐力练习为基础

有氧练习是无氧练习的基础，有氧练习使练习者心腔增大，每搏输出量增加，这样可以为以后的无氧练习打好基础。如只进行无氧练习，就会使心肌壁加厚，每搏输出量难以提高，将影响全身血液供给，对发展无氧耐力不利。所以，进行无氧练习前或同时应进行有氧练习。

3. 加强意志品质的培养

意志坚强者比意志薄弱者的耐力表现好得多，所以在耐力练习中要注意对练习者加强意志品质的培养。

4. 注意控制练习者的体重

体重越轻，其最大吸氧量就越大，最大吸氧量的数值越大，其耐力素质就越高。因此，在耐力练习中，练习者要注意控制体重。

三、发展速度素质的主要方法

（一）有关速度素质的概念

速度素质：人体快速运动的能力。

速度素质可分为：反应速度、动作速度、位移速度。

反应速度：人体对各种信号刺激快速应答的能力。

动作速度：人体快速完成某一动作的能力。

位移速度：在周期性运动中，在单位时间内人体快速位移的能力。

（二）发展速度素质的方法

1. 反应速度素质的锻炼方法

利用一定信号，如哨声、击掌等，让练习者作出相应的反应动作，是最常见的方法。

2. 动作速度的锻炼方法

（1）减小练习难度，加助力法。例如顺风跑、下坡跑等。

（2）加大练习难度，发挥后效作用法。例如，跳高前的负重跳，推标准铅球前的加重铅球练习，紧接着做跳高或推标准铅球的练习。

（3）时限法。例如，按一定的音响节拍或跟随在动作节奏快的人后面跑步，以改变自己的动作节奏和速度。

3. 位移速度的锻炼方法

（1）最大速度跑，如短距离重复跑、接力赛跑、让距追逐跑等。进行这类练习时，每次练习一般控制在 30 秒以内，每次时间可稍长。

（2）加快动作频率练习，如快频率的小步跑、计时计数的高抬腿跑、快速摆臂练习等。

（3）发展下肢爆发力量，如负重跳、单脚跳、跨跳等。

（三）速度素质练习的基本要求

（1）速度素质练习应结合练习者所从事的运动专项进行。

（2）速度素质练习应在练习者情绪饱满、兴奋性高、运动欲望强烈的情况下进行。

（3）速度素质练习是大强度无氧代谢为主的活动，需以有氧代谢练习为基础。

四、发展柔韧素质的主要方法

（一）有关柔韧素质的概念

柔韧素质：人体各关节肌肉、肌腱、韧带等软组织的伸展能力，即指关节活动幅度的大小。

柔韧素质可分为：一般柔韧性和专项柔韧性。

一般柔韧性：是指适应一般身体技术、战术等练习所需要的柔韧素质，也可将机体中那些最主要的关节活动能力视为一般柔韧性。

专项柔韧性：是指专项运动所需要的特殊柔韧素质，如游泳运动所需肩关节的柔韧素质等。专项柔韧性是提高专项技术的重要条件。

（二）发展柔韧素质的方法

柔韧素质是掌握运动技术的重要条件。发展柔韧素质的常用方法如下。

1. 静力拉伸法

采用静力性练习来拉伸肌肉、肌腱、韧带和皮肤。拉伸力量的大小，应以感到酸、胀、痛为限，并保持 8 ~ 10 秒钟，重复 8 ~ 10 次即可。

2. 动力拉伸法

每次动力拉伸练习，如踢腿、摆腿等，一般控制在 5 ~ 30 次，不宜用力过猛，以防伤害事故的发生。

实践中，经常把动力性练习和静力性练习结合起来，把主动练习和被动练习结合起来，可以收到更好的效果。如发展肩部、腿部、臂部的柔韧性，可采用压、搬、摆、踢、蹦、绕环等练习；发展腰部柔韧性，可采用站立体前屈、俯卧背伸、转体、甩腰、涮腰、绕环等练习。

（三）柔韧素质练习的基本要求

（1）控制好柔韧素质的发展水平。任何运动项目对柔韧素质都有一定的要求范围，过分地发展柔韧素质会导致关节和韧带的变形，影响关节的牢固和体态。

（2）注意主要部位柔韧素质与相互联系的身体各个部位柔韧素质的发展练习。

（3）柔韧素质练习要持之以恒。练习使柔韧素质提高很快，可在停止后又很快消失，因此，练习必须持之以恒。

（4）发展柔韧素质练习要与力量素质练习相结合。柔韧素质练习如安排不好，就会影响力量素质的提高。只有把肌肉练得柔而不软、韧而不僵，才算是柔韧素质和力量素质结合极好。

（5）要注意练习的外界温度和练习时间。外界温度过高或过低，都会影响柔韧素质练习的效果。外界温度为 18 摄氏度时最适于柔韧素质的练习。一天之内，早晨的练习效果不好，10 ~ 18 时人体的柔韧性表现很好，这个时段最适合柔韧素质的练习。

（6）柔韧素质练习要从小开始。

五、发展灵敏素质的主要方法

（一）有关灵敏素质的概念

灵敏素质：是指在各种突然变换的条件下，练习者能够迅速、准确、协调改变身体运动的能力。

衡量灵敏素质的标准：练习者在各种复杂的条件下，能够迅速、准确、协调地做出某些相应的动作。

灵敏素质分为：一般灵敏素质与专项灵敏素质。

（二）发展灵敏素质的方法

发展灵敏素质必须从专项特点出发，综合发展反应、平衡、协调等能力。以下是一些发展灵敏素质的方法。

（1）听口令做动作或做相反动作。

（2）追逐模仿或互看对方背后号码。

（3）听信号或看手势急跑、急停、转身、变换方向以及各种姿势的起跑练习。

（4）进行叫号追人、抢占空位、打手心手背、摸五官、贴膏药等各种游戏练习。

（5）一对一面向站立，双手直臂相触，虚实结合，相互推，使对方失去平衡。

（6）绕障碍曲线转体跑。

（7）各种跳绳练习，如跳双飞、集体跳长绳等。

（8）模仿动作练习。

（9）以不习惯的方式做动作。

（10）改变动作的连接方式。

（11）各种滚翻，包括前滚翻、后滚翻、连续滚翻等。

（12）各种球类练习。

（三）灵敏素质练习的基本要求

（1）根据练习者所从事的专项要求进行练习。

（2）灵敏素质练习方法要多种多样，并且要经常改变。采用多种多样的方法练习灵敏素质，可以提高练习者各种身体器官的机能。

（3）注意消除练习者紧张的心理状态。

（4）灵敏素质的练习，应安排在练习者体能充沛、精神饱满、运动欲望强烈的情况下进行。兴奋度下降，不宜进行灵敏素质的练习。

第二节　提高跑、跳、投能力的方法

运动能力是指跑、跳、投、支撑、攀登、爬跃、负重等身体基本活动能力的总和，它与人类的生存与生活有着极为密切的关系。尽管身体基本活动能力是人生来就有的活动能力，但人们为了适应生存的需要，仍必须通过后天的锻炼不断予以强化。

一、提高奔跑能力的方法

（一）跑的分类

跑是人类生存与发展中最基本的身体活动能力之一。它是人们进行强身、健体、游戏、娱乐和竞赛活动时不可缺少的内容，是当今社会文化、校园文化活动中的组成部分。跑的种类比较多，按跑的目的不同，可分为健身跑和竞赛跑两大类。前者是以健身为目的，具有一般体能的人，都可以进行健身跑。跑的动作没有严格的技术要求。经常参加健身跑，可以起到健身、健心的作用。具体表现在提高心血管系统功能，使心肌收缩有力和血管弹性好；加强呼吸系统功能；对植物神经的稳定、心理健康也有积极的促进作用。后者以获得比赛成绩为目的，根据竞赛的距离分为短跑、中长跑和长跑。这些跑除跨栏、障碍跑、接力跑有特殊技术要求外，其余技术结构均为起跑、加速跑、途中跑和冲刺跑4个部分。下面重点介绍发展跑的手段与方法。

（二）练习手段与方法

1. 发展快速跑的练习手段

（1）采用立定跳远、立定三级跳远和多级蛙跳。

（2）30～60米后蹬和跨步跳、单脚跳与跨步跳。

（3）负重半蹲跳、交换步跳。

（4）30～40米的斜坡上、下快跑。

（5）原地快速高抬腿跑，听信号快速跑（或转身快速跑）。

（6）用蹲踞式或站立式起跑后做30米加速跑。

（7）20～50米行进间加速跑。

（8）60～80米行进间加速跑。

2. 发展持久跑的练习手段

（1）100～300米重复跑和间歇跑（70%～80%强度）。

（2）60～120米重复跑和间歇跑（85%～95%强度）。

（3）变速跑（根据年龄、性别、体能确定距离）。

（4）4分钟跑、8分钟跑、12分钟跑。

（5）越野跑（选择自然条件优越、道路安全的地区进行）。

二、提高跳跃能力的方法

（一）跳跃的分类

跳跃是人类在生存与发展过程中表现出来的基本能力之一。随着社会文明程度的发展，跳跃从生产劳动的形式转变为游戏，再从游戏发展成为今天的竞技体育项目。所以，跳跃可分为以生活、劳动、健身为目的的跳跃和以竞技为目的的跳跃两大类，前者是后者的基础，无严格的技术要求。经常从事跳跃活动，能促进人体的新陈代谢，协调神经系统与运动器官之间的关系，改善内脏器官的功能。无论是跳高或跳远，技术结构都由助跑、起跳、腾空（或过杆）、落地四个部分组成。要提高跳跃能力，必须从速度、力量、弹跳力和身体灵敏度等方面着手练习。

（二）基本练习手段

1. 发展助跑速度

（1）30米、60米的加速跑与重复跑。

（2）15～30米的弯道加速跑、重复跑。

（3）80～100米的加速跑、重复跑。

（4）全程助跑的反复练习，提高助跑的准确性。

2. 发展起跳速度

（1）原地下蹲跳、单脚跳、跳绳。

（2）立定跳、立定三级跳远、多级跳、蛙跳、跨步跳。

（3）负重半蹲起、半蹲跳。

（4）跳起收腿、前后分腿、背弓挺身。

3. 发展跳跃灵敏度

（1）跳跃栏架（5～10个，架高0.85～1.10米）。

（2）改变速度和节奏的跑跳结合练习。

（3）跳跃游戏。

三、提高投掷能力的方法

投掷在人类生产劳动和生活过程中，都是不可缺少的身体基本活动能力。投掷根据目的、形式不同，可分为健身、娱乐和生产劳动与竞技投掷三大类。

健身、娱乐投掷，主要包括投飞盘、沙包、手球、篮球等内容；投掷形式有投中、投远。这类投掷活动老少皆宜。以上这两种投掷能力，在技术上没有严格要求，容易掌握，对人身心能起到一定的积极作用。而竞技体育中的投掷项目技术性很强，其完整的技术动作都由持器械、助跑、最后用力、器械出手四部分组成。

（一）提高投掷技术

（1）通过轻器械（实心球）的辅助练习，掌握合理技术动作。
（2）在不断改变器械重量的条件下，作各种投准或投中的比赛练习。

（二）发展速度力量

（1）利用杠铃、单双杠等器械发展上肢力量，并提高动作速度。
（2）原地单、双手前后扔实心球（投远），并提高出手速度。
（3）用杠铃做半蹲、半蹲跳、深蹲，发展下肢爆发力量。

第三节　提高支撑、悬垂、攀爬、负重能力的方法

一、提高支撑能力的方法

（一）徒手练习法

1. 综合支撑

（1）头手倒立：两手与头部支撑点呈等边三角形，头部前额着地，脚向上伸直。（图 4-3-1）
（2）桥形撑：双手与双脚支撑成最大限度的背弓形。（图 4-3-2）

图 4-3-1

图 4-3-2

2. 单纯支撑

（1）燕式平衡：单脚支撑，上体前倾，另一腿后举，两臂侧举。（图4-3-3）

（2）后仰平衡：单脚支撑，上体后仰至水平，一腿前举，两臂侧平举。（图4-3-4）

（3）倒立支撑：双手支撑地面，身体成倒立姿势。（图4-3-5）

图4-3-3　　　　　图4-3-4　　　　　图4-3-5

（4）俯卧撑击掌：在做俯卧撑向上推起时，双手击掌然后再支撑。（图4-3-6）

（5）俯卧撑行：保持两臂撑直成俯卧式，然后有节奏地向前移动。（图4-3-7）

（6）仰卧撑行：双手撑于地面，两手与双脚支撑推蹬地面，有节奏地向前、向后移动。
（图4-3-8）

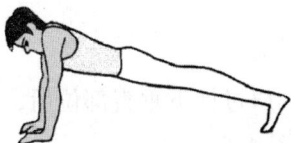 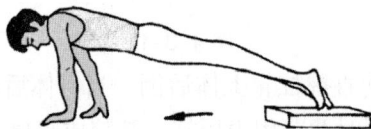 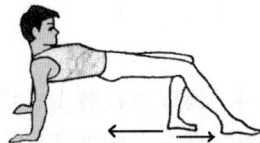

图4-3-6　　　　　图4-3-7　　　　　图4-3-8

（二）器械操练习法

1. 低单杠练习法

（1）跳上成支撑：直臂正握，双脚蹬地上跳成支撑，腹部靠杠，抬头挺胸。（图4-3-9）

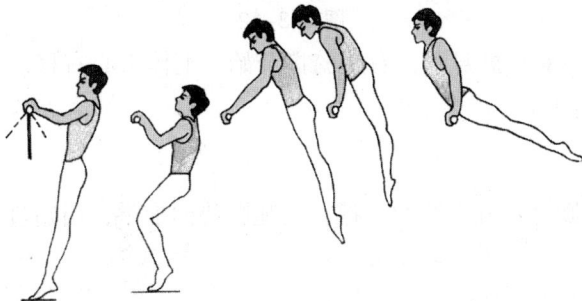

图4-3-9

（2）翻上成支撑：直臂正握，屈臂上体贴杠，单脚向前上方摆踢，倒肩用力使腹部靠杠，同时翻腕上杠，抬头挺胸。（图4-3-10）

图4-3-10

（3）骑撑前回环：反握，右腿骑撑，两臂伸直，重心前移；同时右腿前跨，上体挺直前倒。让上体回环至杠后水平部分，左腿继续后摆，上体立腰，两臂伸直压杠，手腕握杠成骑撑。（图4-3-11）

图4-3-11

（4）骑撑倒挂膝上：两臂伸直握杠，上体后倒，当身体后摆、肩过杠下垂直部位后，迅速屈左腿挂杠，右脚加速后摆，同时两臂用力压杠，翻腕成骑撑。（图4-3-12）

图4-3-12

（5）后腿向前转体180°挺身下：右腿骑撑开始，上体重心右移，左手推杠，同时向右转180°成支撑，然后挺身下。

2.双杠练习法

（1）杠端支撑成分腿坐：杠端跳起支撑，两腿顺势向前举，当超过杠面用大腿内侧坐杠并挺直。（图4-3-13）

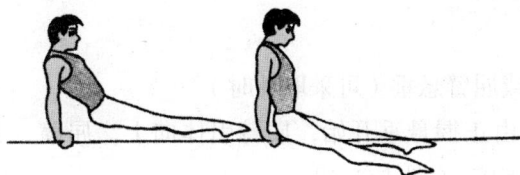

图 4-3-13

（2）分腿坐前滚翻成分腿坐：由杠端分腿坐开始，两手靠近大腿握杠，上体前倾，顺势提臀、收腹、团身。杠上做前滚翻，当臀部移过垂直部位时，两手前移握杠，两腿迅速分开压杠，两臂撑起成分腿坐。（图 4-3-14）

图 4-3-14

（3）挂臂屈伸上：由挂臂撑摆开始，前摆高出杠面成屈体，然后用力向前上方伸展髋，两臂同时压杠，上体向上急振起肩成支撑。（图 4-3-15）

图 4-3-15

（4）支撑摆前、后下杠（女生前摆下）：双臂支撑前摆，顺势后摆至最高点时，右手推杠换握左杠，重心同时左移，后推左手挺身跳下。

二、提高悬垂能力的方法

（一）肋木练习法

（1）悬垂举腿：背靠肋木，两手正握肋木顶端横木成直体悬垂，然后屈体上举或直腿上举。（图 4-3-16）

（2）勾"木"倒悬垂：面对肋木，上体前屈，两臂后上举反握横木，蹲地收腹，双腿上举，腿靠紧肋木，使身体倒悬垂。（图 4-3-17）

（二）高单杠练习法

（1）高单杠上做直臂或屈臂悬垂（可采取计时）。

（2）慢翻上成支撑：由正握悬垂开始，屈臂引体向上，屈髋，头后仰，两臂从杠后方伸出，使身体从杠上翻过成支撑。（图4-3-18）

图4-3-16　　　　图4-3-17　　　　　　　　　图4-3-18

（3）后摆下：由悬垂开始，前后摆动，当身体后摆超过垂直面后抬头梗颈，两臂压杠，两手推杠成后摆挺身下。（图4-3-19）

图4-3-19

三、提高攀爬能力的方法

（一）爬梯能力练习法

1.爬硬梯练习

采用固定的木梯或肋木，一般为徒手攀行。在爬行过程中依赖双手、双腿的稳定支撑或正确移动爬梯，为保持身体稳定，应遵循"三点不动一点动"的基本要领，也就是在身体移动的过程中，始终有双手一腿或双腿一手起支撑作用。（图4-3-20）

2. 爬软梯（绳梯）练习

双手握住软梯上部横杆，双脚脚掌踩住绳梯下部横杆。支撑要领与爬硬梯一样，但要注意软梯的摆动，要求双手抓握、双脚蹬踩有力而准确。

（二）爬竿（绳）练习法

根据爬竿悬挂方式，进行不同的悬垂攀爬练习，如竿的上端固定，下端离地 20～30 厘米垂直竿（绳），手脚并用或仅用双手向上爬、倒爬；竿的两头分别固定的，做挂膝和挂踵的爬行。

1. "三拍"爬（竿法）

第一拍，两腿前屈，两膝和两脚背夹竿，两臂微屈。

第二拍，两腿伸直，同时做屈臂引体向上。

第三拍，两腿夹竿动作不变，两手向上换握成直臂悬垂。（图 4-3-21）

2. 引体爬竿法

直臂悬垂，两手紧握竿，然后用力上引，两手轮滚向上换握，两腿伸直，不准夹竿，使身体仅靠双臂引体向上移动。（图 4-3-22）

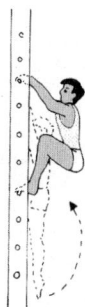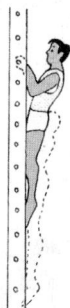

图 4-3-20　　　　　　　　　图 4-3-21　　　图 4-3-22

3. 倒悬爬横竿

两手前、后依次握住竿，一腿膝弯曲处挂竿，另一腿自然下垂呈倒挂悬垂状，然后两手依次换握，使身体倒悬上爬。（图 4-3-23）

4. 利用双竿做攀爬练习

两手握一根吊竿，两脚蹬另一根吊竿向上攀爬；或两手各握一根吊竿，脚内侧蹬贴吊竿攀爬。（图 4-3-24）

图 4-3-23   图 4-3-24

四、提高负重能力的方法

提高负重与搬运能力应首先提高上下肢和腰部的力量。

（一）器械练习法

1. 哑铃或壶铃练习（图 4-3-25）

（1）双手握哑铃 2～5 千克，原地做上举、侧推、前推和跳举练习。

（2）双手提握壶铃，两脚开立与肩同宽，屈膝负重。

（3）屈体提拉壶铃，做壶铃划船，4 组 ×8 次。

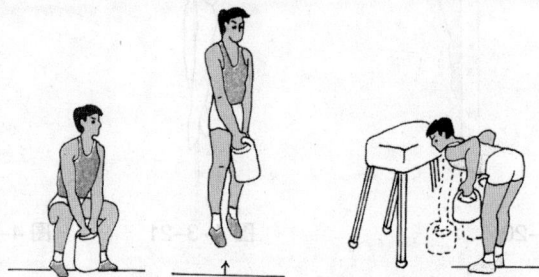

图 4-3-25

2. 杠铃练习

（1）屈体提拉杠铃：左右分腿站立，体前屈，上体与地面平行。两手稍比肩宽握杠铃，上提至胸前，然后放下。反复做，逐渐增加杠铃重量和练习次数。（图 4-3-26）

（2）负重单脚蹲：在肩上和颈后负适当重量的杠铃，两脚侧分大于肩宽站立，做两腿交替屈下蹲与起立。一腿屈膝下蹲时另一腿伸直，腰背挺直，以维持平衡。或单臂下垂持壶铃或哑铃，做单腿深蹲动作，或肩负杠铃做登台阶动作。（图 4-3-27）

图 4-3-26　　　　　　　　　　　图 4-3-27

（3）负重侧拉：两腿伸直分开站立，一手提铃做体侧屈，做时两臂伸直，身体不要向前屈，侧屈时尽量低些，两手交换做；也可肩负杠铃做左右侧屈动作，也可侧卧在山羊上两脚钩住肋木做侧身起坐。（图 4-3-28）

图 4-3-28

（二）肩、背负重练习法

（1）肩负沙袋 10 ～ 20 千克爬台阶上下练习。

（2）背扛沙袋或其他重物爬楼梯上下练习（五层楼以上）。

（3）背负同伴比赛，根据场地大小确定比赛距离。

（4）30 ～ 50 米搬运重物接力赛。

第四节　健身走

健身走是一项既经济又便利的健身运动。它是利用走步的形式来达到强身健体、提高生活质量和健康水平的目的。

一、健身走的锻炼方法

常见的健身走运动方法很多，锻炼者应根据运动的目的和个人的具体情况选择适合的运动方法。

（一）摆臂散步法

散步时两臂有节奏地做前后较大幅度的摆动，行走速度为每分钟 60 ～ 90 步，可增强肩带胸廓的活动能力，适用于有呼吸系统疾病的人。每次 30 ～ 60 分钟，可逐渐延长时间。

（二）摩腹散步法

一边散步，一边按摩腹部，行走速度为每分钟 30 ～ 60 步，这对有消化不良和胃肠疾病的人很有益处。每次 30 ～ 60 分钟，可逐渐延长时间。

（三）普通走步法

用中等速度行走，每分钟 60 ～ 90 步，每次锻炼 30 ～ 60 分钟。最好在风景秀丽的海滨、公园等地方行走。

（四）快速走步法

用较快的速度行走，每分钟 90 ～ 120 步，每次锻炼 30 ～ 60 分钟。行走时心率控制在每分钟 120 次以下。

（五）踏石走步法

在鹅卵石铺的地面上行走，通过踏石来刺激足部的穴位，若赤脚在上面适当地蹬踏跳跃，更会使身体经络通畅、睡眠香甜、食欲增加、身体灵巧，甚至会感觉到一股热流源源不断地向全身喷射，不但使肌肉变得富有弹性，而且体态也会逐渐变得健康、优美。

（六）倒退走步法

倒步走时上体自然直立，眼睛平视，不要抬头后仰。当右腿支撑时左腿屈膝后摆下落，前脚掌先落地然后过渡到全脚掌，身体重心随之移至左腿时右腿屈膝后摆下落，前脚掌先落地然后过渡到全脚掌。两臂协同两腿自然摆动，同时注意后退方向和身体平衡。如感觉疲劳或难以控制平衡时应随时变换方式，如 50 米倒走 +100 米正走或 80 米倒走 +200 米正走。美国理疗学家的实验结果表明：倒步走比正步走的氧气消耗高 31%，心跳快 15%，血液中的乳酸含量也偏高。

二、健身走基本动作要领

（1）头部正直，两眼前视，适当挺胸和收腹，保持躯干正直，这将会使你走得更轻松，更舒适。

（2）以肩关节为轴前后摆臂，在快速走步时屈肘比较适宜，夹角在 80° ～ 100°。适当扭动胯部，有利于增加步幅。

（3）下肢动作主要是以摆动的形式来完成。健身走时（倒退走除外），脚跟先落地，然后过渡到全脚掌，使身体重心快速前移。

（4）步幅和步频应根据个人的具体身高和腿长合理搭配，步幅自然开阔，步频较快，动作舒展大方。

三、运动负荷与运动强度

（一）运动负荷的控制

健身走应善于掌握运动负荷。因为运动负荷太小，不用动员肌肉与内脏器官的机能潜力就可以轻而易举地完成，锻炼的效果就不大；相反，运动负荷过大，超过人体负荷的界限，不仅达不到增强体质的目的，反而会对健康产生不良影响。对运动负荷的控制可采取以下两种方法：

1. 脉搏测定法

早晨起床前、锻炼前和锻炼后 1 小时各测一次脉搏，时间为 1 分钟。如果运动负荷小，在锻炼后 1 小时脉搏即可恢复到锻炼前的水平；如果运动负荷稍大，次日早晨脉搏可以恢复到原来的水平，表明身体能承担这一运动负荷。如果次日晨脉比以往升高较多而且还有疲劳感（无疾病情况下），则表明运动负荷过大，需要进行调整。

2. 主观感觉法

运动负荷安排合适时，工作、学习、劳动更富有精力，锻炼后虽略感疲劳，肌肉酸痛，但经过一夜休息后疲劳会自然消失。当运动负荷过大时，锻炼后会感到极度疲劳，早晨起床会感到萎靡不振、全身无力，甚至会有头晕现象，吃不下睡不着，对锻炼有厌倦和冷淡的感觉，这些说明运动负荷需要适当调整。

（二）运动强度的衡量

健身走强度的衡量主要依据人体的脉搏次数来确定。从健身角度来讲，健身走时适宜的脉搏为 100 ~ 120 次 / 分。刚参加锻炼的人应该感到呼吸比较顺畅并逐步提高运动强度。由于健身走的时间一般都比较长，运动者可以一边走一边测量脉搏，及时掌握适宜的运动强度。

（三）健身走时间的掌握

健身走的锻炼效果应以时间来衡量，而不是以行走的距离来衡量。对于一般锻炼者，连续行走时间以 15 ~ 30 分钟为宜。行走 15 分钟可以达到锻炼身体的最低要求，行走 30 分钟就能够达到比较好的锻炼效果。若锻炼者身体比较强壮，又有比较充裕的时间，进行更长时间的健身走效果会更好，但一定要在自己的身体能够承受的范围之内。

四、健身走运动处方与评价

（一）健身走应注意的问题

（1）运动者最好选择空气清新、环境幽静的地点，如公园、河边、郊外等地。

（2）运动者着装尽量简单。鞋子要柔软、舒适，有条件的最好穿越野运动鞋，这样可以在运动中更好地保护双脚。

（3）运动时一定要注意周围的环境，保证人身安全。

（二）健身走运动处方

健身走的速度和时间决定运动强度的大小。速度快、运动时间相对短，反之，如果慢走，运动时间必须持续20分钟以上方有健身效果。（表4-4-1~表4-4-4）

表4-4-1　各年龄组健身走预备性运动处方

年　龄	30岁以下			30~39岁			40~49岁			50岁以上		
周　次	距离/米	时间/分钟	每周次数	距离/米	时间/分钟	每周次数	距离/米	时间/分钟	每周次数	距离/米	时间/分钟	每周次数
1	1 600	15	5	1 600	17.5	5	1 600	18	5	1 600	18	5
2	1 600	14	5	1 600	15.5	5	1 600	16	5	1 600	16.5	5
3	1 600	13.75	5	1 600	14.25	5	2 400	24	5	1 600	15.8	4
4	2 400	21.5	5	2 400	24	5	2 400	22.5	5	2 400	24.5	5
5	2 400	21	5	2 400	22.25	5	3 200	31	5	2 400	23	5
6	2 400	20.5	5	2 400	21.25	5	3 200	30	5	2 400	22.5	5

表4-4-2　良好体力者的步行量

天数/周	步行量
2	用每分钟80米的速度，步行15分钟，每天2次
3	用每分钟85米的速度，步行10分钟，每天2次
3	用每分钟85米的速度，步行15分钟，每天2次
2	用每分钟90米的速度，步行10分钟，每天2次
2	用每分钟90米的速度，步行15分钟，每天2~3次

表4-4-3　优秀体力者的步行量

天数/周	步行量
2	用每分钟90~100米的速度，步行10分钟
3	用每分钟100~120米的速度，步行10分钟
3	用每分钟120~140米的速度，步行或慢跑15分钟
2	用每分钟140米的速度，慢跑15分钟
2	用每分钟150米的速度，慢跑15~20分钟

表4-4-4　健身走锻炼计划

距离/米	时间/分钟	每周次数	运动得分
3 200	24~30	6	30
4 800	36~45	4	32
6 400	48~60	3	33
6 400	60~80	5	35

（三）健身走的自我评价

1. 主观感觉

（1）一般感觉：身体健康的人会感到精力充沛，身心愉悦；若患有疾病或过度训练就会精神不振，身体无力、疲倦，易激动。

（2）锻炼心情：健身走时心情是开朗、愉快的，精神状况良好；若对锻炼不感兴趣，甚至厌倦、萎靡不振，可能是锻炼方法不当或疲劳所致，也可能是过度疲劳的早期征象。

（3）不良感觉：健身走时若出现头痛、头晕、胸痛、胸闷、恶心、呕吐或其他部位的疼痛，说明运动负荷过大或健康状况不良。

（4）睡眠：经常进行健身走锻炼的人，应当是入睡快、睡得熟、少梦或无梦，次日精力充沛。若出现失眠、屡醒或多梦，次日精神不振，应改变锻炼方法和减小运动负荷。

（5）食欲：经常进行健身走锻炼的人食欲一般都比较好，若出现食欲差、口渴等现象则与运动负荷过大或身体健康状况不佳有关。

2. 客观检查

（1）脉搏。（表4-4-5）

表4-4-5 不同性别、不同年龄的人安静时1分钟标准脉搏

年 龄	效果评价	20～29岁	30～39岁	40～49岁	50岁以上
男 子	优	59以下	63以下	65以下	67以下
	良	60～71	64～71	66～75	68～75
	中	72～85	72～85	76～89	76～89
	差	86以上	86以上	90以上	90以上
女 子	优	71以下	71以下	73以下	75以下
	良	72～77	72～79	74～79	76～83
	中	78～95	80～97	80～98	84～102
	差	96以上	98以上	99以上	103以上

（2）体重：刚进行健身走锻炼时，体重会逐渐减轻（尤其是身体肥胖者），这是由于机体内脂肪减少的缘故，以后会慢慢趋于稳定。若出现体重不断减轻或有其他异常感觉，可能与过度训练或患有慢性疾病有关，应减小运动负荷并到医院检查。

（3）血压、肺活量、心电图：经常健身走锻炼的人血压稳定，肺活量逐步增大，心电图正常。若血压突然升高，肺活量明显下降，心电图异常，应立即减小运动负荷并到医院检查。

第五章

体育文化与欣赏

第一节　奥林匹克运动文化

奥林匹克运动文化，包括奥林匹克运动的全部思想体系和活动内容，是奥林匹克运动在实践过程中所创造的物质财富与精神财富的总和。物质财富即物质文化，主要指奥林匹克运动对人体技能的改造、发展，以及所采用的各类场馆、器材等设施和由此产生的文化形态。精神财富即精神文化，主要指奥林匹克运动对人的内心世界、社会行为的影响以及与之相关的各项文化艺术活动。古代及现代奥林匹克运动都蕴藏着丰富的物质文化与精神文化。

一、奥林匹克运动文化概述

奥林匹克运动历经100多年的风风雨雨，已发展成为迄今为止人类历史上最盛大的社会文化现象。回顾奥林匹克运动产生与发展的历程，我们不能不追溯它最早的源头——古代奥林匹克运动会，它那追求和平、友谊和神圣休战以及坚持公平竞争的体育原则，组织比赛的竞技模式，对世界体育及现代奥林匹克运动的发展产生的深刻影响。古希腊被称为欧洲文明的发源地，也是古代奥林匹克运动会的发祥地。古代奥运会的竞技场遗址——奥林匹亚，就是奥运火炬熊熊燃起的地方。

古希腊是一个城邦割据的国家，各城邦之间争夺吞并，战争不断。在长期的斗争中，人们厌恶了这种互相厮杀的局面，希望能有一个至高无上的君主来造就一个和平统一的希腊，并寄托于神的力量实现这一愿望。于是产生了全希腊崇奉的万神之首——宙斯神。在祭奉宙斯神时，体育竞技成为祭奉宙斯神的活动之一。古代奥运会是希腊人献给万神之首的祭礼赛会。他们认为只有同维持天地间秩序的神建立起和善的关系才有利于生存，只有在神面前展示人的力量、速度、协调、健美，神灵才能降福于人类，从而形成了祭礼竞技。

公元前776年宗教和体育竞技合为一体，那时的人们组织了大规模的体育祭礼活动，并决定在奥林匹亚每四年举行一次。这样，公元前776年举行的奥林匹克运动会被正式载入史册，到公元394年，历时1170年。由于奥林匹克运动会期间实行神圣休战，使奥林匹克运动会不间断地举行了293届，创造了人类文明史上的奇迹。古代奥林匹克运动会体现的公平竞争的原则，"永远争第一""在生活的一切领域追求最高成绩"的拼搏意识，竞技优胜者的高强技艺、高尚道德、健美体魄都对现代奥林匹克运动产生了积极的影响。

现代奥林匹克运动的产生是在一个广阔的时代背景下长期孕育的结果。14—18世纪，欧洲大陆出现了三次大的思想文化运动，为奥林匹克运动的兴起奠定了思想基础。资本主义工业化生产和资产阶级教育方式为奥林匹克运动的兴起提供了土壤。资产阶级教育家把体育作为培养人才的重要手段加以大力提倡，恢复了古希腊的体育制度，他们还进一步制订了锻炼身体的各种措施，使体育成为培养全面发展人才不可缺少的教育活动。

法国教育家顾拜旦是公认的现代奥林匹克运动的创始人。他为现代奥林匹克运动的诞生和发展作出了卓越的贡献。在他的不懈努力下，1894年6月16日—24日，"国际体育运动代表大会"在巴黎索邦神学院举行。这次大会唤起了与会者对古代奥运会的神往，与会代表一致同意顾拜旦的主张，决定复兴奥林匹克运动会，并通过了复兴奥运会的决议。1896年4月6日—15日，第1届现代奥林匹克运动会如期在雅典举行。发展至今，实际举办了27届。（到2012年伦敦奥运会，参加的国家和地区达到205个，参加比赛的运动员达11099人。现代奥林匹克运动的影响力远远超出了体育范畴，在当代世界的政治、经济、哲学、文化、艺术和新闻媒介等诸方面，产生了一系列不容忽视的影响。奥林匹克运动不仅构成了现代社会所特有的体育文化景观，还以其特有的文化魅力愉悦人们的身心，更以其强烈的人文精神催人奋进，它已成为人类社会友谊、团结的象征，为维护世界和平和推进人类社会的进步作出了巨大贡献。

二、奥林匹克运动文化的特征

奥林匹克运动文化，以欧洲文化为主要特征。这是因为奥林匹克运动发源于欧洲，而且最初的参加者主要来自欧洲和北美等国家。但是，现代奥林匹克运动会不是古代奥运会的简单翻版。作为一种文化，它是对古代奥运会的继承和发展，是带有古代奥运会传统色彩的具有现代思想内涵的国际体育盛会。总的来说，奥林匹克运动文化具有平等化、国际化、理性化和人文化的特征。

（一）平等化

古代奥运会由于受到古希腊体育文化及古希腊宗教文化的影响，种族主义、阶级性和性别歧视特别明显，对于参加奥运会的选手做出了禁止外来居民、奴隶参加，禁止妇女观看和参加比赛的规定。

随着时代的发展，社会的进步，现代奥林匹克运动会已经完全摆脱了这种情况。在《奥林匹克宪章》的第二部分中，对于参赛选手资格做出了明确的规定，即凡是承认和遵守《奥林匹克宪章》《世界反兴奋剂条例》的运动员，无论种族、国家、阶级、性别如何，都可以参加奥运会。这充分地体现了体育运动面前人人平等、重在参与的奥林匹克宗旨。它教导人们在生活中最重要的事情不是胜利，而是斗争；不是征服，而是拼搏，并影响着人类社会活动的各个领域，不断地推动着人类社会的发展与进步。

（二）国际化

古代奥运会的参赛选手是有限制的。最初规定参赛的人必须是具有希腊血统和自由人身份，并且没有犯罪记录的男性公民；而在地域上又主要以欧洲为主，这导致了体育文化交流的匮乏。但是随着体育的不断普及，奥林匹克运动逐渐深入人心，奥运会的规模不断地扩大，从1896年第1届现代奥林匹克运动会召开时只有14个国家241名运动员参加，发展到2016年里约热内卢第31届奥运会，205个国家和地区的10 500名运动员参加26个大项、302个单项比赛（表5-1-1）的国际性体育盛会。由此可见，奥林匹克运动已经成为世界的汇合点和各种不同文化联系的纽带。

表5-1-1 历届夏季奥运会概况

届　数	举行时间	举行地点	参加国家和地区数	运动员数	运动项目数
1	1896	雅典（希腊）	14	241	43
2	1900	巴黎（法国）	24	1 225	95
3	1904	圣路易（美国）	13	689	91
4	1908	伦敦（英国）	22	2 035	110
5	1912	斯德哥尔摩（瑞典）	28	2 547	102
6	1916	柏林（德国）	第一次世界大战中断		
7	1920	安特卫普（比利时）	29	2 669	154
8	1924	巴黎（法国）	44	3 092	126
9	1928	阿姆斯特丹（荷兰）	46	3 014	109
10	1932	洛杉矶（美国）	37	1 408	117
11	1936	柏林（德国）	49	4 066	129
12	1940	东京（日本）赫尔辛基（芬兰）	第二次世界大战中断		
13	1944	伦敦（英国）	第二次世界大战中断		
14	1948	伦敦（英国）	59	4 099	136
15	1952	赫尔辛基（芬兰）	69	4 925	149
16	1956	墨尔本（澳大利亚）	67	3 184	145

届 数	举行时间	举行地点	参加国家和地区数	运动员数	运动项目数
17	1960	罗马（意大利）	83	5 348	150
18	1964	东京（日本）	93	5 140	163
19	1968	墨西哥城（墨西哥）	112	5 530	172
20	1972	慕尼黑（联邦德国）	121	7 123	195
21	1976	蒙特利尔（加拿大）	92	6 028	198
22	1980	莫斯科（苏联）	80	5 217	203
23	1984	洛杉矶（美国）	140	6 797	221
24	1988	汉城（现首尔，韩国）	159	8 465	237
25	1992	巴塞罗那（西班牙）	169	9 367	257
26	1996	亚特兰大（美国）	197	10 318	271
27	2000	悉尼（澳大利亚）	199	10 651	300
28	2004	雅典（希腊）	201	11 099	301
29	2008	北京（中国）	204	16 000	302
30	2012	伦敦（英国）	205	10 500	302

（三）理性化

奥林匹克运动从古奥运会创始初期就强调了人的身心和谐发展。认为竞技优胜者不仅应具有高超的技艺，而且应是道德高尚、知识丰富、内心充实、体魄健美、举止优雅，体现了极强的理性认识。但是，由于古代奥运会在发展初期，受到欧洲文化以及宗教文化等的主导文化的制约，奥林匹克运动文化在物质层面上体现得较为突出，人们主要追求外在形体健美等表面化的东西。

随着社会的发展，人们对于奥林匹克运动文化的认识开始由感性深入到理性，即从"形体美"深入到"心灵美"，开始着重强调其精神层面，即要求锻炼者在身体健美、均衡和体态端正的基础上达到意志、品质、身心的完美结合，充分体现了奥林匹克运动文化的理性化特征。

（四）人文化

每一届奥运会的举行都能体现奥林匹克运动的文化主题。然而，每一次奥运文化主题的设计，并不能尽善尽美地实现奥林匹克运动的理想，有时甚至完全背离奥林匹克主义的宗旨。

在现代奥林匹克运动发展的过程中，20 世纪的奥林匹克运动以竞技体育运动为核心，由它主宰了体育运动发展的命运，营造了 20 世纪灿烂夺目的竞技运动文化，并积极地影响着人们的文化生活。但是，20 世纪的竞技体育运动却出现了两大危机：一是奥林匹克的绅士们忘记了自己的身份，忘记了自我检点，贿选丑闻引起了一场奥林匹克空前危机；二是兴奋剂败坏了奥林匹克的形象，从而引起了人们对奥林匹克运动会的质疑。

"现代奥运之父"顾拜旦曾明确指出奥林匹克精神，首先是文化概念。当今，在市场经济的环境下，体育要讲经济功能，但是绝不能忘记奥林匹克是一种文化。因此，北京 2008 年奥运会文化主题设计为"人文奥运"，体现了当今社会人们追求科学与人文精神的统一，这也为奥运未来文化的整合展示了一个全新的走向。

三、奥林匹克运动文化的价值

不同地域、不同民族以及不同时代，其文化形态也是不尽相同的，而文化形态又约束和规范着不同地域、不同民族及不同时代人们的思想和行为习惯。奥林匹克运动作为一种独立的社会文化形态也表现出其特有的价值，在人类社会的发展过程中，影响着人类的物质层面和精神层面的价值取向。

奥林匹克运动文化主题的设计，从一开始就一直是人类在生存与发展的过程中所向往的文化价值的体现。奥林匹克格言、奥林匹克主义、奥林匹克精神等等，对其文化价值做出了十分精辟的阐述。总的来说，奥林匹克运动文化的价值可以概括为以下几个方面。

（一）激发精英精神与拼搏意识

在古希腊奥运会时期，古希腊的竞技运动受到社会各界的广泛支持和尊重，古罗马竞技场是那个时代最好的象征。作为竞技场上的优胜者，不仅会得到橄榄枝冠、棕榈枝花环、月桂冠和塑像等奖励，人们还为他们举行盛大庆典，更重要的是他们会像英雄一样受到故乡人民的崇拜并成为人们的榜样。究其原因在于奥林匹克运动教育人们要努力成为一个真人、完人，一个有智慧和不断超越自我的人。在精英精神的价值取向下，造就了苏格拉底、柏拉图、亚里士多德等"巨人"。

但是，不可否认，古奥运的精英精神具有一定的阶级局限性。其原因大致为：古希腊的教育思想中蕴藏着精英精神，而且"现代奥运之父"顾拜旦以及早期的奥委会委员们都出身于贵族家庭，属于社会的上层，他们有着强烈的阶级优越感，这种意识潜移默化地规范着他们的思想与行为。

虽然精英精神作为时代的产物，给人一种无法与现代社会文化相合拍的感觉，但随着现代体育文化的发展，其必然走大众化、普及化、平民化的发展道路。

同时，古希腊人在当时社会背景的影响下，具有十分强烈的拼搏精神。无论是在竞技场上，还是在现实生活中，他们崇尚"永远争取第一，永远争取超过别人"。奥运会的文化设计者早就意识到了这一点，运用它去激发了人们的拼搏意识。"更快、更高、更强"的奥林匹克格言以及奥林匹克主义则集中体现了这种精神，不断地鼓励和鞭策着人们努力战胜对手，超越自我，永不满足，不断拼搏，向着更高的目标迈进。这种勇于克服各种艰难险阻、付出辛勤汗水争取胜利的精神对所有人都是一种启迪。

（二）促进世界和平

从古至今，促进世界和平一直是人们所共同拥戴的文化主题。1618—1945 年，分裂是当时欧洲历史的主要潮流。旷日持久的冲突和战争驱使国家机器始终高负荷地运转，人们渴望和平，时代呼唤和平。

同时19世纪末，欧洲文化的发展使人从神本主义中走出来，人道主义逐渐深入人心。古奥运的"休战精神"，也在顾拜旦先生的诠释下升华为"和平、团结、友谊、民主"的文化精神。顾拜旦在《体育颂》中所倡导的"体育就是和平"的奥林匹克理想，正是欧洲想走向联合、实现休战的和平思想的一种反映，是人道主义价值观、人生观和世界观的一种反映。

当今社会，生产力高速发展，科学技术突飞猛进，和平已成为世界发展的主要潮流，但专制政治的堡垒仍旧存在，和平依然是人们所渴望的。"体育以世界和平为终极目标"的历史任务并没有完成。

因此，体育将继续为促进和维护人们的尊严和社会的和平服务。通过开展没有任何形式歧视的并按照互相了解、友谊、团结和公平竞争的奥林匹克精神的体育活动来教育青年，从而规范和指导着人们为建立一个和平和美好的世界作出贡献。

（三）为世界文化的交融搭台

随着社会的进步，原先地域、血缘关系十分明显的民族体育文化逐渐地趋于模糊、淡化，特别是在文化全球化的浪潮中，奥林匹克运动既是展现民族体育文化的舞台，同时也有力地促进了体育文化的交流，呈现出体育文化东进和西移的新局面。

研究表明，传统的体育文化有其深厚的民族性和历史性。因此，民族传统体育文化具有一定的独特性。然而，世界体育文化的根基在于传统的民族体育文化。所以未来体育文化既不是西方文化主宰世界，也不是以东方文化为主导。但可以预言，随着东方文化的崛起和奥林匹克文化的拓展，东方文化必然会受到更多的关注。

总之，现代奥运会不是古代奥运会的简单翻版，现代奥林匹克运动文化是一种全新的理念，必将为人类的发展和进步作出更大的贡献。

第二节 大众体育文化

一、大众体育文化概述

大众体育文化或称群众体育文化，是通过民间传统体育和现代体育、集娱乐和健身为一体、多种多样的现代体育文化生活。

大众体育文化作为社会文明的有机组成部分，成为调节社会文化生活、善度闲暇时间的重要形式。由于大众体育文化反映的是生活在不同区域人民的劳动生活，它不仅具有强烈的民族传统体育特点，而且融入了现代体育的竞技性；不仅是广大民众强身健体的有效手段，而且是喜庆节日的文化娱乐内容。

大众体育文化以其自身的特点和社会的需要传播着体育文化，主要体现在：

（1）大众体育文化极大地丰富了社会文化生活，是全面建设小康社会的重要组成部分。

（2）大众体育文化促进了民族传统体育的交融和国际文化的交流。由于其目的的多样性、对象的广泛性、时间的业余性、形式的灵活性、项目的随意性、效益的社会性、组织管理的复杂性和活动的娱乐性，因而它是一项容量大、吸引力强、涉及范围极广的社会文化活动。

二、大众体育文化的特点

综观人类文化，包括体育文化，不仅具有共同的特征，同时也有其丰富的、独特的个性特征。大众体育文化，具有社会性、健身性、多样性和娱乐性特点。

（一）社会性

所谓大众体育文化的社会性，是指大众体育参与群体的广泛性。这是与奥林匹克运动会、校园体育最显著的区别。如奥林匹克运动会的参与者要求是具备高超技能并具有高尚品德的运动员，奥林匹克格言是"更高、更快、更强"，体现了奥林匹克运动鲜明的竞技性；校园体育的参与者也具有一定的范围，作为学校教育的重要组成部分，它的参与对象只能集中于就读学生，体现出极强的教育性。

目前，国际上衡量一个国家是否属于体育强国的标准，是一个国家的体育人口。所谓奥运会金牌的多少以及校园体育参与人数的多少都无法真正代表一个国家体育人口的数量。目前在西方国家中，德国、美国等不仅在竞技体育中表现十分出色，大众体育开展得也十分活跃，从而成为真正意义上的体育强国。

近年来，我国政府已经意识到了大众体育的重要性，在抓好"奥运争光计划"的同时，积极领导好、组织好"全民健身计划"，积极投资筹建健身场所，添置健身器材，为设立全民健身网点打下了很好的社会基础，使我国体育人口迅速增加，推动和促进了我国大众体育的发展。

（二）健身性

生存与发展是人类各种社会生产劳动实践活动最原始、最直接的目的。大众体育作为一种社会文化现象，也是为人类所追求的生存与发展的目的而开展。

研究表明，中国的传统体育文化有着悠久的历史。博大精深的体育文化篇章，是中华民族自强不息的象征。但是，中国的大众体育由于长期受到儒家思想的熏陶，较多地注重人的内在性，将健身观念建立在自我生命开发、自我完善的基础上，对身体的期望仅仅局限于养护生命、祛病、防病和延年益寿上。西方大众体育则受到资本主义商品经济的影响，追求体形健美而忽略了内在修养。不管如何，东、西方的大众体育文化表现的形式虽不同，但目的都是追求人的健康，折射出明显的健身性。

随着东、西方文化的交往，科学技术的迅猛发展，大众体育与现代科学相结合，逐渐形成新的独特风格。人类对于生存与发展的认识，已经不再停留在东方的"自我修炼"和西方的"体形健美"上，从而赋予了大众体育文化更为深刻的内涵。

（三）多样性

随着社会的进步，当代体育文化的交流，东、西方体育文化互相认同与借用，大众体育也体现出全球化的趋势。

在东、西方体育文化交流中，西方进一步扩展了大众体育文化的内涵，呼唤人们从原来与自然隔离的都市生活中解放出来，重新回归大自然，于是在继续追求冒险、激进的体育活动的同时，也注重人与自然的和谐发展。东方则在文化的交流与认同中，摆脱了自我封闭的枷锁，不再故步自封，从纯粹的自我修炼转而积极吸取西方的冒险、激进精神。

现代大众体育在东、西方体育文化整合中，其体育锻炼内容、方法和手段得到了极大的丰富和扩展。如俄罗斯的攀岩、澳大利亚的跳崖等，已为世界大众体育所接纳并逐步朝着体育旅游、体育娱乐、体育欣赏等多样化的方向发展。

（四）娱乐性

随着社会生产力的不断发展，人们的生活日益富裕，余暇的时间也越来越多，人们对于体育的要求已经不再仅仅停留在对强健体魄的追求上，而更进一步要求在紧张的工作之余能够通过体育活动获得心理的放松和愉悦。

大众体育的锻炼内容、手段和方法不断地得到丰富，在通过体育活动满足了人们生理需要的同时，也满足了人们心理的需要，并趋向于娱乐化。如野营，人们通过体育活动，不仅锻炼了身体，更为重要的是，人们通过野营活动远离了具有先进科学技术却又喧嚣、充满污染的现代化城市，体验到与大自然亲密接触的快意，从而缓解了紧张的心理，减轻了生活的压力，愉悦了身心。因此，不以夺标和不断超越自我为体育活动目的的大众体育，体现了极强的娱乐性特征。

三、大众体育文化的价值

大众体育文化给人类带来了快感和美感，给社会带来了健康和活力，对人类社会的生存与发展有着广泛和深刻的影响，体现出极强的社会文化价值。主要表现在以下两方面。

（一）培养人们健康的生活方式

大众文化是人类文化的组成部分，人们往往可以通过电视、报纸、非正式集会等大众媒介和大众活动，来克服生活中的恐惧感和茫然感。虽然这种大众文化为社会普遍接受，但是缺乏鲜明的个性，造成了大众文化先天的难以克服的文化弱点，并充满着浓厚的庸俗气氛。由于文化精神的缺乏，使大众文化的品质很不稳定，极易造成大众社会人文危机和人类精神的异化。例如，日本的奥姆真理教、美国的太阳圣殿教、乌干达的上帝恢复实践运动组织等。大众体育则通过多样化的锻炼内容、方法和手段，不断地充实人们的文化生活，营造健康的生活方式，如体育旅游、野营等。同时，大众体育通过其健康的理念，积极地营造健康的文化环境。尤其是在现代生活中，人们对大众体育文化所营造的健康的文化环境已经产生了一定的依赖性，这种依赖性引导着人们养成一种健康向上的生活方式。

（二）促进人们身心全面而和谐的发展

随着人们对体育研究的不断深入，无论是中国的大众体育，还是西方的大众体育，都是以全面发展和和谐发展为根基。

体育文化的全球化，促进了东、西方大众体育的交流与发展。西方大众体育在注重形态美的基础上，开始重视人的意志品质、体育道德等自身修养；而东方大众体育也在强调内部修炼、在坚持"礼仪"的基础上，追求西方冒险、激进的体育活动内容与手段。在认同与借用中，大众体育为促进人们身心的全面发展和和谐发展作出了十分重要的贡献。

第三节　校园体育文化

一、校园体育文化的含义

校园文化是一个多层次、立体化的有机整体。作为这个整体的重要组成部分的校园体育文化，是推动校园文化发展的最有力的催化剂，同时它也是具有深刻内涵和丰富外延的一种独特的文化现象，对于加强学校的精神文明建设，提高校园文化质量，全面推进素质教育和全民健身计划的落实，以及培养师生终身体育意识，都具有十分重要的意义。

校园体育文化是指在学校这一特定的范围里，人们在实践过程中所创造的体育精神财富和物质财富的总和。它有广义和狭义之分。广义的校园体育文化，是指学校所有的师生员工在体育教学、健身运动、运动竞赛、体育设施建设等活动中形成和拥有的所有的物质和精神财富；狭义的校园体育文化是指学校师生员工们的体育观念和体育意识。校园体育文化和校园德育、智育、美育文化等一起构成了校园文化群，它又与竞技运动文化、大众体育文化一起组成了广义的体育文化群。根据校园体育文化要素的不同，可将其分为三大类，即意识文化、行为文化和物质文化。这三类文化均有助于人们的心理调节，满足师生员工对精神文明生活的需要。

校园体育文化包括体育教学、健身锻炼、运动竞赛、体育表演、道德行为、制度规范等。通过多种多样的体育手段和方法，可以锻炼学生的意志品质，催人奋发进取，培养集体观念，加强组织纪律，协调人际关系，消除精神烦恼，给人愉悦，使人身心得以和谐、健康的发展。同时，可以拓宽学生的知识和思维视野，最终达到培养创造精神，丰富课余文化生活和促进德、智、体全面发展的目的。

二、校园体育文化的作用

校园体育文化作为一种社会文化，是学校在长期的教学实践过程中逐步形成的，更是在广大师生直接参与和精心培养下发展起来的。它对改善学生的智能结构，加强学校与社会的交往，传承、借鉴人类社会的文明，提高学生的积极性、主动性和创造性，促进教育改革的深入发展具有特殊的地位和作用。

丰富多彩的校园体育文化，是挖掘学生潜能、启发智力、促进能力发展的广阔天地，是最受学生欢迎的一种群体文化，也是学生从"自然人"向"社会人"转轨的助推力。校园体育文化生活可谓是精神文化的大舞台。有了校园体育文化，就能营造出教育的氛围，增强学校的活力，使校园生活变得多姿多彩，有效地提高学生的生活质量。

校园体育文化是存在于学校这一特定环境中的文化形态。公平竞争、团结协作、自强不息、自信不止是其精髓，它以其特有的魅力与作用对学生的身心健康发展起着强大的潜移默化的影响，更成为校园文化对内、对外展示的窗口。"更快、更高、更强""团结、友谊、进步""重在参与"和"公平竞争"等奥林匹克精神，其魅力就深藏在校园体育文化的底蕴之中。体育是校园文化中最活跃、参与人数最多、开展最广泛、持续时间最长、对人产生极其深远影响的文化活动。

为数不少的高校通过体育文化营造良好的校风、学风，取得了显著效果。如三峡大学，学校以丰富多彩的活动为载体，着力营造人文、科学精神相融合的校园文化，使学校思想政治状况、宣传舆论氛围、师生文明素质、校园综合治理等方面均呈现出新的气象，促进了教职员工的交流与沟通，增进了师生员工的团结和融合。在提倡素质教育的今天，高校的培养目标就是把大学生能培养成为集知识与技能、智慧与体魄为一体的全面型人才。

大学校园的人文气息和文化氛围深深地影响着一代代学生的成长，弘扬"诚信、奋斗、进取、创新"的办学精神，对提升一个学校的办学层次和办学水平，具有十分重要的作用。在营造良好的校园人文氛围、培养学生健康成长的过程中，体育扮演着十分重要的角色；在推动校园文化和精神文明建设中，高校校园体育文化发挥了其不可替代的作用。

校园体育文化节是传播价值观念的最佳载体，是激发学生体育兴趣的有效手段。体育文化节使体育的感性与文化的理性相结合，融体育知识、体育游戏、体育表演、体育比赛、体育征文、体育绘画、体育摄影等多种活动为一体；以体育活动为载体，为师生提供一方舞台；以公平竞争、团结协作、拼搏进取为宗旨，以"健康、快乐、文明"为目标，来培养师生的体育道德素养。由于体育文化节具有浓厚的节日气氛，能提高学生的兴趣，吸引广大学生积极参与。通过体育文化节，使体育不仅仅成为一种锻炼身体、增强体质的手段，更是一种享受、一种快乐、一种体验。这种热烈而激情的文化氛围，吸引更多的人关注、支持、参与其中。此外，让师生们树立新的体育理念，采取科学的健身方法，养成终身锻炼的习惯，使体育成为人们健康的生活方式，也是举办体育文化节的宗旨之一。

一位哲人曾说过："播种一种思想，就会收获一种行为；播种一种行为，就会收获一种习惯；播种一种习惯，就会收获一种个性；播种一种个性，就会收获一种成果。"所以，学校体育文化节这一学生自己的节日，将会成为素质教育在学校体育领域内成功实践的典范。

三、校园体育文化的特征

（一）创新性

体育文化有一个重要特征，就是鼓励和要求不断创新，正是这种"鼓励创新"的精神，体现出体育运动的文化特质。开展校园体育活动是实现学校体育目标的重要途径，是培养学生"终身体育"和"健康第一"思想的重要环节。《全国普通高等学校体育课程教学指导纲要》指出："为实现体育课程目标，应使课堂教学与课外、校外的体育活动有机结合，学校与社会紧密联系。要把有目的、有计划、有组织的课外体育锻炼、校外活动、运动训练等纳入体育课程，形成课内外、校内外有机联系的课程结构。"通过课外体育活动与课堂教学互补，实现课内外一体化。

目前，各学校开展的体育俱乐部和体育协会，是课余锻炼的有效组织创新形式。它向学生提供活动时间、场地、器材及辅导教师，学生在体育俱乐部和体育协会活动中，选择自己的锻炼项目。这不仅能充分调动学生的积极性，促进技术、技能的掌握，养成自觉锻炼的习惯，而且能提高学生的组织活动能力与社会实践能力，逐步实现学校体育向"终身体育"的过渡。

学校体育俱乐部不仅是大众体育的组织形式，它还具有竞技体育的特点，其功能与作用已超过了体育教学的本身，使校园体育文化更富有创新性，加速了学校体育文化的整体发展。

（二）开放性

在校园体育文化中，学生已经从已往的封闭式校园走向社会，参加各种体育活动，观看和参加世界大学生体育比赛和国内高水平比赛，如全国大学生CUBA篮球联赛、全国大学生足球联赛、全国大学生田径锦标赛，以及省、市内高校校际间的各项体育比赛。通过学校之间、社会之间频繁而广泛的以体育为内容的交流和接触，增进了学生对社会的了解，开阔了眼界。同时，一些学校根据素质教育的要求，组织学生开展户外活动，如滑冰、滑雪、旅游、远足、野外生存等，培养学生自我生存本领，磨炼他们的意志品质，提高他们在不同环境中的适应能力和社会交往能力，吸取社会文化中的有益成分，弥补校园文化的不足。

（三）层次性

校园体育文化既具有实实在在的内容，又具有深层的结构和丰富的底蕴。这种深层的东西往往能使生活在这个体育文化氛围中的不同人受到潜移默化的影响。另一方面，校园体育文化本身具有不同的层次，雅俗共赏，能够适应不同层次大学生的需求。

高等职业院校具有体育场地广阔、器材设施相对齐全、师资力量雄厚、图书资料丰富的优势。这对完成高校体育教学任务、开展好校园体育活动、推动全民健身运动和校园精神文明建设提供了物质保证。加之广大师生具有较高的知识水平，这就决定了高校校园体育文化的高层次特征。

体育竞赛作为校园文化的重要内容，是在全面锻炼身体，最大限度地挖掘和发挥人的体力、心理、智力等方面潜力的基础上，提高运动技术水平的一种活动。学校通常以课外体育竞赛为龙头，多种体育锻炼形式并存，每年举行全校性球类、田径、健美操、武术等比赛；同时开展小型多样活动，以院、系、专业、小班为单位的趣味运动会，及各种友谊对抗赛等；另外，还鼓励学生积极参加课外体育锻炼，如课间操、各种球类、健美、田径运动等。通过进行多方位的体育交流，使学生在浓郁的校园体育文化氛围中，增强团队精神，提高竞争意识。

近些年来，大学校园内蓬勃兴起的体育文化节、体育科技知识讲座、球迷协会、体育摄影、体育知识竞赛、体育征文等，都为体育活动锦上添花，增添了无穷的魅力。

（四）聚散性

体育文化对一个学校的发展具有"内聚和外散"的互动功能。丰富多彩的校园体育文化，对广大师生员工有着巨大的吸引力；各种体育活动的开展和参与，使人们彼此之间的感情和心灵得以沟通。通过体育竞赛以及各种方式的活动，可以培养学生公开竞争、尊重裁判、尊重对方、遵守规则的良好体育道德风尚。比赛中，场内运动员顾全大局，积极配合；场下的观众呐喊助威，群情激昂，场上场下升腾着强烈的集体荣誉感，就会形成一种无形而又巨大的内聚力，对加强校园的精神文明建设起到了积极的作用。

参加一些全国、全省性的高校和地方组织的体育比赛和交流，运动员的竞技水平和道德风貌等都会向社会传播，这对于树立学校的形象，体现学校的精神风貌，扩大学校在社会的影响，都会产生积极而深远的影响。

四、校园体育文化与企业体育文化互相融合

体育是企业物质文化、形象文化中的重要组成部分。企业为了自身的发展，会有侧重地选择具有一定体育专长和技术能力的双重人才。在学校体育教学过程中，我们可以充分利用现有的体育资源，除开展常规的体育教学外，可同时开展高校、企业双重人才方面的培训，企业也可利用学校的资源，开展企事业单位的体育活动和比赛，使学校与企业能够融合互动，互相促进，共同提高。我们可以从以下几个方面进行解析。

（一）人员的互动

每个学校和企业都有自己特色的体育项目，学校体育可以根据企业的需要，选取项目，改进课程设置，有倾向性地为企业培养具有体育专长的技术人才。高校在为企业培养体育人才

时，可采取普及和专门两种途径和方式。

在现行的公共体育教学中，设置一定有关企业体育人才培训的教学内容，其中包括体育基础理论知识和一些体育项目的基本技术、技能，以及教学方法和手段。组织学生到校外、社区、企业单位参与实践，课内课外一体化，使学生在参加工作后能够成为一名企业内群体体育活动的积极参与者和组织者。

在现有的体育教学班级中，挑选一部分热爱体育运动，并具有一定体育专长的学生组成专门的教学班，根据企业的需要，设置课程体系，满足企业的需求。这些学生因为有企业所需要的兼备能力，往往更会受到企业的关注并容易被录用，这也为他们毕业后求职增添了砝码。

此外，企业也可以与学校进行长期的合作，利用高校专业体育教师的知识与技能，为企业现有的员工进行培训，使他们能够积极地参与到企业的精神文明建设中，在自身体质得到提高的同时，增强了企业的凝聚力。

（二）文化的互动

企业体育文化已经不只是强身健体，它在企业经济的发展以及企业文化建设等方面发挥着重要的作用，能够让员工迅速融入到企业的环境中。因此，将高职校园体育文化与企业体育文化相融合，能让学生在校期间学习体育技能的目的更加明确，提高学生的适应能力，更加接近现代企业对员工的高要求，同时还可为企业注入新理念和活力。企业文化集中体现了一个企业经营管理的核心主张，以及由此产生的组织行为。企业文化中的企业精神和团体意识是可以通过体育体现出来的。学校为企业输送高素质的人才是优中选优，他们不仅将在学校学到的先进理念、先进思想带入企业，促进企业向更好的方向发展，也将成为体育骨干，在训练比赛中起到模范带头作用，能有力地带动企业体育文化活动的开展。

（三）资源的互动

高校的体育场馆、体育设施比较完善。在满足自身的体育教学任务的同时，还可以在全民健身体育活动中，承担周边社区、企事业单位的体育活动和比赛任务，学校可以为企业提供场地，为企业员工进行体质健康测定，通过测定和数据分析得出企业员工的身体机能健康的各项指标，从而有针对性地制订运动处方，这些都是保证开展企业体育人才培训的必要条件。此外，学校在为企业服务时，可以推荐学生辅助教师工作，使学生在获得锻炼的同时，可以与相应的企业进行接触，可以为学生提供更好的实践和就业岗位机会。

（四）高职校园体育文化的发展需要企业体育文化

随着社会转型的不断深入和发展，素质教育越来越被教育界所重视。高职校园体育文化建设也随之出现了空前的繁荣。近几年高职校园体育文化的形式不断创新，内容不断丰富，受到广大高职学生的喜爱，在学生的课余生活中发挥着越来越重要的作用。越来越多的高职院校，通过校园体育文化节、校园体育表演、学校之间的体育比赛等多种方式，来丰富学生的课余文化生活，潜移默化地提升学生的身体素质。高职体育教学、课外体育锻炼、体育竞赛及高水平运动队的建设都使得高职院校的体育教学工作取得了长足的发展，但由于思维方式及价值观念跟不上时代的发展，目前很少有高职院校把体育当作一项系统工程来抓，聘请专业人员进行整体设计，有效地组织和实施，也没能把高职体育文化与学生的职业及今后的工作及生活有机地结合起来，将体育作为一种行为方式和生活方式传授给学生。因此，在高职学生工作以后，校园体育文化的影响很快就会明显弱化，起不到让学生养成终身体育习惯的作用。在高职校园体育文化中植入企业体育文化，让企业体育文化成为学生生活的一部分，会让体育不知不觉地成为学生从业后的一种已经习惯的生活方式，从而更好地满足企业对员工在身体和心理方面的要求。

　　高职院校的毕业生仅就知识和技能而言，许多人已经基本适应了企业的需要，但仍有一部分毕业生长时间找不到工作，或找到工作后不能很好地适应工作环境。之所以出现这种现象，一方面是由于他们不了解企业文化，一时难以认同和接受企业文化；另一方面他们觉得在学校里所学的知识和技能，与进入企业后所从事的工作存在着较大的差异，导致他们对自己的工作能力丧失了信心，因此他们认为在这样的企业存在，难以正常发挥自己的作用。体育文化是企业文化与校园文化进行沟通的重要桥梁，高职院校在校园体育文化建设中，融入一些优秀企业的体育文化，可以让学生在学校里就了解、熟悉、认同企业文化的精髓，从而在工作之后能更快地融入到企业的氛围之中。

第四节　体育欣赏

一、体育欣赏的内容

（一）运动员的身体美

　　身体美是通过体育运动使骨骼、肌肉等人体组织得到正常发育后所具有的形体和姿势上的美。身体美具体表现为身体、线条、姿态的造型美，筋骨、肌肉、肤色的机体美和生命活力的气质美，其内容由体型、皮肤、毛发、形体构成。体型主要由遗传和环境因素影响的人体骨骼比例、脂肪蓄积和肌肉发育程度所决定。通过体育活动可以有效地改善人的体型，给人一种健与美的享受，这种改善主要反映在身高、体重、胸围、肩宽、腰长、皮肤等生理参数上。我们通常所说的身体美的主要内容有以下几方面。

1. 身体形态美

　　形态美是指身体体形匀称，它包括：体形美（身体外表匀称、协调）、姿势美（动作正确协调、舒展）、肌肉美（肌肉的形状与弹性）、肤色美（颜色、光泽）以及精神面貌美（精神与体力）。运动员往往身材高大，肌肉结实，身体各部分发展均衡并与整体比例得当，体型完美，展现出一种身体的和谐美。

2.体格健壮美

运动员身体健壮，运动素养高，关节灵活，骨骼发达，肌肉丰满结实，剽悍健美，富有朝气，浑身有使不完的劲，有惊人身体素质，表现出一种体格的健壮美。

3.运动中动态美

动态美包括运动的时空变化，技、战术变化，节奏变化等。例如篮球运动中，篮球的时空变化美常常是非常复杂的，篮球有时在手中，有时在空中，有时在篮圈上盘旋，这种空间的变化能给人以美的享受和美的遐想。技、战术变化美是根据临场需要，运用战术变化扩大战果或挽回败局，这是教练员的指挥艺术，也是队员之间配合的艺术。通过调动队员穿插换位，使场上布局不断变换，场面不断更新，节奏不断变化，它给人们以动态变化美的感觉，在它的中间体现了快与慢的变化，动与静的结合，高与矮的搭配，远与近的调节，给人一种韵律美的享受。

4.气质风度美

气质风度美是指人的风采与气度的美。虽然风度与人的思想文化修养有密切的关系，但它是通过人体的活动而表现出来的，因此，它是身体美的一个部分。体育运动不仅能塑造健美的体格，而且也能培养健康向上的人格。在长期的运动中，健康的人格可以使运动员和教练员形成一种风度美，比如尊重对手、服从裁判、关心同伴、珍惜集体荣誉等。

（二）体育活动的运动美

运动美是指人在体育实践中，通过身体运动所呈现的一种动态的美。运动美是体育美的重要内容，同时也是体育美的基本表现形式。所有体育运动是从劳动实践中逐步完善出来的人体活动，它的每一步演变和发展都是人类自身创造的。体育运动的美在根本上区别于自然的美，这是因为它是一种凝聚着主观力量和智慧的社会性存在，体育实践本身表现为一种主体的创造，又表现为一种客体的运动，可以说人的实践活动的全部领域，都包含有美学的因素。体育运动一旦登上运动舞台，它就可以为人民提供精神享受，同欣赏艺术表演一样，使观众从中获得丰富的美感。

在体育欣赏活动中，人既是主体，又是客体；既是目的，又是手段；既是表现内容，也是表现形式。具体而言，运动美的内容主要有以下几个方面。

1.技术美

技术美是指运动员在运动比赛中完成技术时所表现出的准确性、协调性、连贯性、实效性、稳定性的有机结合。一个出色的运动员可以通过跑、跳、带球、投篮、射门、扣球等基本动作向人们展示变化莫测、丰富多彩的动态美。在激烈的比赛中，NBA球星的跳起空中盖帽、摆脱抢位、空中转体扣篮，以及足球运动中一连串令人分辨不清的假动作和排球运动中传球进攻的流畅性等，无不使观众为之高超的技艺而叹服，同时也使观众享受着一种大球运动特有的运动美。如"篮球神魔"贾巴尔的"天勾"，"魔术师"约翰逊的"神出鬼没"、乔丹锋利多变的突破、出神入化的高空扣篮，在那个时代征服了观众，也征服了世界。

2. 战术美

战术美是比赛中队员个人技术的合理运用和队员之间相互协调配合的组织形式，它是运动员根据比赛双方的情况，把各自的技术通过战术基础配合巧妙联系到一起，采取合理行动，以发挥己方特长，限制对方优势，夺取体育比赛胜利的一种艺术。如第25届巴塞罗那奥运会上美国篮球"梦之队"的参赛与表演，将篮球运动带入了一个梦幻般的境界，梦之队的进攻战术简洁，善于单兵作战，个人进攻中伴随着同伴的插上和跟进，有拉开、有接应，如一部精美的机器运转自如。防守时抢、打、断、盖等技术广泛运用，气势凶猛的全场区域夹击、区域紧逼或半场扩大盯人防守战术交替使用，气势如虹、咄咄逼人、锋芒所向、所向披靡，充分显示了他们进攻与防守的威力，让人们欣赏到短兵相接、激烈争抢的动态美和勇猛拼搏、团结一致、意志坚强的精神美。

3. 动作美

动作美是指人在运动中，人的形体或部位的造型所展现的美。体育运动的整个过程都体现了一个"动"字。运动是一种活力美，是人体生命的有力展示。但是，只有动没有静，仍不能完全展现人的运动之美。这就是要求我们在欣赏中，对人体的动作要从动与静的结合上去欣赏、享受。

任何动作的动、静状态只有相互交替、相互转化才能构成动静结合。形象完美的体育造型、动态所表现的动静结合，一般有两种情况：一是动中有静，先动后静，例如吊环中的大摆突停接十字支撑；二是静中有动，先静后动，如蹲踞式起跑，当鸣枪后，运动员两手推地，两臂快速摆动，脚猛蹬起跑器，使身体像离弦之箭一样迅速向前跑去。这一时刻是非常美的，就美在从静到动这一点上，因为人类所能达到的最快反应速度，就在这一瞬间展现出来。

4. 风格美

（1）思想风格美。思想风格美是指运动员在比赛中所表现出来的思想品质、道德修养、行为作风等综合的社会意识美。中国乒乓球队具有顽强的拼搏精神和良好的思想作风，夺得了一个又一个世界冠军，为祖国争得了荣誉，他们的精神和作风时刻激励着人们。在欣赏体育比赛中，看到运动员良好的思想作风也是一种享受。

（2）技术风格美。技术风格美实质上是技术的个性之美。一个运动员（队）在技战术上，根据自身的条件和特点，创造出与众不同的风格，才能形成自己独特的风格美。例如，我国的乒乓球运动员，自从20世纪50年代初开始步入世界乒坛，逐步形成了直拍握法的"快、准、狠、变"的技术风格。

思想风格与技术风格之间有着密切的联系，这两种风格在其形成过程中往往是互相促进、互相制约、互相表现的。

5. 意志品质美

意志品质美指在体育活动中所表现出的个性心理特征，主要是指积极、努力、忍耐等顽强的意志，观察、思考、探索等智力活动，热爱、体谅、互助等基本的道德观念等。

（三）体育比赛的环境美

环境美是一个人、一个集体、一个民族、一个国家文明程度的窗口，它能够直接反映出人们不同的精神风貌，环境美是精神文明的标志。它对陶冶人们的情操，提高人们的文明素质；对满足人们的审美需要，提高人们的生活质量有重要作用。环境美的基本内容包括了环境中人与物两个方面：

1. 运动员、教练员素养

运动员是体育竞赛的主体，要具有良好的身体美、技术美、战术美和运动美，更重要的是要具有良好的气质风度美等，这种内在的美更会受到人们的尊重。教练员是体育训练和竞赛的主导者，教练员的职业道德精神以及临场指挥、稳定军心和协调的能力，是一个球队克强制胜、形成良好球队风格的必要条件。参与比赛的运动员、教练员都要求尊重裁判的判罚，服从工作人员的安排，不挑衅观众、侮辱观众，尊重观众，关心和爱护观众，这在一定程度上反映了运动员和教练员的基本素质。运动员和教练员所表现出的美是球场环境美的重要组成部分。

2. 裁判员的职业道德与执裁技艺

裁判员既环境美的组成部分，也是环境美的重要保证。裁判员基本素质是其表现美的基本要求。裁判员要在职业道德约束下具有良好的身体条件、积极的心理状态、过硬的基本技能和高超的执裁技艺。裁判员的临场风度是对人体美的一种综合的、高层次的表现，是在临场时的仪表、举止、姿态、言谈、作风等综合体现。优秀裁判员的特点，就是气度不凡、自信、镇定、目光敏锐，使参赛的运动员和教练员心生敬畏。在执裁中，裁判员精通规则和裁判法，熟练掌握过硬的裁判业务，用"实事求是、敢于宣判、作风顽强、干脆利落、准确无误"的作风赢得观众、教练员、运动员的信任和尊重。

3. 球场观众的基本素质

作为体育欣赏的主体，观众也是环境美的重要组成部分。一个文明观众需要做到：自觉遵守体育场（馆）规定，凭票按时按顺序入场，对号入座，举止文明；不轻易离场，手机关机或处于震动状态，不在场内接打电话；学会鼓掌，不喧闹起哄，不辱骂运动员和裁判员，不向比赛场地投掷物品或进行妨碍他人的不文明行为；衣着干净、整洁、保持清洁卫生，不在场内吸烟，不随地吐痰和乱扔废弃物；遇到紧急情况，不慌乱，听从工作人员的指挥等。

4. 体育场馆设备

体育运动中各种体育场地，是运动中的客观环境，也是运动欣赏发生的场所。所以，其场馆设施的科学合理与规模结构,不仅是直观的一个美感,更是影响到大球运动欣赏的全过程。比赛的场地,要能适应各种天气状况下,场上标志线条要准确、清晰、色彩鲜明,各项材料符合国家的质量标准,球场上的每一个角落光线均匀,每个座位都非常舒服、安全。

体育馆场地除设备外,还应将建筑声学、扩音系统、噪音水平三者综合考虑,才能达到良好的效果。配备适当的扩音设备降低空调噪声,使音质及声学特性达到最佳的结合点。体育馆的显示系统要能够清晰、及时、准确显示体育比赛的信息,通过多媒体技术显示比赛的实况,烘托和营造紧张热烈的比赛气氛。同时采用计算机网络系统作为电子显示系统的硬、软件平台,以便充分利用网络平台达到信息管理共享。体育场馆的安防系统应包括出入口管理系统完善、安全检查设备(系统)运行良好、实时监控系统良好、通信指挥系统通畅。

二、大学生体育欣赏能力的培养

(一)体育课堂教学

体育课堂教学是培养大学生体育欣赏能力的主要途径。学生在体育课上学习体育理论知识和规则,培养运动能力,通过具体教学活动对学生进行潜移默化式引导,在练习中感受到比赛过程中的种种困难,均可能导致运动员成绩不理想,乃至比赛失败,从而要求学生在欣赏比赛时应给予运动员以鼓励和支持,不要喝倒彩,做一个文明礼貌的欣赏者。

(二)参加体育课外活动

体育课外活动游戏成分大,在游戏中培养自信、体现价值、实践理论、获得快感,是培养大学生体育欣赏能力的重要途径。

(三)学校体育工作者的引导

老师通过引导学生观看体育比赛,接受体育信息,并重视知识的积累,结合平时的教学、训练、比赛进行全方位的教育,让学生了解任何一项体育运动都有自己完整的技术和战术体系,特定的场地和比赛规则,而且其技术、战术和比赛规则也在不断演变和发展,如我们在欣赏世界排球锦标赛时,首先应知道现在排球比赛规则的计分方法和得分制,只有欣赏者掌握了这些运动知识,其心情就会跟着比赛的节奏起伏,从而投入到比赛之中,取得体育欣赏的最佳效果。

(四)积极举办校园体育文化活动和参与社会体育文化活动

利用体育节开展体育知识讲座、体育知识竞赛、体育图片展览等活动;通过组织学生集中进行观看国内外一些重大比赛,让学生感受到体育的力与美,更感悟到体育发展的源动力——对抗与竞争,从而使体育精神、体育思想植根于学生的心底,使当代大学生从体育欣赏中终身受益。

第六章

职业实用性体育

第一节　职业实用性体育概述

一、职业实用性体育的意义和地位

为适应现代社会对人体的要求，学校的教育应当使年轻人在参加生产活动时，能够迅速地了解工具，掌握工艺，适应生产条件。但是，这一切只有在他们具有对职业十分重要的身体训练水平，具有控制自己身体的能力，能够灵活节省地完成必需的动作的情况下才能实现。

职业实用体育锻炼是一种专门化的教育过程，它通过体育的形式、手段和方法，最大限度地保证人的适应劳动和军事活动所必需的机能和运动能力得到发展和完善，提高职业教学的效果，使学生在职业生产中保持良好的工作能力。

众所周知，体育锻炼对人的机体有着良好的影响，系统从事身体锻炼的人很少有病，对生产活动的适应比一般人快，能够态度明确、意志坚定地达到预期的目标。但是，研究表明，一般身体训练水平与顺利适应职业需要和提高劳动生产率之间并不存在线性相关关系。例如，一个工作了 10 ~ 15 年，年龄在 45 ~ 50 岁的车工，尽管身体训练水平不高，不会游泳，单杠引体向上做不了 3 次，短跑很费力，但他却能顺利地适应生产作业。

为了更顺利地掌握专业技能，必须发展某些对具体专业最为重要的体能。同样，在劳动过程中能够发展和提高与职业技能相关的体能和技能。生产劳动本身使职业活动所必需的体能技能和生理机能得到发展，而职业性身体训练对生产劳动者的职业体能、技能、生理机能具有十分重要的作用。

二、职业实用性体育的任务和方法

（一）职业实用性体育锻炼的基本任务

职业实用性体育锻炼的基本任务是充实和完善对职业活动有益的运动技能储备和体育教育知识；强化发展对职业重要的身体能力及其相关能力，在此基础上保障身体活动水平的稳定性；提高机体对不良劳动环境条件的耐受力和适应能力，保持和增进未来劳动者的健康。

（二）职业实用性体育锻炼的方法

职业实用性体育锻炼的方法主要采用一般体育运动和竞技运动中的身体练习动作，以及根据职业活动的特点进行改造和专门设计的练习。职业实用性身体训练并不排斥模仿劳动活动的某些特点，即形式上与职业劳动中的运动动作相类似的练习。但是，它并不是简单的在形式上对劳动动作的模仿，而主要是有针对性地动员对于职业非常必要的，直接决定着具体职业活动效果的身体机能能力、运动能力及相关能力的练习。

三、职业实用性体育的手段

（一）一般实用性练习

借助一般实用性练习可以形成在一般职业活动条件下和可能出现的极端情况下使用的运动技能。

（二）职业实用性体操和职业实用性运动项目

职业实用性体操不仅要符合职业活动的要求，而且必须预防职业活动对身体状况和姿势所造成的不良影响。职业实用性运动项目则无论在操作方式或身体能力方面，均需与职业特点相似，如对司机职业来说，实用性运动项目应该是汽车拉力赛、摩托车比赛等项目。

（三）自然环境的锻炼因素

如专设的高温舱、压力舱、人造紫外线辐射、空气离子疗法、专业化营养等，对提高机体适应力水平和抵抗职业活动特殊条件下的不良影响也是十分必要的。

四、特殊职业实用性体育的内容和手段

根据几种典型的职业活动对体能和技能的特殊要求，训练的主要内容和手段也应各有侧重。

（一）车工、铣工、切削工、钻工职业要求

发展肩带肌、躯干肌和脚掌肌力量，发展平衡能力，一般耐力、下肢静力性耐力、上肢运

动的协调性和准确性、目测力、注意力的专注。

训练手段：各种走、左脚和右脚交换跳跃；团体操、藤圈、实心球、哑铃练习；爬绳、滚翻、头手倒立、重物投掷目标；山上滑雪降下，装配和摆放物件等；田径运动、篮球和手球。

（二）电工、装配工、绘图员、缝纫工、钟表工职业要求

发展一般耐力、手指协调性、动作的准确性、触觉的敏感性，注意力的专注、反应的速度。

训练手段：300米跑、1 000米跑；跳绳、体操凳练习，俯卧体后屈，两手耍网球；篮球、排球、乒乓球、手球。

（三）各种司机驾驶员职业要求

发展上肢和下肢协调性、上肢和肩带肌肉静力性耐力、一般耐力、简单和复杂反应、注意力的转换能力。

训练手段：实心球、哑铃、橡皮缓冲装置练习，加速运球和听信号急停，左右手同时运球，听信号加速，听信号蹲踞式、站立式起跑，体操、篮球。

（四）会计、电脑程序员职业要求

发展一般耐力、手指协调性、动作的准确性、触觉的敏感性，注意力的专注、反应的速度。

训练手段：300米跑、1 000米跑；跳绳、体操凳练习，俯卧体后屈，两手耍网球；篮球、排球、乒乓球、手球。

（五）木工、瓦工、粉刷工、油漆工、石工职业要求

发展肩带和下肢肌肉、静力性耐力、前庭稳定性、灵敏性；在高空和有限地点爬楼梯、爬绳、爬竿和跳跃中保持平衡的能力。

训练手段：沿纵放、斜放、横放的梯上做攀爬练习、肋木练习和爬绳练习；头手倒立和手倒立，负重和对抗练习，在不高处做跳下练习，竞技体操、技巧运动、跳水。

（六）传送带装配工职业要求

发展动作速度和准确性、动作的灵敏性和协调性。

训练手段：30米跑、按标记跳远、支撑跳跃；篮球（变换方向、速度运球、传球、投篮）；滑雪、排球、田径。

（七）安装工、调整工、修理工职业要求

发展手指灵巧性、上肢动力性和静力性耐力，上肢、肩带和躯干的力量和耐力，平衡和一

般耐力。

训练手段：哑铃、实心球、橡皮减震器、体操凳和肋木练习；杠铃、壶铃练习；举重和搬运重物；投掷小球、手榴弹、推铅球；球类运动动作；运动准确性和灵活性练习；注意力游戏；体操、冰球。

（八）采矿工职业要求

发展肩带肌、背肌力量和耐力，灵敏和柔韧素质。

训练手段：器械练习（体操棒、实心球、哑铃）；攀爬练习；跳远、体操、摔跤。

第二节　职业实用健身方法

一、不同专业学生职业实用性体育的主要内容

（一）信息工程专业学生

信息工程专业学生应具有坚毅精神，立体感强，耐力好，双手灵活性和准确性好，上肢动力性和静力性耐力好，思维灵巧。宜开展篮球、乒乓球、手球、体育舞蹈、灵敏性游戏。

（二）经济专业学生

力量和一般耐力好，分配注意能力强，思维敏捷，动手能力强。宜开展篮球、乒乓球、长跑等活动。

（三）机电工程专业学生

机电工程专业学生应反应快、分配能力强，双手运用灵活性好，一般耐力好。宜选用篮球、排球、乒乓球、滑雪、游泳、跳绳、长跑、爬山、素质拓展等活动。

（四）旅游专业学生

旅游专业学生应具备吃苦耐劳精神，以及对外交往的能力，良好的心理素质、开朗的性格，地理方位判断力好，反应能力强。宜选用网球、乒乓球、游泳、灵敏性游戏、素质拓展等活动。

（五）管理工程专业学生

管理工程专业学生应具有坚毅精神，立体感强，思维敏捷。宜发展肩带和下肢肌肉，静力

性耐力能力，宜选用篮球、排球、滑雪、爬楼梯、游泳、灵敏性游戏、素质拓展等活动。

（六）外语专业学生

外语专业学生应具备良好的心理素质、开朗的性格，以及对外交往的能力，宜开展网球、乒乓球、体育舞蹈、素质拓展等活动。

（七）艺术专业学生

艺术专业学生应具备吃苦耐劳精神，以及良好的团队合作能力。运动知觉好，反应灵敏，双手动作灵活性好，身体耐力素质好。宜选用发展身体上肢和下肢协调性、上肢和肩带肌肉静力性耐力、一般耐力的各种球类活动，如篮球、排球、乒乓球、网球、羽毛球、击剑、器械体操等。

（八）商贸专业学生

商贸专业学生应具备开朗的性格，以及对外交往的能力，力量和一般耐力好，分配注意能力强，思维敏捷，动手能力强。宜开展篮球、乒乓球、长跑等活动。

二、职业劳动者的自我保健

（一）消除职业性有害因素，预防职业病

1.职业性有害因素

生产劳动过程中对劳动者健康和能力可能产生有害作用的因素统称为职业性有害因素，一般包括以下三个方面。

（1）生产工艺过程中的有害因素

① 化学性因素：如铅、苯、一氧化碳、有机磷农药、粉尘等；② 物理性因素：如高温、高湿、噪声、振动、紫外线、红外线、激光、X光、γ射线等；③ 生物性因素：如霉菌、皮革细菌等。

（2）劳动过程中的有害因素

如劳动强度过大、时间过长、心理紧张、视力紧张、长时间被迫处于某一工作体位、组织不科学、作息不合理等。

（3）生产环境的有害因素

如太阳辐射、有毒物和非毒物没有隔开、厂房布局不合理等。

职业性有害因素对人体健康产生的不良影响，主要取决于职业性有害因素的强度和接触时间长短。当作用强度和时间超过一定限度，人体会出现相应功能性或器质性病理状态，出现相应临床征象，称为职业病；此外，还可能降低身体抗病力，表现为一般疾病增多。

2.预 防

（1）遵守操作规程，正确选择和使用个人防护用品。

（2）定期进行健康检查，早期发现疾病，及时治疗。

（3）定期对作业场所进行卫生安全监测，不符合要求的要立即整改，消除隐患。

（4）一切生产性基本建设设备、工艺流程都应严格执行劳动保护要求。

（二）消除职业精神紧张，预防身心疾病

精神紧张可引起多系统身心疾病，如高血压病、冠心病、溃疡病、糖尿病、月经不调等。

1.引起精神紧张的因素

（1）长期从事简单重复作业，如司机、流水线工人等。

（2）长期从事与社会、家庭隔离的工作，如海员、地质工作者。

（3）上班时间经常变动或三班倒，如司机、护士等。

（4）精神必须高度集中的工作，如视屏人员，屏面的反光、炫目、闪烁，长时间注视屏幕或键盘操作，很容易造成视觉疲劳，主要表现为眼酸、眼胀痛、视力模糊、流泪发痒等。

（5）工作繁忙，精神压力大，如企业管理者。

（6）其他，如不良人际关系、职业变化等。

2.预 防

（1）摆正位置，充分认识自己的价值，建立和谐的人际关系。

（2）发现身心疾病及早治疗。

（3）学会先进管理方法，合理组织生产劳动，正确处理各种关系。

（三）改变不良作业方式，防止有关工作致病

1.引起不良作业方式的因素

（1）长期站立作业

如售货员、理发师、外科医生等，由于重力作用，可引起下肢静脉曲张、内脏下垂等。

（2）视力紧张作业

如视屏作业，可引起视觉疲劳及颈、肩、腕综合征。

（3）手动作业

如打字，可引起手指或腕关节损伤。

（4）强迫体位作业

如缝纫，可引起腰背肌损伤。

（5）局部震动作业

如使用电钻、凿岩机等的工作，可引起四肢关节局部损伤。

2. 预 防

（1）采取正确作业方式，如视屏人员距视屏应 50 厘米，稿件应放在正中并与视屏同高度，桌椅高度要适合身材，光线 500 勒克斯。

（2）坚持工间操，经常做一些与固定劳动姿势相反的身体练习。

（3）合理安排劳动或工作时间，如视屏人员工作 1 ～ 2 小时应休息 5 ～ 10 分钟。

（四）遵守安全操作规程，加强个人防护

1. 遵守安全操作规程

安全操作规程在集体化、机械化、自动化生产过程中十分重要，是提高劳动生产率、保证产品质量、保证安全生产的重要措施；它可以减少有害因素，保护身心健康。因此，不同劳动职业者必须自觉遵守安全规程。作为高等职业学校的学生，也必须懂得遵守安全规程的重要性和必要性，以便于今后在工作中自觉遵守。

2. 加强个人防护

化学毒物主要通过呼吸道、皮肤和消化道三种途径进入人体内，危害人体健康，因此，职工要加强个人防护。

（1）不能在尘、有毒危险场所吃、喝。

（2）不能在工作场所吸烟，严防火灾，注意水、电、煤气的安全。

（3）下班后要洗手、洗脸或洗澡，这对金融从业人员、售票员、有毒场所工作人员更为重要。

（4）正确选择和使用防护用品。所谓防护用品，是指劳动者在生产过程中为确保人身安全与健康所必备的一种防御性装备，如：接触辐射、有毒物工作者应穿防护工作服和戴手套；接触有毒气体、粉尘工作者，应戴防毒口罩、防毒面具或防尘口罩；接触红外线、紫外线、激光、微波工作者，应戴防护眼镜；从事有噪声作业者，应戴护耳器。

要选择符合卫生要求的防护产品，不能错用或将就使用，特别是不能以过滤式呼吸防护器（将空气中有害物质予以过滤净化）代替隔离式呼吸防护器（本类呼吸防护器的供气不是使用过滤干净的空气，而是依靠呼吸防护器本身的供气或由现场外输入新鲜空气）。前者一般适用于空气中有害物质浓度不高，且空气中氧的含量不少于 18% 的情况下；而后者适用于缺氧或毒气浓度过高的场所。对防护用品要经常清洗、消毒，妥善保管，定期更换。

第七章

田径运动

第一节　田径运动简介

一、田径运动的产生

田径运动产生于人类的生产和生活中。人类在发展的初级阶段，为了生存，在同大自然和野兽的斗争中，经常奔跑、跳越障碍、投掷木棒和石块等。天长日久，不断地反复和完善这些日常动作，伴随着社会进化发展，逐渐形成了现今的田径运动。

二、田径运动的发展

（一）世界田径运动的发展

据史料记载，人类最初创造和从事的体育锻炼就是田径运动。早在公元前776年，在希腊奥林匹亚村举行的第1届古代奥林匹克竞技会上，就出现了短跑比赛，在之后的历届比赛中又增加了跳跃、投掷等项目。1896年，在雅典举行的第1届现代奥林匹克运动会上，田径项目被列为主要比赛内容。1912年，国际业余田径联合会成立，拟定了国际上统一的竞赛项目和规则，设立田径运动的世界纪录，组织国际比赛等各种事项，为推动田径运动的发展作出了重大贡献。随着时代的发展，田径场地不断革新，训练手段日益科学化，国际赛事增多，世界田径运动水平普遍提高，多项纪录被频频刷新。目前，世界高水平的田径比赛有：奥运会田径比赛、世界杯田径比赛、世界田径锦标赛等。

（二）我国田径运动的发展

田径运动在 19 世纪末传入中国。旧中国曾举办过 7 届含有田径比赛的运动会。1919 年，朱恩德参加了第 4 届远东运动会，并获得"五项全能"和"十项全能"两项冠军。

新中国成立后，1959 年在北京举办了第 1 届全国运动会，田径运动作为主要项目被列入比赛。田径运动得到广泛的重视，并在大、中、小学逐渐得到普及，运动水平不断提高。1957 年和 1970 年，我国跳高运动员郑凤荣、倪志钦分别以 1.77 米和 2.29 米的成绩打破了世界女子和男子跳高纪录。1983 年，跳高运动员朱建华连续三次改写世界纪录。在 1992 年第 25 届奥运会上，陈跃玲获女子 10 公里竞走金牌，中国田径运动员实现了奥运会历史上金牌零的突破。在第 26 届至第 28 届奥运会上，王军霞、王丽萍、邢慧娜分别获女子 5 000 米长跑、20 公里竞走和 10 000 米长跑金牌。在第 28 届奥运会上，刘翔获得男子 110 米栏金牌，以 12 秒 91 的成绩打破了 12 秒 96 秒的奥运会纪录，平世界纪录，成为第一位获得奥运会田径短跑项目世界冠军的黄种人，中国成为亚洲田坛强国之一。2015 年北京世界田径锦标赛，中国国家男子接力队在 4×100 米决赛中以 38 秒 01 的成绩获得亚军，实现历史性突破。目前，我国的田径大赛事有：全运会田径赛、田径锦标赛、田径大奖赛等。

新中国成立以来，尤其是改革开放 30 多年来，在国际田径赛场上，我国有不少优秀选手分别创造了男女跳高、女子中长跑、竞走、撑竿跳高、三级跳远、110 米栏的世界纪录或世界青年纪录，培养出一批如郑凤荣、朱建华、王军霞、曲云霞、刘翔、苏炳添等世界影响较大的运动员，同时也造就了像黄健、胡鸿飞、马俊仁、孙海平等一批世界著名教练员。

三、田径运动的项目与分类

世界各国对现代田径运动有不同的分类，多数将田径运动分为径赛和田赛两大类，有的分为径赛、田赛和全能三大类，有的分为竞走、跑、跳跃、投掷和全能五大类。国际田联承认的田径纪录主要有世界纪录、世界青年纪录、世界室内纪录共 150 余项，奥运会田径比赛的项目见表 7-1-1。

表7-1-1　奥运会田径项目构成

类　别		男子项目（24项）	女子项目（22项）
走		20公里竞走、50公里竞走	20公里竞走
跑	短距离跑	100米、200米、400米	100米、200米、400米
	中距离跑	800米、1 500米	800米、1 500米
	长距离跑	5 000米、10 000米	5 000米、10 000米
	跨栏跑	110米栏（1.067米）、400米栏（0.914米）	100米栏（0.838米）、400米栏（0.762米）
	马拉松	马拉松（42.195千米）	马拉松（42.195千米）
	接力跑	4×100米、4×400米	4×100米、4×400米
	障碍跑	3 000米	

续　表

类　别	男子项目（24项）	女子项目（22项）
投　掷	铅球（7.26千克）、铁饼（2千克）、标枪（800克）、链球（7.26千克）	铅球（4千克）、铁饼（1.5千克）、标枪（600克）、链球（4千克）
全　能	十项全能	七项全能

我国为了运动员的训练和竞赛，并与世界接轨，参照国际田联承认的世界田径纪录的比赛项目，同时也根据我国国情和具体需要确定比赛项目，并按不同的年龄分为不同的组别。

第二节　跑、跳、投

一、短　跑

（一）项目特点与基本技术

短跑是一项以无氧供能为主，通过肌肉工作推动人体在单位时间内获得最长位移距离，也就是获得最高水平速度的周期性速度力量项目，它包括400米以内的各种距离的跑及接力跑。强大的肌肉爆发力和快速收缩能力、合理的跑的技术、良好的协调性和灵敏性，以及稳定的心理状态、强烈的竞争意识和自我调节能力是从事短跑运动必须具备的条件。短跑技术由起跑、加速跑、途中跑和终点跑四部分组成。起跑（图7-2-1）必须采用蹲踞式，起跑后的第一步不宜过大，着地点应靠近身体重心投影点，以后每步逐渐增加到途中跑步长，途中跑（图7-2-2）是短跑全程中距离最长的一段，其任务是继续发挥和保持高速度跑。在进入终点跑时，稍加大上体的前倾，注意加强两臂快速的摆动，在距终点线前一步时，上体急速前倾以胸部或肩部撞压终点线。跑过终点线后要逐渐减速，以免跌倒受伤。

图7-2-1

图 7-2-2

（二）练习方法列举

（1）跑的专门练习：小步跑、高抬腿跑、后蹬跑、车轮跑、后踢腿跑。

（2）短距离的间歇跑：站立式起跑30～60米、蹲踞式起跑30～60米、行进间跑30～60米。

（3）不同距离的重复跑：100米、150米、200米、300米、400米、500米。

（4）不同距离组合的重复跑：60米1次+100米1次+250米1次、500米1次+300米1次+100米1次。

（5）不同距离变速跑：100米快跑+100米慢跑，4次为一组。

（6）下坡跑：跑的距离大约为50～100米；坡度前60米为1°～3°，后40米接近水平。

（7）加速跑：通常加速跑距离为80～100米；节奏为匀速跑—较高速跑—放松惯性跑—第二次加速跑。

二、中长跑

（一）项目特点与基本技术

中长跑作为竞技项目是要求耐久力、协调性、灵敏性、放松能力强的体能类速度耐力性项目。中长跑的项目特点是在跑进时，需要在技术动作上尽量减少体力的消耗，维持比赛所需的高速度，耐力素质是中长跑项目的基础，而专项素质是取得优异成绩的保证。因此，持续训练法和间歇训练法是发展一般耐力和专项耐力的主要

图 7-2-3

方法。中长跑运动对人的意志品质和心理素质要求甚高。中长跑一般采用站立式起跑（图7-2-3）；加速跑时上体前倾稍大，两腿交换频率较快，摆臂、摆腿和后蹬都应迅速而积极；在途中跑（图7-2-4）过程中，髋、膝、踝三关节应伸直，特别是迅速伸直踝关节，最后用脚尖蹬离地面；终点跑是中长跑跑程结束前的最后一段距离的冲刺跑，其冲刺时机应根据比赛项目、训练水平、战术要求及比赛情况而定。一般情况下，800米跑可在最后200～250米处进入冲刺跑，1 500米可在最后300～400米处进入冲刺跑，3 000米以上项目的跑可在最后400米或更长距离处进入冲刺跑。

图 7-2-4

（二）练习方法列举

1. 持续跑

跑速相对较慢，跑的时间较长，不间断地跑，如持续跑 8 000 米，脉搏控制在 120 ~ 150 次/分之间。此练习主要发展一般耐力。

2. 间歇跑

间歇跑由跑的距离、速度、次数、间歇时间、间歇方式五个因素组成，其特点是间歇时间要严格控制，如练习 800 米可采用 4×200 米，中等强度，间歇时间控制在 90 ~ 120 秒之间。

3. 重复跑

重复跑是一种跑的段落稍长，但不控制间歇时间，根据自己体力情况，待体力基本恢复后再进行下一个段落跑的练习方法。如练习 800 米可采用 600 米 ×（3 ~ 4）组，组间充分休息。

三、跨栏跑

（一）项目特点与基本技术

跨栏跑是一项技术较为复杂的非对称的周期性速度力量性项目。所需的主要身体素质是速度、速度力量、髋关节的力量和柔韧性以及下肢各关节的支撑力量。技术上要求高度的协调性和良好的节奏感。跨栏跑可分为起跑和起跑后到第 1 栏的加速跑、跨栏步、栏间跑和冲刺跑等几个紧密衔接的技术部分。起跑的过程与短跑基本相同，起跑至第 1 栏起跨点一般采用 8 步起跨，起跑时应把起跨脚放在前起跑器上；起跨腿蹬伸要快，摆动腿提膝前攻要猛，上体前倾配合；起跨腿离地后，膝关节外展，屈小腿前收跨过栏架。（图 7-2-5）

图 7-2-5 跨 栏

（二）练习方法列举

1. 跨栏步练习

先原地或行进间做屈膝攻栏腿的"鞭打"着地动作练习，再在走动或慢跑中分别做摆动腿和起跨腿快速栏侧过栏练习，最后做栏侧或栏中高抬腿跑、垫步跑、小步跑以至中速跑的完整过栏练习。

2. 站立式起跑过第一栏练习

站立式起跑由栏侧过起跨腿或摆动腿：在起跨点处分别画出起跨标志线，站立式起跑用 8 步反复练习，确定适宜的步长和起跨距离。

四、接力跑

（一）项目特点与基本技术

接力跑，是田径运动中唯一的集体项目，以队为单位，每队 4 人，每人跑相同距离。接力跑除了起跑者用蹲踞式起跑之外，其他人都是站立式起跑。接力跑是由 4 个人配合共同完成全距离跑。因此在安排各棒队员时，必须考虑发挥每个人的特长。一般情况下，第一棒应安排起跑好并善于跑弯道的运动员，第二棒应是速度快、耐力好并善于传、接棒的运动员，第三棒队员除了应具备第二棒队员的长处外，还要善于跑弯道，通常将全队成绩最好、冲刺能力最强的运动员放在第四棒。

传、接棒的方法分为上挑式和下压式。上挑式传、接棒的方法：接棒的手臂自然向后伸出，掌心向后，虎口张开朝下，传棒人将棒由下向上送入接棒人手中（图 7-2-6）。下压式传、接棒的方法：接棒人手臂后伸，掌心向上，虎口张开朝后，拇指向内，其余四指并拢向外，传棒人将棒的前端由上向前下方放入接棒人手中。（图 7-2-7）

图 7-2-6　　　　　　　　　　　图 7-2-7

（二）练习方法列举

持棒原地摆臂做"上挑式"和"下压式"传、接棒练习。在慢跑中做传、接棒练习。进行全程跑的接力跑练习和比赛。

五、跳　高

（一）项目特点与基本技术

跳高是快速助跑后经过起跳越过尽可能高的高度的体能类速度力量性项目。其特点是必须在助跑起跳时发挥出最大的体能潜力，尽可能以最快的速度和强大的爆发性力量向上腾起，越过一定高度的横杆。跳高既是要求速度、弹跳力卓越的项目，又是属于技术性较强的灵巧性项目。它需要具有较高的灵活性和协调性，才能顺利完成技术动作。完整的跳高技术是由助跑、起跳、过杆和落地四部分组成。背越式跳高（图 7-2-8）助跑采用弧线助跑，且要求身体重心高、有弹性、有一定的节奏和速度；起跳时，起跳脚向前放脚，以脚跟和脚掌外侧先着地，迅速滚动至前脚掌，摆动腿以膝领先，屈膝折叠，向跳高架远端支柱上方用力上摆，手臂的摆动可采用双臂平行摆动或异侧交叉摆动；起跳腾空后，臂和头积极向杆上运动，随着背部转向横杆，头和双肩开始过杆，同时摆动腿下放，双腿屈膝，小腿下垂，挺胸、挺髋、挺腹，使人体在杆上成背弓姿势，随后小腿上踢，过杆后肩膀着垫。

助跑　　　　　　　起跳　　　　　　过杆　　　　落地

图 7-2-8

（二）练习方法列举

1. 助跑练习

沿 25 ~ 30 米的半圆弧做加速跑；6 ~ 8 步弧线助跑摸高物；在跑道上进行曲线变速跑（上曲线时做 4 ~ 5 步加速跑，其他段落放松），以人体倾斜的动作来控制自己在曲线上的跑进。

2. 助跑起跳练习

3 ~ 5 步助跑起跳，用摆动腿触高物；1 ~ 3 步助跑，在直径 10 ~ 20 米的圆周上做连续的起跳练习或在预先画好的弧线上对着墙壁起跳，起跳点离墙 1 米左右；3 ~ 10 步助跑在横杆前向上起跳。

3. 过杆与落地练习

背对海绵包，原地双脚起跳，空中做背弓动作，然后用肩背着地，要求两膝略分开并控制收腿时间，体会送髋动作，当快要着地时，再收腿用肩背着地；4 ~ 6 步弧线助跑起跳后直体越过杆子；6 ~ 8 步助跑起跳后自然转体仰卧上高架；6 步、8 步、10 步助跑过杆练习。

六、跳　远

（一）项目特点与基本技术

跳远是在快速助跑中起跳，腾越一定远度的水平跳跃项目。它是一项对人的速度、爆发力和协调灵活性要求较高的体能类速度力量性项目。跳远项目特性决定了从事此项运动的人的专项身体素质是以发展速度为灵魂，以快速力量为核心，以耐力、柔韧为基础；技术上突出跑跳结合。跳远技术由助跑、起跳、腾空和落地四个部分组成，其技术形式包括蹲踞式跳远、挺身式跳远和走步式跳远。挺身式跳远的技术要领是单腿起跳进入腾空步后，摆动腿的膝关节伸展，小腿自然由向前、向下到向后方而成弧形摆动，此时留在体后的起跳腿与后摆的腿靠拢，挺胸展髋，身体成反弓形，两臂在体侧后的上方斜举，形成空中稳定的挺身姿势，准备落地时，两臂由头上方向前、向下和向后挥摆，上体稍前倾，两腿并拢并向上提举准备落地。图7-2-9为挺身式跳远。

图 7-2-9

（二）练习方法列举

1. 助跑练习

固定起动方式、固定加速方式的助跑 20 ~ 40 米；踏上固定标志点的节奏跑 20 ~ 40 米。

2. 助跑起跳练习

向前跑出 3 步或 5 步，或半程助跑后完成快速起跳，在空中成"腾空步"姿势。

3. 腾空与落地练习

收腹跳，立定跳；原地、走动中、跑动中起跳姿势做放腿、放臂、展髋、展腹成反弓跳起双脚落地练习；3 ~ 4 步助跑上助跳板挺身跳；半程蹲踞式跳远与挺身式跳远。

七、铅　球

（一）项目特点与基本技术

铅球项目属于速度力量性投掷项目。它强调完成技术动作过程中，动作速度与身体重心位移速度的合理结合，铅球训练多以专项速度、力量和协调性为核心提高体能。推铅球的技术形式有旋转和滑步两种。侧向滑步推铅球技术动作分为握球与持球、准备姿势、滑步、最后用力、维持平衡五部分。握持铅球（图 7-2-10）时，五指自然分开，手心空出，球置于锁骨窝处，紧贴颈部和下颌（图 7-2-11），投掷臂肘抬起外展；握球后侧对投掷方向，两脚开立，左脚尖和右脚跟在一条直线上与肩同宽，右脚在投掷圈后沿，重心在右腿；滑步前先做 1 ~ 2 次预摆并充分发挥左腿摆动和右腿蹬地的力量，左腿主动积极下压，取得双脚支撑，形成超越器械姿势，结束时使铅球投影点远离支撑点；最后用力首先以髋部肌肉群发力，右腿蹬地使右髋向上移，左肩、左臂及时制动，做好左侧支撑，随后抬头挺胸，右臂向前上方做推球动作，将铅球以 38° ~ 40° 的方向迅速推出去。

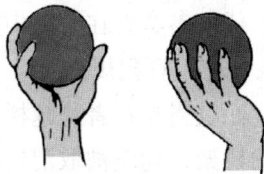　　　　　

图 7-2-10　　　　　　　　　　　图 7-2-11

（二）练习方法列举

1. 原地推球练习

两脚左右或前后开立正面推实心球和铅球练习；原地背向和侧向推实心球或铅球练习。

2. 滑步练习

蹬地转髋和手扶肋木蹬摆练习；徒手或持铅球侧向或背向连续滑步练习，进行滑步练习时要注意摆、蹬、收、落等动作的协同配合，做到滑步速度不宜太快，但动作幅度要大，保证适当的滑步距离和节奏，下肢主动，重心起伏小，结束滑步时重心略微升高。

3. 滑步推铅球练习

持铅球侧向或背向滑步蹬转、抬体，不出手练习；投掷圈外侧向或背向滑步推轻重量铅球练习，要注重动作速度和节奏、最后用力的顺序，做到各技术环节协调、自然；投掷圈内的完整推铅球技术练习。

第三节　田径竞赛规则简介

一、径赛类

径赛是指以时间计算成绩的竞走和跑的项目，以决赛成绩判定该项目最终名次，而不以预、复赛的成绩判定最终名次。名次的判定以运动员躯干（不包括头、颈和四肢）的任何部分抵达终点线后沿垂直面的先后顺序为主。

400米以下各项，运动员必须使用起跑器，采用蹲踞式起跑。运动员做好预备姿势后到鸣枪之前若开始做起跑动作，应判定起跑犯规并取消其比赛资格。400米以上的竞赛项目，口令只有"各就位"，当所有参赛者均准备妥当及静止后，便可鸣枪开始比赛。在划分线道进行的径赛项目中，参赛者不得越出其指定之赛道，否则会被取消资格。在任何径赛项目中，若冲撞、突然切入或阻碍其他参赛者，亦会被取消资格。若任何参赛者被推或迫离指定之赛道，只要未获得实际利益，不必取消其参赛资格。同样情况，任何参赛者在直道中越出其跑道或在弯道中越出其跑道之外侧，只要没有得益及未有阻碍他人，亦不算犯规。

跨栏跑时各参赛者必须在自己的线道内完成比赛，而且当参赛者跨越栏架时，若其腿或足从低于栏架顶的水平线跨越，或跨越并非自己赛道上的栏架，均应被取消资格。若裁判员认为参赛者故意以手或足撞倒任何栏架，亦应取消其参赛资格。

接力跑时，运动员应手持接力棒跑完全程。如发生掉棒，需由掉棒人拾起。若在拾起过程中缩短比赛距离或侵犯其他队员则取消其比赛资格。所有交接棒的过程均必须在接力区内完成。

二、田赛类

田赛是指以高度和距离长度计算成绩的跳跃和投掷项目。

跳高比赛中，运动员必须用单脚起跳，试跳中将横杆碰掉则判试跳失败。在越过横杆前，身体的任何部分触及立柱前沿垂直面以外的地面或落地区也均为失败。任何高度上只要连续 3 次试跳失败，即失去比赛资格。

跳远、三级跳比赛时，运动员超过 8 人时允许每人试跳 3 次，成绩较优的前 8 名运动员可再试跳 3 次，试跳顺序与前 3 次试跳后的排名相反。其名次由全部试跳中最好的一次试跳成绩来判定。运动员起跳时身体任何部分触及起跳线前面的地面，落地时触及沙坑外的地面或向后走出沙坑均应判试跳失败。

在铅球、铁饼、标枪比赛中，运动员若超过 8 人，允许每人试掷 3 次，有效成绩最好的前 8 名运动员可再试掷 3 次，试掷顺序与前 3 次试掷后的排名顺序相反。铅球、铁饼项目运动员必须从静止姿势开始试掷，试掷后，身体任何部位触及圈外地面或铁圈上沿，以及掷出的铅球、铁饼没有完全落在落地区角度线内沿以内均判失败。器械落地后，运动员方可离开投掷圈。离开时，首先触及的铁圈上沿或圈外地面须在通过投掷圈圆心的圈外白线后面。掷标枪时，不得抛甩，只有标枪枪尖先于标枪的其他部位触地，且标枪必须完全落在落地区角度线内沿以内方有效。开始试掷后，如果身体的任何部位触及投掷弧、助跑道标志线及其以外地面，均判为试掷失败。

第八章

篮球运动

第一节　篮球运动简介

一、篮球运动的起源与发展

　　现代篮球运动是 1891 年由美国马萨诸塞州斯普林菲尔德市基督教青年会体育教师詹姆斯·奈史密斯博士发明的，为了解决学生们在寒冷的冬季上体育课的难题而发明的室内集体游戏活动项目。它源于儿童游戏的启示，借鉴当时已有的足球、长柄曲棍球和玛雅人古老的场地球等运动。后来逐渐发展完善成了世界上影响最大的运动项目之一，深受人们的喜爱。由于主要设备是挂在墙上 10 英尺（约 3.05 米）高的篮子和需要投中篮子的球，所以命名为"篮球"。

　　1904 年，美国青年男子篮球队在第 3 届奥林匹克运动会上进行了篮球表演赛。1908 年美国制定了全国统一的篮球规则，并用多种文字出版，在全世界推广发行。这样，篮球运动逐渐传遍美洲、欧洲和亚洲，成为世界性运动项目。1936 年第 11 届奥运会将男子篮球列为正式比赛项目，并统一了世界篮球竞赛规则。到 1976 年，第 21 届奥运会将女子篮球也列为正式比赛项目。

二、篮球运动的价值

（一）强身健体

　　篮球运动促进力量、速度、耐力、弹跳、灵敏等运动素质的发展，增强心脏、血管、呼吸、消化等器官的功能，促进机体内部系统的工作能力提高。篮球比赛错综复杂，要求运动员具有良好的分配与集中注意力，以及对时间、空间的掌控和定向能力，要有高度精细的本体感觉能力。由于参与者在比赛中经常变换动作，对提高神经中枢的灵活性和中枢协调支配各器官的能力都有良好的作用。

（二）启发智力

篮球运动是一项把变换、结合、转移、持续融为一体的集体攻守对抗项目，要求运动员反应快速、判断正确、随机应变、有勇有谋、机智善断，从而促进大脑功能水平的提高和智力的发展。

（三）教育功能

通过参与篮球运动，使人的个性、自信心、情绪控制、意志力、进取心、自我约束等能力都可以得到良好的发展，并培养人的拼搏精神、文明自律、尊重裁判、尊重对手、尊重观众等高尚的体育道德。

（四）促进心理健康

篮球运动使参加或参观者都能从心理上得到享受和满足，给人一种美的享受，促进人格的培养和个性的完善。篮球运动使参与者自我意识增强，有助于自我改进和自我发展。激励人们不断战胜自我，接受新的挑战，跃上新的高峰。

第二节　篮球基本技术与战术

一、篮球的基本技术

（一）传、接球

传、接球是篮球比赛中队员之间有目的地转移球，是组织进攻配合和实现战术的基础。

1. 传球技术动作要点和运用

（1）持　球

正确的持球姿势是一切传球技术动作的前提。持球时，双手自然分开，拇指相对成"八"字形，用指根以上部位握住球的两侧后下方，手心空出，两臂弯曲，肘关节下垂，持球于胸前。

（2）双手胸前传球

① 动作要点：手臂伸向传球方向，后脚蹬地，身体重心前移，两手腕下压、外翻，快速地抖腕、拨指将球传出。出球后，手心和拇指向下，其余手指向前。（图 8-2-1）

② 运用：常用于快速传球推进，阵地进攻时外围队员转移球以及不同距离的传球。双手胸前传球便于同投篮、突破等技术结合运用。

（3）双手头上传球

① 动作要点：两手握球于头上，前臂稍前摆，利用手腕和手指短促、快速地抖动将球传出。（图 8-2-2）

图 8-2-1　　　　　　　　　　　　　　　　　图 8-2-2

② 运用：多用于高个队员转移球给中锋或传给切入篮下的队员。在抢到后场篮板球后，为避免对方封堵，可跳起用双手头上传球。

（4）双手反弹传球

① 动作要点：与双手胸前传球基本相同，两臂向前下方用力，腕、指快速抖动传球。球的击地点和力量大小要以球反弹后接球队员能顺利接到球为宜。（图 8-2-3）

② 运用：多用于向内线传球，突破分球，快攻一传和结束段的传球。

（5）单手肩上传球

① 动作要点：以右手传球为例。传球前，左脚向前跨半步，向右转体将球引至右肩侧上方。传球时，上体向左转动并带动肩肘，前臂快速前摆，扣腕，手指用力将球传出。（图 8-2-4）

② 运用：多用于中、远距离传球。在抢到防守篮板球后快攻第一传和接应队员把球传给跑向篮下的队员时，经常运用单手肩上传球。

（6）单手胸前传球

① 动作要点：持球方法与双手胸前传球相同。传球时，传球手的前臂快速前伸，手腕急促前扣，手腕、手指用力将球传出。（图 8-2-5）

② 运用：多用于近距离和快速传球。如果与防守队员较近，可以突然将球从防守队员头顶或耳旁传过。单手胸前传球便于和双手胸前投篮、运球突破结合运用。

（7）单手反弹传球

① 动作要点：单手反弹向前传球的手法与单手胸前传球基本相同，只是手臂向前下方用

力，球击地后，反弹给同伴。

②运用：这是小个子队员对付高大队员的传球方法。向内线队员和向空切篮下队员传球时，也多用此种传球方式。

图 8-2-3

图 8-2-4

图 8-2-5

2. 接球技术动作要点和运用

（1）双手接球

①双手接腰部以上的球时，手臂伸出迎球，两拇指相对成"八"字形，虎口相对，手指朝上。手指触球后迅速收臂，将球置于身前或体侧。

②双手接腰部以下的球时，手臂伸出迎球，两拇指相对成"八"字形，虎口相对，手指朝下。手指触球后迅速收臂，将球置于身前或体侧。

（2）单手接球

单手接球时，接球手自然伸出迎球，五指自然分开，手心对球。手指触球后迅速收臂，将球引至身前，另一只手迅速扶球。

（3）行进间双手胸前接、传球

①动作要点：腾空接球时，左（右）脚落地后，右（左）脚上步，同时将球传接到。双手接球后，马上收臂后引，然后迅速伸前臂，抖腕传球。

②运用：多用于快攻时两人短传推进。

（4）常用的几种接球

①向内线接球。（图 8-2-6①）

②向外线接球。（图 8-2-6②）

③跳起转身接球。（图 8-2-6③）

①向内线接球

②向外线接球

③跳起转身接球

图8-2-6

3. 传、接球易犯错误及纠正方法

（1）持球手型不正确，掌心触球，传球无力。

纠正方法：队员观察教练正确持球手型，或看图片、录像。可采用两人持一球互相推传的练习，使队员体会正确的持球和出手用力方法。

（2）双手持球，两肘外张，传球时形成挤球动作。

纠正方法：掌握正确持球手型，肘外张多是手指朝上握球，两臂与肩、手腕、手指紧张造成的。练习时要求队员持球手型正确，上肢各部位肌肉放松。

（3）双手传球时用力不一致，传出的球侧旋。

纠正方法：保持正确的基本站立姿势和持球手法。然后两人一组做持球与不持球的传球模仿练习，体会传球动作的连贯性和上下肢的协调配合。再做由慢到快、由近到远的两人传、接球练习，体会两手的翻腕、拨指动作。

（4）单手肩上传球时，手指指向衣领部位，形成推铅球式的传球。

纠正方法：先采用徒手模仿练习，体会蹬地、转体、甩臂、扣腕等协调动作。然后由近到远练习单手传球，体会和提高传球技术。

（5）接球时手型不正确，手臂未伸向来球方向，无缓冲动作。

纠正方法：要求以正确的手型迎球，臂、肘放松，手臂伸向来球方向，接球时顺势后引。两人练习传、接球，掌握接球时机和接球后的缓冲动作。移动中练习接球，提高判断来球方向及速度的能力，加强接球手法与步法的协调配合。

（6）行进间双手胸前传接球时，手与脚步动作配合不协调，腾空较高。

纠正方法：在走动、慢跑中做行进间模仿练习，练习时要求自然跑动。可采用在慢跑中先接、传固定球的练习，再进行跑动中传、接球练习，体会正确动作，逐渐增加练习难度。

（二）投 篮

投篮是在快速移动中完成的。队员多在移动中接球，利用假动作、时间差，或改变方向，或紧贴对手投篮。投篮应与突破、传球等技术相结合，投篮方式的特点为变化多和出手点高。

1. 投篮技术动作要点和运用

（1）原地双手胸前投篮

① 动作要点：双手持球于胸前，肘关节自然下垂，上体稍前倾，两腿微屈。投篮时，两脚蹬地，腰腹伸展，两臂向前方伸出，手腕同时外翻，最后用拇指、食指和中指将球投出。（图8-2-7）

② 运用：此投篮方法能够充分发挥身体和臂部力量，适用于远距离投篮，女生运用较多，罚球中也常用此方法。其特点是握球牢，便于与突破、传球相结合。

（2）原地单手肩上投篮

① 动作要点：以右手投篮为例。右手五指自然分开，向后屈腕、屈肘，持球于肩上；左手扶球，右脚在前，左脚在后，重心放在两腿之间，上体稍前倾，两腿微屈。投篮时用力蹬地，腰腹伸展从下向上发力，同时提肘且手臂向前上方充分伸展，最后通过食指、中指指端将球投出。球出手后，手腕前屈，手指向下。（图8-2-8）

② 运用：适用于中、远距离投篮。其特点是出手点高，变化多，较为灵活。

图8-2-7

图8-2-8

（3）行进间单手高手投篮

① 动作要点：以右手投篮为例。接球和运球上篮时，在右脚跨出一大步的同时，双手持球，左脚紧接着跨出一小步，用力蹬地起跳。当身体接近最高点时，右手手指向后，掌心向上，托球的下部向球篮的方向伸臂，用食指、中指以柔和力量拨球，将球从指端投出。（图8-2-9）

② 运用：多在快攻和切入篮下时运用。这种投篮的优点在于出手点高，易用身体保护。

图8-2-9

（4）行进间单手低手投篮

① 动作要点：以右手投篮为例。接球和运球上篮时，在右脚跨出一大步的同时，双手持

球，左脚紧接着跨出一小步，用力蹬地起跳，腾空时间要短。当身体接近最高点时，右手手指向前，掌心向上，托球的下部向上伸展。当接近篮筐时，用食指、中指、无名指以柔和力量向上拨球，将球从指端投出。（图8-2-10）

图 8-2-10

② 运用：在快攻、突破中已经超越对手时，多用低手上篮。它具有伸展距离长，出手点离篮筐近的特点。

（5）原地跳起单手肩上投篮

① 动作要点：以右手投篮为例。投篮时屈膝降低重心，两脚掌用力蹬地向上起跳。同时双手举球至肩上，右手托球，左手扶球的左侧方。当身体接近最高点时，左手离球，右臂向前上方伸展，手腕用力前屈，通过食指、中指力量将球投出。球出手后，指、腕自然前屈。落地时，屈膝缓冲。

② 运用：当防守队员离持球队员较近时，持球队员运用传球、突破等假动作，诱使防守队员失去重心而突然起跳投篮。

（6）急停跳起投篮

① 动作要点

接球急停跳起投篮：移动中跳起腾空接球后，两脚同时或先后落地，脚尖对篮筐，两膝弯曲，迅速跳起投篮，投篮出手动作同原地跳起单手肩上投篮。（图8-2-11）

图 8-2-11

运球急停跳起投篮：运球过程中及时降低重心，用跨步急停或跳步急停，持球屈膝跳起投篮，投篮出手动作同原地跳起单手肩上投篮。

② 运用：进攻队员向篮下移动中接球或运球突破时，利用防守队员向后移动防守的惯性，果断运用急停跳投，可达到良好效果。

2. 投篮易犯错误及纠正方法

（1）持球时，掌心触球，手指没有自然分开，影响手腕、手指用力。

纠正方法：清楚手持球的部位，两人相对，做投篮模仿练习和投篮练习，相互纠正动作，体会正确持球方法和用力动作，也可一人对墙练习。

（2）持球时，肘关节外展，投篮出手时，球不是向后旋转而是侧转。

纠正方法：投篮时球向侧旋转是持球的手臂肘关节外展，以及持球手型、握球部位不对和球出手的用力顺序不正确等原因造成的。可先做徒手模仿练习，一人一球自投自接练习，两人一球相互投篮，练习时自己与同伴注意观察持球的姿势，手腕、手指用力方法要与全身协调配合，然后过渡到投篮练习。

（3）投篮出手角度小，球飞行的弧线低。

纠正方法：造成此问题的原因在于投篮时手臂向前推而没有向上提肘伸臂的动作。在投篮练习时，队员面前站一人，并向上举起双臂，迫使投篮队员改变投篮角度和提高投篮的弧线，同时还可以帮助队员克服投篮时向前冲的毛病。

（4）行进间投篮时步法乱，手脚配合不协调。

纠正方法：同伴站在篮下适当的位置托球，自己先走动后跑动，以正确的步法去拿同伴的球投篮。跑动中自抛自接球做行进间投篮练习，以掌握跑动的节奏、步幅和手脚的协调配合。在此基础上，在跑动中接前、侧、侧后方的传球进行投篮练习。

（5）起跳投篮时身体重心不稳，失去平衡，跳起投篮出手晚，在身体下落时球才出手。

纠正方法：熟悉跳投的 3 个环节，即起跳（垂直向上）、引球上举（空中短暂停顿）、投篮出手。可做原地持球上一步跳投练习，做拍一次球上步拿球跳投练习。练习时，可运用语言配合，如"跳""举""投"，以建立正确概念和掌握跳投的动作顺序。

（三）运 球

持球队员在原地或移动中用单手连续按拍和迎引从地面反弹起来的球叫运球。运球是篮球比赛中个人控制球、支配球、突破防守的重要手段，是组织全队进攻配合的桥梁。

1. 运球技术动作要点和运用

（1）高运球

① 动作要点：抬头，目视前方，上体稍前倾，以肘关节为轴手按拍球的后上方，球的落点在身体的侧前方，球反弹高度约在腰胸之间。（图8-2-12）

② 运用：多用于快速直线推进，如后场向前场推进，快攻接应后的快速推进，摆脱防守接

球后加速运球上篮等。

（2）低运球

①动作要点：抬头，目视前方，两膝深屈，身体半蹲，重心下降，上体前倾，手按拍球的后上部，球的落点在身体侧面，球的反弹高度在膝部以下。（图 8-2-13）

②运用：在防守密集、接近防守队员或防守队员抢球时，可运用低运球。

图 8-2-12　　　　　　　　　　图 8-2-13

（3）运球急停急起

①动作要点：快速运球中运用两步急停，同时按拍球的前上方，用臂、身体和腿保护球，目视前方。急起时，后脚（异侧脚）用力蹬地，上体迅速前倾，手按拍球的后上方，快速起动，加速超越对手。

②运用：当运球队员被防守得很紧时，可利用运球急停—急起—急停的速度变化，摆脱对手。

（4）运球体前变方向

①动作要点：运球队员在防守队员右侧变向时，用右手按拍球的右侧后上方，使球反弹至左手外侧，右脚迅速向左前跨步，向左侧转体探肩，及时换手继续向前运球。（图 8-2-14）

②运用：当防守队员堵截运球队员进攻路线或运球队员运球接近防守队员时，为了摆脱和突破对手，可运球体前变方向。

图 8-2-14

（5）运球背后变方向

①动作要点：运球队员在防守队员右侧变向，变向前开始运球时，要把球控制于身体右侧后方，左脚前跨，右手按拍球侧后方，球经身后拍到左前方，右脚迅速前跨，换用左手运球继续前进（图 8-2-15）。也可用胯下换手运球。（图 8-2-16）

②运用：当防守队员堵截运球队员，而且与运球队员距离较近时，运球队员为了突破对方

而主动靠近对手后，可以运用运球背后变方向。

图 8-2-15

图 8-2-16

（6）运球后转身

① 动作要点：以右手运球为例，右手运球后转身时，把球运到身体后侧，按拍球的右侧前上方，左脚向前跨一步，以左脚的前脚掌为轴，右脚用力蹬地后撤做后转身动作，同时右手向后拉球，然后换左手运球。

② 运用：当运球队员向防守队员一侧突破被堵截，而且与对手距离较近又无法改用变方向运球时，可用运球后转身从另一侧突破。当运球队员从防守队员右侧突破时，可先主动靠近防守队员左侧，然后用运球后转身突破。

2. 运球易犯错误及纠正方法

（1）运球时低头，不能观察场上情况，易失去进攻机会。

纠正方法：可采用看固定目标或老师手势的方法进行运球练习。然后可采用甲、乙两人一组，每人一球，甲做各种运球练习，乙观察并跟着甲做各种运球练习的方法。

（2）运球时，用手打球，而不是用手腕、手指的动作按拍球。

纠正方法：老师讲解并示范运球时以肩关节为轴，用前臂、手腕、手指力量柔和地随球上下按拍的动作要领，然后在老师指导下做原地运球练习，逐步过渡到做行进间运球练习。

（3）运球时，不能合理地用身体保护球，易被对方打掉。

纠正方法：老师讲解并示范运球时的身体姿势、手臂协调配合方法与防守的位置、距离，使同学看清保护球的重要性。可组织同学做边运球、边打对方球的练习，以提高运球中保护球的能力。

（4）在变向、变速运球或运球转身时，形成明显翻腕动作，造成两次运球违例现象。

纠正方法：老师向同学示范，产生错误的原因主要在于手触球的部位是在球的下方或侧方。可组织同学在慢速练习中体会手触球的部位正确与否以及所产生的结果，然后逐渐在快速练习中进行纠正。

（四）防守技术

防守技术是队员在防守时为了阻挡和破坏对手的进攻，达到夺球反攻的目的所采取的各种专门动作的总称。常见的防守方式如图 8-2-17 所示。

① 基本姿势   ② 横跨步   ③ 交叉步

图 8-2-17

1. 防守无球队员

（1）站在对手与球篮之间偏向有球一侧，做到"以球为主，人、球、区兼顾"和"内紧、外松，近球紧，远球松，松紧结合"。（图 8-2-18）

（2）不让对手在限制区及其附近范围内接球。

（3）要积极破坏对手接球后的身体平衡，使其不便做下一个动作。

2. 防守持球队员

（1）位置和距离的选择

当对手接到球后，必须迅速调整位置和距离，在对手与球篮之间占据有利位置，并与对手保持适当距离。一般来说，对手离篮远则远，离篮近则近，还要根据对手善投、善突等特点以及战术的需要来调整位置和距离。

（2）动作方法

由于持球队员的特点、意图以及与球篮的距离不同，所以防守持球队员有两种方法：

① 平步防守，即面向持球队员平行站立的防守姿势。这种步法防守的面积大，便于左右滑动，对防守突破比较有利。（图 8-2-19）

② 斜步防守，即两脚前后斜步站立的防守姿势。这种步法便于前后移动，对防投篮有利。（图 8-2-20）

（3）视　野

眼睛主要看进攻队员的腰部，这是重心所处的部位，用眼睛余光观察对手是否投篮。

（4）双手的姿势

防守时，左脚在前，左臂屈肘上举，手指朝上，臂不完全伸直，以免失去平衡；右脚在后，右手置于体侧，手指朝下，防止对方传球和突破运球。

（5）防守姿势

投球时，要保持良好的防守姿势，掌握好挑球时机，挑球时手掌向上，要由下而上挑球，其优点是：①不容易失去平衡；②不容易犯规。

图 8-2-18   图 8-2-19   图 8-2-20

（五）持球突破

持球突破是持球队员运用脚步动作与运球技术的结合快速超越对手的一项攻击性很强的进攻技术。

1.原地持球交叉步突破技术

以右脚为中枢脚，从防守队员左侧突破。

两脚左右开立，两膝微屈，持球于腹前，突破前先做瞄篮或其他假动作。突破时，左脚内侧蹬地，并向右前方迈出一大步，上体右转，左肩向前下压，将球引至右侧，在右脚离地前用右手推拍球于迈出脚的侧前方。同时，右脚用力蹬地，迅速超越对手。（图 8-2-21）

图 8-2-21

2.原地持球同侧步突破技术

以左脚为中枢脚，从防守队员左侧突破。

准备姿势与原地持球交叉步突破相同。突破时，左脚向内侧蹬地，右脚迅速向防守队员左侧跨出，上体稍右转，同时探肩，重心前移。在左脚离地前，用右手推拍球于右脚的侧前方。同时，左脚用力蹬地，加速超越对手。（图 8-2-22）

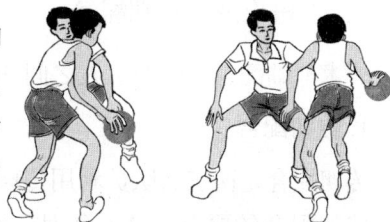

图 8-2-22

3.跳步急停持球突破技术

跳步持球前,应根据自己与防守队员的位置、同伴的传球方向调整好准备姿势,向前或向侧面跳步急停。接球时,要向来球方向伸臂迎球。同时,用一脚蹬地,向前或向侧跃出,在空中接球(一般使用移动方向异侧脚)。然后两脚前后或平行落地,两腿微屈,重心落在前脚掌上。根据防守队员情况,用交叉步或同侧步超越。

(六)抢篮板球

篮球比赛中,抢篮板球是获得控球权的重要手段之一。一个球队对抢篮板球技术掌握的好坏,对在比赛中的主动与被动、胜利与失败有着很重要的影响。抢篮板球的要点如下。

1. 当对方或同伴投篮时,必须想到可能不中,要积极地抢篮板球。

2. 防守时抢篮板球,必须把对手挡在外面。挡人方法有两种。

(1)前转身挡人:当对手与你的距离稍远、动作很快时,用前转身挡人,前转身挡人比后转身快,但占据面积小。

(2)后转身挡人:对方离身体较近,为抢占较大面积,多用后转身挡人。后转身挡人应注意:①必须贴紧对方,最好用臀部、腰部顶住对方。②挡住人以后,稍停1秒,再冲到篮下去抢篮板球,因为中距离投篮时,一般球在空中运行1~2秒。③要冲到篮下抢占投篮方向的对面,因为球碰到篮圈后,有70%的概率球反弹后落在对面。到篮下立即屈臂,两臂要张开,占据较大空间,腿和腰及全身要用力起跳。要求技术动作力量强,起跳迅速,即使被对方冲撞也不能失去平衡,仍然能跳起来。抢前场篮板球时,只要能挤进一条腿、一只手臂,就要跳起来拼抢。只要手指触到球,就要用力抓紧、下拉,以便控制住球。在空中要转身观察同伴的接应情况,并抓住球,保护好球,将球举到头上,不要拿在胸前。落地同时要向边线一侧后转身,同时观察接应同伴所处位置,以最快的速度一传。一传出手后,借后转身的动作把和自己争抢篮板球的对手挡在后面,立即起动快跑跟进参加快攻。

二、篮球的基本战术

(一)篮球战术概念

篮球战术是指在比赛中为了战胜对手,队员个人技术的合理运用和队员之间相互协调的组织形式。

(二)进攻战术基础配合

战术基础配合是由两三人之间的协同动作组成的简单配合。

1. 传切配合

传切配合是两三名队员利用传球和切入组成的简单配合。

传切配合的要点:(1)合理选择进攻位置,队形要拉开,按战术

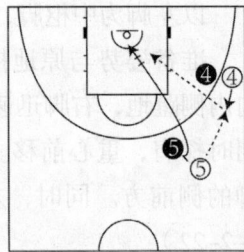
图 8-2-23

路线跑动；（2）持球队员运用投篮和突破等假动作，吸引对手，以便及时把球传给切入的同伴；（3）切入的队员要先靠近对手，然后突然快速侧身跑，摆脱对手向篮下切入，随时注意接球进攻。（图8-2-23）

2. 掩护配合

掩护配合是进攻队员选择正确的位置，运用合理的技术，以身体挡住同伴的防守队员的移动路线，给同伴创造摆脱防守、获得进攻机会的一种配合方法。

掩护配合的要点：（1）掩护队员要站在同伴的防守队员的移动路线上；（2）掩护配合行动要突然、快速，运用假动作给防守队员造成错觉，完成掩护配合；（3）同伴之间必须掌握好配合动作的时间；（4）当防守队员交换防守时，掩护队员运用掩护后的第二个动作，突然转身切入篮下或寻找其他的进攻机会；（5）进行掩护的过程中，掩护队员和同伴都要做一些进攻动作，吸引住对手，达到隐蔽掩护配合的意图。（图8-2-24 ~ 图8-2-26）

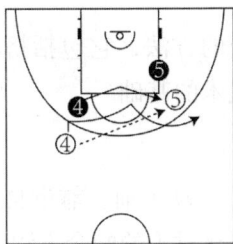
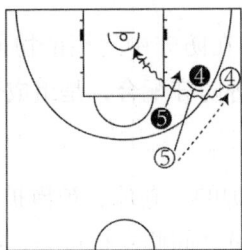

图8-2-24   图8-2-25   图8-2-26

3. 突分配合

突分配合是持球队员运用突破打乱防守部署或吸引防守，并及时将球传给同伴，使同伴获得进攻机会的配合方法。

如图8-2-27所示：⑤从防守者的左侧突破，并吸引④上来和⑤"关门"防守。此时④及时跑到有利的进攻位置上去接⑤传来的球投篮或做其他进攻配合。

突分配合的要点：（1）突破队员的动作要突然、快速。在突破过程中，既要有传球的准备，又要有投篮的准备；（2）突破队员在突破过程中，要始终注意观察场上攻、守队员的位置变化，及时分球或投篮；（3）场上其他进攻队员要掌握时机跑到有利的进攻位置上去接球。

4. 策应配合

策应配合是指进攻队员背对或侧对球篮接球后，与同伴相互配合而形成的里应外合的进攻方法。

策应配合的要点：（1）正确选择策应点，迅速摆脱防守，抢占策应的位置；（2）策应队员接球后两脚开立，两腿弯曲，上体稍前倾，两肘微屈，两手持球于腹前，用臂和身体保护好球。要随时注意观察场上情况，以便及时将球传给有利进攻机会的同伴或自己伺机进攻；（3）策应队员在策应过程中，运用好跨步、转身来调整策应方向和位置，以便协助同伴摆脱防守或为自己创造进攻机会；（4）同队队员传球给策应队员后要及时摆脱、接应或切向篮下进攻。

如图8-2-28所示：④将球传给⑤后，向底线做切入的假动作，突然摆脱④跑到罚球线后接④的传球作策应。⑤传球后摆脱跑到④面前接球跳投或上篮。

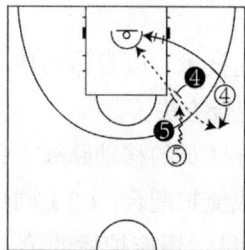 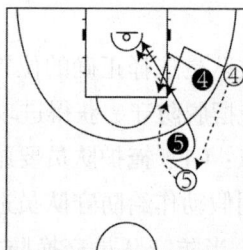

图 8-2-27   图 8-2-28

（三）防守战术基础配合

防守战术基础配合是两三名队员在防守中运用的协同防守配合的方法，它包括挤过、穿过、交换防守、"关门"、夹击、补防等防守配合，是组成全队防守战术的基础。

1. 挤过配合

挤过配合是当掩护队员在进行掩护的一刹那，被掩护的防守队员主动上前，靠近自己的防守对象，并随其移动，从两名进攻队员之间侧身挤过去，继续防守自己对手的配合方法。

挤过配合要点：（1）防守掩护的队员应及时提醒同伴注意对方掩护，自己随移动应稍向后撤，以便补防；（2）被掩护的防守队员要及时、主动地上步贴近自己的对手。

2. 穿过配合

当进攻队员进行掩护时，防守掩护的队员主动后撤一步，让同伴（即被掩护的防守队员）及时从自己和掩护队员之间穿过去，以便继续防守住自己的对手，称为穿过配合。

穿过配合要点：（1）当对方掩护时，防守掩护的队员要主动、及时后撤一步；（2）被掩护的队员要快速穿过堵住的进攻路线。

3. 交换防守配合

交换防守是当对方进行掩护或策应时，两名防守队员及时交换自己防守对手的一种配合方法。

交换防守配合要点：（1）交换防守前，防守掩护的队员要及时地把换人的信号告诉同伴并积极堵截切入队员的路线；（2）被掩护的防守队员接到换人的信号后，积极堵截掩护队员向内线切入的移动路线。

4. "关门"配合

"关门"是当进攻队员持球突破时，防守突破的队员向侧后滑步。同时，临近突破一侧的防守队员迅速向进攻队员的突破路线滑动，与防守突破的队员靠拢，像两扇门一样地关起来，堵住持球突破队员的一种配合。

"关门"配合要点：（1）防守突破队员要积极防守，堵住进攻队员的突破路线，临近突破一侧的防守队员及时、快速向同伴靠拢进行"关门"，不给突破队员留空隙；（2）"关门"后，突破队员一停球，协助"关门"的队员迅速回防自己的对手。

5. 夹击配合

夹击配合是两个防守队员利用有利的区域和时机，封堵持球队员的传球路线，造成持球队员传球失误或违例的一种协同防守的配合方法。

夹击配合要点：（1）正确选择夹击的区域和时机；（2）进行夹击配合时，行动要果断、突然，两名夹击队员应充分运用身体、两臂严密防守持球队员，两人的双脚位置约成90°，不让对手向场内跨步；（3）夹击时，防止身体接触或抢球造成的不必要的犯规动作；（4）防守的两名队员在进行夹击配合过程中，其他防守队员要紧密配合，放弃远离球的进攻队员，严防靠近球的进攻队员接球。

6. 补防配合

当防守队员被对手突破或绕过时，临近的其他防守队员主动放弃自己的对手而去补漏防守的配合方法，称为补防配合。

补防配合要点：（1）当同伴被对方突破后，临近的防守队员要大胆放弃自己的对手，果断、突然、快速地补防；（2）补防时，应合理运用技术，避免犯规；（3）被对手突破而漏防的队员应积极追防补防同伴的对手，注意观察对方传球路线，争取断球。

（四）快攻与防守快攻

1. 快　攻

快攻是指在由防守转入进攻时以最快的速度、最短的时间，在人数上形成以多打少的优势，或在人数相等以及人数少于对方的情况下，趁对方立足未稳，果断而合理地进行攻击的一种快速进攻战术。

（1）发动快攻的时机
①抢到防守篮板球时发动快攻。
②抢、打、断球后发动快攻。
③掷界外球时，要想到发动快攻。
④跳球，获球后发动快攻。
（2）快攻战术的形式和组织结构
快攻的形式分为长传快攻、短传快攻和结合运球突破快攻三种，下面主要介绍长传快攻和短传快攻。
①长传快攻
长传快攻是防守队员在后场获球后，立即快速地用一次或两次传球给迅速超越对手的同

伴，使其进行投篮的一种配合方法。

长传快攻的要点：全队要有快攻意识；获球队员迅速观察场上情况，机警、快速地传球；快攻队员要全力快跑超越对手，并准确判断来球的方向和落点，在跑动中完成接球和投篮。（图 8-2-29）

②短传快攻

短传快攻是防守队员获球后，立即以快速的短传推进和快速跑动获得投篮机会的一种配合方法。（图 8-2-30）

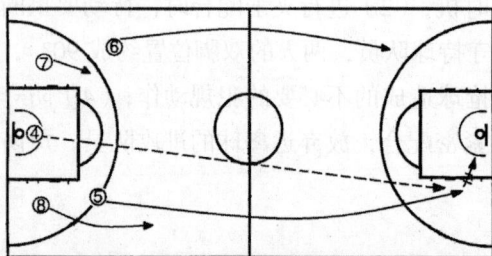 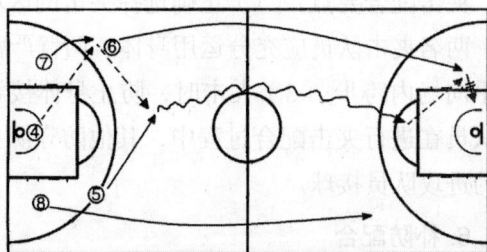

图 8-2-29   图 8-2-30

2. 防守快攻

防守快攻是防守战术的主要组成部分。它是在进攻转入防守的刹那间，快速、有组织地制约对方的反击速度和破坏对方快攻路线的配合方法。

防守快攻的要点：

（1）提高投篮命中率，积极拼抢篮板球。从比赛规律看，抢篮板球发动快攻的次数最多。因此，提高投篮命中率，减少对方抢篮板球的机会最重要。即使投篮不中，也要拼抢篮板球，破坏对方在空中点拨球发动第一传。

（2）封第一传，堵接应。当对方控制了篮板球时，离持球队员最近的队员要迅速上前封堵对手的传球路线，其他队员应判断好接应点，阻挠对方接应第一传并有组织地退守。

（3）堵中路，卡两边。除封第一传和堵接应外，还应组织力量堵截中路，迫使对手沿边线推进。同时卡好两边，以防对方快攻偷袭。

（4）提高以少防多的能力。防守快攻结束阶段，若遇到以少防多情况时，防守队员要沉着冷静，有信心，充分发挥防守的积极性，判断准确，积极移动，合理运用技术，及时补位，提高防守效果。

（五）阵地进攻

阵地进攻要求过中场后落位要快，进攻要连续，根据防守的情况和持球同伴的动向，随之相应的移动，寻找防守缺口。常用的阵地进攻的队形有"1-2-2""1-3-1""2-1-2""2-3"等。

（六）区域联防

区域联防是防守时每个人分工负责防守一定的区域，严密防守进入该区域的球和进攻队员，并与同伴协同防守的集体防守战术。

区域联防要求合理地分配队员的防守区域，在分工负责防守区域的基础上，五个队员必须协同一致，积极随球移动，加强对有球一侧的防守，做到近球者紧，远球者松，有球者上，无球者补。常用的区域联防的战术队形有"2-1-2""2-3""3-2""1-3-1"等。

区域联防应根据进攻队的特点和本队的条件来决定采用哪种站位队形进行防守。

（七）半场人盯人防守

半场人盯人防守是指在后场每个防守队员盯住一个进攻队员，同时协助同伴完成集体防守任务的全队防守战术。其特点是以盯人为主，分工明确，能有效控制对方进攻。半场人盯人防守分为有球一侧防守与无球一侧防守。

有球一侧防守：球在正面圈顶一带时，要错位防守，以防守对方接球为主。球在45°一带时，要侧前防守。

无球一侧防守：球在圈顶一带和45°时，无球侧防守者应回缩，注意协防篮下。

进攻人盯人防守有各种阵形打法，主要由传切、掩护策应等局部配合组合而成。

第三节　篮球竞赛规则与裁判法简介

一、篮球比赛规则简介

（一）篮球场地

篮球比赛场地为长28米、宽15米的长方形。罚球线距端线为5.80米，长度为3.60米，中圈半径为1.80米，篮筐离地高度为3.05米，篮板宽为1.80米，高为1.05米，如图8-3-1a、图8-3-1b。

（二）比赛时间

篮球比赛由4节组成，每节10分钟。上半时的任何时间每队可准予2次暂停，下半时的任何时间每队可准予3次暂停，以及每一决胜期的任何时间可准予1次暂停。在第四节比赛时间终了时若比分相等，则增加一个或多个5分钟的决胜期，直至决出胜负。

（三）规　则

1. 违　例

在比赛过程中出现带球走、两次运球、队员持球出界或持球踩到边线和端线、本方触球出界、球回后场，干涉得分和对球干扰以及 3 秒、5 秒、8 秒、24 秒违例时均判对方在违例地点附近的边线或底线发界外球。

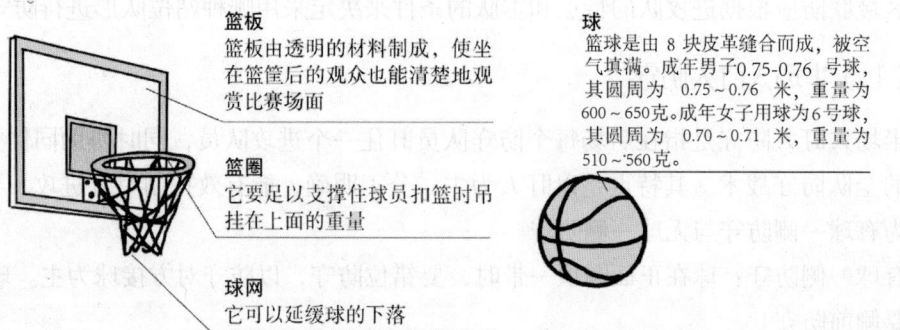

篮板
篮板由透明的材料制成，使坐在篮筐后的观众也能清楚地观赏比赛场面

篮圈
它要足以支撑住球员扣篮时吊挂在上面的重量

球网
它可以延缓球的下落

球
篮球是由 8 块皮革缝合而成，被空气填满。成年男子0.75-0.76 号球，其圆周为 0.75～0.76 米，重量为 600～650克。成年女子用球为6号球，其圆周为 0.70～0.71 米，重量为 510～560克。

图 8-3-1a

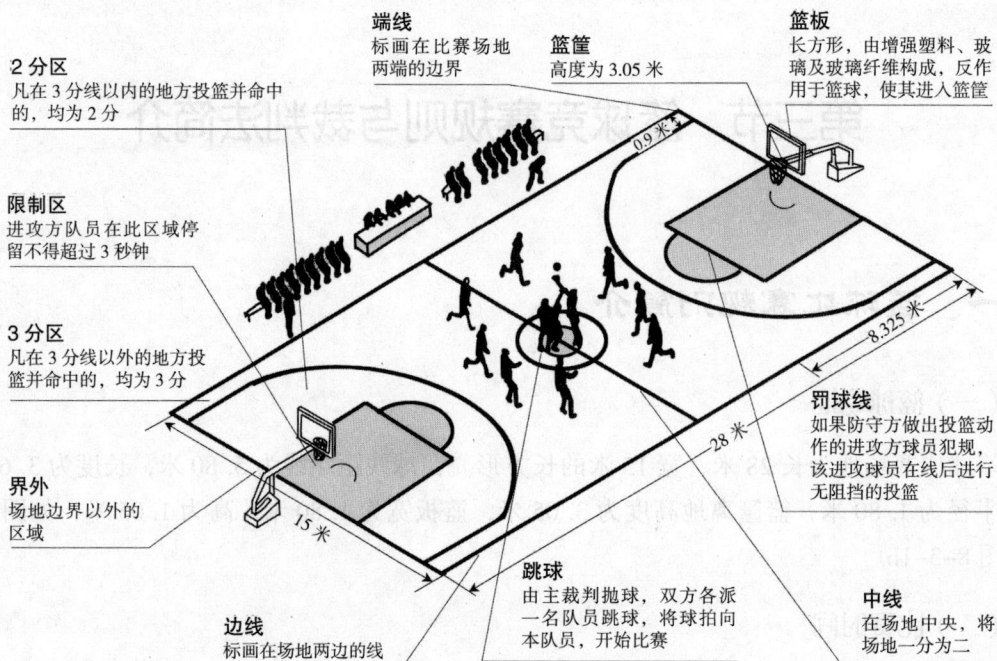

2分区
凡在 3 分线以内的地方投篮并命中的，均为 2 分

限制区
进攻方队员在此区域停留不得超过 3 秒钟

3分区
凡在 3 分线以外的地方投篮并命中的，均为 3 分

界外
场地边界以外的区域

端线
标画在比赛场地两端的边界

篮筐
高度为 3.05 米

篮板
长方形，由增强塑料、玻璃及玻璃纤维构成，反作用于篮球，使其进入篮筐

罚球线
如果防守方做出投篮动作的进攻方球员犯规，该进攻球员在线后进行无阻挡的投篮

跳球
由主裁判抛球，双方各派一名队员跳球，将球拍向本队员，开始比赛

中线
在场地中央，将场地一分为二

边线
标画在场地两边的线

0.9 米
8.325 米
28 米
15 米

图 8-3-1b

2. 犯　规

（1）侵人犯规

在比赛中与对方队员发生非法接触为侵人犯规。判罚如下。

① 对没有做投篮动作的对方队员犯规，则由对方在靠近犯规地点掷界外球继续比赛。

② 对正在做投篮动作的对方队员犯规，如果对方投篮成功应计得分并判给1次罚球。对方在2分区域投篮不成功，判给2次罚球，在3分区域投篮不成功，判给3次罚球。

（2）双方犯规

两名互为对方队的队员大约同时相互发生犯规为双方犯规。判罚为：给双方犯规队队员各记1次"侵人犯规"。如进攻队正在投篮，投篮成功计得分，将球判给得分队，得分队从端线发球；如一方已控制球，应将球判给该队距犯规最近地点的界线外掷界外球，如任何一方均没控制球，交替发球。

（3）进攻队员犯规

进攻队员为了获得利益而造成对早已抢占有利防守位置的防守队员的冲撞和侵人犯规。判罚如下：记录犯规1次，由守方在就近边线外发界外球。

（4）违反体育道德的犯规（即故意犯规）

队员蓄意地对持球或不持球的对方队员造成侵人犯规为违反体育道德的犯规。判罚如下。

① 对犯规的队员登记1次违反体育道德的犯规，并判给对方罚球，以及随后在中场的球权。② 判罚次数：如对没有做投篮动作的队员发生犯规，判罚给2次罚球，如对做投篮动作的队员发生犯规，投中计得分，再加1次罚球；如对投篮不中，判给2或3次罚球（视进攻者试图投篮区域而定）。

（5）技术犯规

场上队员、场外人员和教练员违反规则不服从裁判，影响比赛顺利进行的犯规是技术犯规。判罚如下：视情节轻重，对场上队员犯规判罚为提醒或警告；登记1次"技术犯规"，并判给对方1次罚球，再由对方从中场边线外发界外球，如是教练员、助理教练员、场外队员或随队其他人员犯规，则提出警告，登记教练员1次"技术犯规"，判给对方队2次罚球和中场边线外发界外球。

二、"两人"制裁判方法

（一）裁判员的手势与宣判程序

1. 必须使用正确的手势，使用手势明快简洁。

2. 使用洪亮短促的哨音，只吹一次并吹得很干脆。

3. 停表手势是最重要的，必须十分清楚。

4. 宣判犯规时的程序：

（1）鸣哨，同时伸直手臂握拳向上举，停止比赛计时钟，另一只手向前伸直，掌心向下，指向犯规者腰部。

（2）告知场上队员球权或罚球次数。

（3）跑到距记录台 6 ~ 8 米，记录员能清楚地看到的地方站住。

（4）用手势表明犯规队员的号码、犯规性质、罚则。

（5）两裁判员交换位置。

5. 宣判违例时的程序：鸣哨一声，同时举起一只手臂，五指并拢，以停止比赛计时钟。用手势交代清楚违例性质。清楚地指出比赛方向。

（二）临场裁判员半场分工与移动

当球向前场推进时，一名裁判员应在球的左后方，称为追踪裁判，另一名裁判应一直保持在比赛的前方，称为前导裁判。

裁判员占据的位置要使 10 名队员处于他们两人之间。当比赛改变方向时，前导裁判变为追踪裁判，追踪裁判变为前导裁判。每一次犯规和跳球后，裁判员应交换位置。

（1）半场区域划分见图 8-3-2。

（2）当球在 1、2、3 区时，追踪裁判主要负责观察球周围的比赛，尤其要观察队员运球、投篮或传球以及防守队员或防守他的队员们。此时，前导裁判主要观察无球队员及远离球区域的情况，特别要注意任何可能发生的非法掩护。

图 8-3-2

（3）当球在 4 区时，追踪裁判的主要任务是注视离开球的情况，当传球、运球或投篮的球推向球篮或端线时，追踪裁判必须插进到罚球线延长线（大约的）。此时，前导裁判应正对持球队员，并负责球周围的比赛。

（4）当球在 5 区时，两位裁判员都要看球的周围情况，追踪裁判还要负责球的飞行，查看球是否中篮；前导裁判的主要责任是观察球周围的情况，次要责任是注视有球一侧的低策应区的队员们。

（5）当球在 6 区的 2 分投篮区时，追踪裁判主要负责球，前导裁判将负责球周围的情况；球在 6 区的 3 分投篮区时，追踪裁判应注视球周围的情况，前导裁判主要观察无球区域。

（6）罚球时，新的追踪裁判管理多次罚球中的第一次，他将球递交给罚球队员后应后退并移至罚球队员后面一步偏左的位置，同时他要注意罚球过程中是否有违例或犯规发生。前导裁判管理除第一次罚球外的其他罚球，他应以反弹球的形式递交球给罚球队员，然后向右迈一步，以便更好地观察抢篮板球的动作。

（三）比赛结束时裁判员的工作

当全部比赛终了的信号发出时，比赛即告结束。主裁判应负责审查核对记录表，确认无误后，副裁判员先签字，而后主裁判员再签字。裁判员的权力即告结束。

第九章

排球运动

第一节　排球运动简介

一、排球运动的起源与发展

排球原义是击"空中球"，因排球比赛中参加比赛的队员的站位成排，所以我国称之为排球。1895 年，美国马萨诸塞州霍利约克市春田学院的毕业生威廉·摩根，担当起霍利约克市基督教青年会体育干事的工作。他在工作中发现，篮球运动对于常坐办公室和年龄较大的人来说过于剧烈，他们需要一项新的运动来放松身心又不至于太累。根据这一需要，他用网挂在篮球场中间把双方队员隔开，双方队员把球拍来击去，不让球掉在本方场地，击球不能出对方场地。排球运动就这样从嬉戏篮球的游戏中发展起来了。

排球运动由于融趣味性、娱乐性、攻防竞技性、体育教育性于一体，很快就在世界各国盛行，成为世界性体育项目。排球运动于 1905 年传入我国，最先是 16 人制，后来演变为 12 人制、9 人制。1918 年，国际上出现 6 人制排球赛（每队 6 人上场），并沿用至今。1947 年国际排球联合会成立，到目前为止已有 200 多个会员国。1964 年，奥运会将排球列为正式比赛项目。中国女排近几十年一直名列世界前茅，已获三次奥运会冠军、多次世界大赛第一，其拼搏精神振奋华夏民族。目前，女排强国还有巴西、美国、意大利、古巴、日本、荷兰等；男排强国有巴西、俄罗斯、美国、保加利亚、波兰、意大利、德国等。

二、排球运动的锻炼价值

（一）对人体生理健康的价值

经常参加排球运动，可以发展人体的速度、力量、耐力、灵敏性和柔韧性等身体素质，提高体能；可以促进身体各器官系统的正常发育，改善机能状况，使身体健康地发展。

（二）对人体心理健康的价值

参与排球运动，可降低人的焦虑和抑郁水平，对于不良情绪有良好的调节作用。经常参与排球运动，可以增强控制自己情绪的能力，同时可以培养坚忍不拔、吃苦耐劳的顽强意志，以及不怕困难、顽强拼搏的精神。

（三）对培养社会适应能力的价值

排球运动可以很好地培养人们的应变能力和适应能力。排球运动作为非周期性的运动项目，不仅能培养人们沉着、果断等良好的心理品质，而且通过应对多种多样、变化无常的来球，提高人们的注意力、判断力、分析能力和应变能力。排球运动如果没有两人或两人以上的密切配合，将无法发挥个人的技战术作用。所以，排球运动对参与者调节自身情绪和正确处理与他人的关系、培养协作意识和集体主义精神等都具有积极意义。

第二节　排球基本技术与战术

一、排球的基本技术

（一）传　球

传球是排球运动的基本技术，是进行比赛与组织战术的基础，主要用于连接防守和进攻。

1. 传球技术的分析与运用

（1）正面双手上手传球

正面双手上手传球是传球中最基本的方法，又是掌握和运用其他传球技术的基础。（图9-2-1）

图9-2-1

① 准备姿势：两脚开立，约与肩同宽，一脚稍前，另一脚脚后跟略抬起，两膝微屈，重心落于两脚之间，上体稍前倾或直立，两肩放松，抬头注视来球，两臂屈肘抬起，手与脸同高，两肘自然下垂，手腕稍后仰，两手手指弯屈，呈半球状。

② 迎球或击球：当来球接近额前时，开始蹬地、直膝、伸臂，两手微张从脸前向前上方迎球。击球点在额前上方约一球距离处。

③ 手型：两拇指相对，呈"一"字形，两手间要有一定距离（不超过球的直径）。用拇指内侧、食指全部、中指的二三指节接触球，无名指和小指在球的两侧辅助控制传球方向。

④ 用力：正面传球主要靠伸臂的力量，配合蹬地的力量，通过球压在手上使手腕所产生的反弹力将球传出。

运用正面双手传球，可以传正面一般拉开球和正面集中球（包括小夹角球、大夹角球、平冲来球、近网高球、低球）。

（2）背 传

二传队员背对传球目标的传球方法叫背传，主要用于组织进攻。

传球前背对传球目标，上体保持正直或稍后仰，击球点比正面传球要高，迎球时，微仰头挺胸，在下肢蹬地的同时，上体向后上方伸展，击球时手腕适当后仰，掌心向后上方击球的底部，利用抬臂、送肘的动作和手指、手腕主动向后上方传出。

运用背传可以传拉开球，也可以传近体快球和短平快球。

（3）侧 传

二传队员侧对传球目标，并将球向体侧方向传出的方法叫侧传。

传球前的准备姿势、手型与正面传球相同，迎球时，通过下肢蹬地使身体重心向上伸展，但上体和手臂应向侧上方用力，触球下方，传球方向异侧手臂的动作幅度和用力的距离要大于同侧手臂的。

侧传具有隐蔽性的特点，可以传各种快球以增强进攻的效果。

（4）其他姿势的传球

如调整二传和倒地二传，这两种姿势的传球是针对一传不到位而采取的传球办法。晃传、二传伴扣后转移传球主要是传快球，以增大网上的进攻面。

2. 传球的练习方法

（1）徒手模仿正面传球动作。

（2）三人一组三角传球，开始可以一抛、一传、一接，轮流做；接下来可顺时针或逆时针传球，要求先转身面对传出球的方向然后再传球。

（3）抛、传球练习。

（4）移动中两人对传，一人定位，一人向前、向后或向两侧移动传球。

（5）四人一组沿边线四角传球，不能传对角线，要求先转身面对传球的方向，也可以边传边转体。

3. 传球易犯错误及纠正方法

（1）手型不正确，触球部位离身体太远，大拇指朝前

纠正方法：① 自传中观察手型，用传球手接球，然后检查手型或先摆手、后放球来检查；② 对墙做连续近距离轻传。

（2）击球点过高或过低

纠正方法：① 击球点偏低，可多练背传、自传、近墙自传反弹球、近网对传等；② 击球点过高，可多做平传、坐地传、自抛传远球等。

（3）传球时上体后仰

纠正方法：① 向前移动中传球；② 先向前自传一次，再立即跟上传出；③ 传后跟进保护垫球；④ 传球出手后，手触地板一次。

（二）垫 球

垫球主要用于接发球、接扣球和接拦网球，有时也用来组织进攻。

1. 垫球技术的分析与运用

垫球按动作方法可分为正面双手垫球、跨步垫球、体侧垫球和挡球等。现主要介绍正面双手垫球、体侧垫球和滚翻垫球三种垫球技术。

（1）正面双手垫球

① 准备姿势：根据球的落点，迅速移动并成半蹲姿势站立。

② 手型：当球接近腹前时，两手掌根紧靠，两手手指重叠后合掌互握，两拇指平行，手腕下压，两臂外翻形成一个平面。（图9-2-2）

③ 击球：当球距腹前一臂距离时，两臂夹紧前伸，插到球下，向前上方蹬地，抬臂垫击球的后下部。身体重心随击球的动作前移。

④ 用力：主要靠手臂上抬力量增加球的反弹力，同时配合蹬地、跟腰动作，使重心向前上方移动。两个手臂要适当放松，便于灵活控制垫球的方向和力量。

⑤ 垫球部位：保持腹前击球，触球时用前臂腕关节以上10厘米左右桡骨内侧平面为宜。

⑥ 手臂角度：根据来球的角度和要垫出的方向，运用入射角与反射角相等的原理，调整手臂与地面的角度和转动左右手臂的平面来控制垫球方向。

（2）体侧垫球

球向体侧飞来，队员来不及移动去对推来球时，可用双臂体侧垫击。如球向左侧飞来，右脚前脚掌内侧蹬地，左脚向左跨出一步，重心移至左脚，左臂弯曲夹紧向左侧伸出，右肩微向下倾斜，用向后转腰收腹的动作，配合两臂自左后方向前截住球飞行的路线，用两前臂垫击来球的后下部。切忌随球向左侧摆臂击球，这样会使球飞向侧方。（图9-2-3）

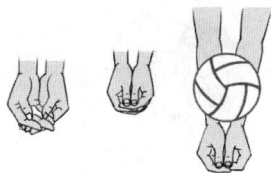

图 9-2-2　　　　　　　　　　　　　图 9-2-3

（3）滚翻垫球

做滚翻垫球时应快速向来球方向移动，最后跨出一大步，重心下降并落在跨出脚上，上体前倾，使胸部贴近大腿，双臂或单臂伸向来球方向，同时两脚继续用力蹬地，使身体向来球的落点方向腾出，用小臂、虎口或手腕部分击球的下部，击球后脚尖内转，以大腿外侧、臀部侧面、背部以及跨出腿的异侧肩部依次着地，然后顺势低头、收腹、团身做单肩后滚翻成半蹲姿势。

2. 垫球的练习方法

（1）徒手模拟。

（2）垫固定球。

（3）配合练习。

（4）自己连续垫球。

（5）转方向垫球。

3. 垫球易犯错误及纠正方法

（1）屈肘两臂并不拢，不会用力。

纠正方法：模仿练习，垫固定球，自垫球练习。

（2）移动慢，对不正球。

纠正方法：移动抢位，双臂夹球移动垫球。

（3）两臂用力不等，动作不协调。

纠正方法：垫固定球，体会用力和协调发力。

（三）扣　球

现代排球运动的扣球技术，已打破位置分工的限制，更多地运用各种变步、变向的助跑起跳，充分利用网长和纵深，采用立体进攻。

1. 扣球技术的分析与运用

（1）正面扣球

①准备姿势：采用稍蹲姿势，两臂自然下垂，观察来球，做好向各个方向助跑起跳的准备。

②助跑：助跑的步数要视球的远近和个人习惯采用一步、二步或三步等不同的步法。扣球助跑可采用并步法起跳和跨跳法起跳。（图 9-2-4）

图 9-2-4

现以两步助跑右手扣球为例。助跑时左脚先向前迈出一步，接着右脚再迅速跨出一大步，左脚及时并上踏在右脚之前，脚尖稍向右转。第一步小，第二步大，脚跟先着地过渡到全脚掌着地，两腿从弯曲制动的最低点猛力蹬地向上起跳，两臂也配合起跳有力地向上摆动。

③ 空中击球：起跳后挺胸展腹，上体稍向右转，右臂向后上方摆起，身体成反弓形。挥臂时以迅速转体和收腹动作发力，依次带动肩、肘、腕各关节成鞭甩动作向前上方挥击。击球时五指微成勺形，并保持紧张，以全手掌包住球，掌心为击球中心击球的后中部，同时主动用力屈腕，五指向前推压，使扣出的球加速上旋。击球点在起跳的最高点和伸直手臂最高点的前上方。

④ 落地：前脚掌先着地，再过渡到全脚掌着地，顺势屈膝、收腹。

（2）近体快球

近体快球是在二传队员体前或体侧约 50 厘米处扣的快球。扣球队员要在二传传球的同时，助跑到网前起跳，助跑角度一般与网成 45° 左右。当二传队员传球时，扣球队员应在二传队员前近网处迅速起跳并在空中等球。紧接着快速挥臂，将刚刚传出网口的球扣过网去。击球时，利用含胸、收腹动作带动前臂和手腕迅速甩挥，以全手掌击球的后上部。

2. 扣球的练习方法

（1）一人一球，对墙自抛自扣。

（2）一人将球举在网上，另一人做扣固定球练习。

（3）一人连续抛球，其他人轮流跑、起跳和扣球。

（4）一人连续扣前排 3 个位置的球。

（5）连续左右扣球，球员在 3 号位置扣左方或右方来球。

（6）传扣结合，在网前 3 号位和 4 号位各站一人，教师在后排给 3 号位做二传，4 号位扣球，随即又抛给 4 号位做二传，由 3 号位扣球。

（7）两人一组，相距 6～8 米，相对站立，练习者用左手持球于左肩的前上方，然后挺胸、拉臂、收腹、挥臂做原地扣球练习，两人交替进行。

（8）降低球网，做原地的自抛自扣练习（将球扣过球网）。

3. 扣球易犯错误及纠正方法

（1）助跑起跳前冲，击球点不准。

纠正方法：① 进一步明确起跳位置；② 进行限制性练习，如在地上画线（起跳线），防止前冲；③进行扣固定球或助跑起跳的接球练习。

（2）上步起动时间早、起跳早。

纠正方法：以口令、信号或触动队员身体等方式，使练习者体会起动上步时间。

（3）挥臂动作不正确（僵硬、拖肘）。

纠正方法：①原地扣球，用中等力量放松鞭甩；②掷皮球或小垒球。

（4）击球手法不正确（打不转、未包满球）。

纠正方法：①击固定球，练习包满球；②手腕用中拳力量推打以使球旋转。

（5）击球点不高（肘关节弯曲）。

纠正方法：用小网原地扣球提高击球点。

（6）扣快球时起跳离网近（出现触网或过中线）。

纠正方法：①助跑距离不要过长，前面一步要大；②明确二传队员与扣球者的关系，确定起跳点。

（7）手臂、手腕鞭甩不正确。

纠正方法：原地扣球练习，注意提肩肘、甩扣。

（四）发　球

1. 发球技术的分析与运用（以右手发球为例）

（1）侧面下手发球

这种发球法比较省力，能充分利用身体的力量，适于初学女生，但攻击性不强。

动作要领：左肩对网，两脚左右开立，与肩同宽。两膝微屈，上体稍前倾，重心落在两脚之间，左手持球于腹前。左手将球平稳抛至胸前约一臂距离，离手约30厘米高。在抛球的同时，右臂摆至右侧下方，接着利用右脚蹬地向左转体的力量，带动右臂向前上方摆动，在腹前用全掌击球的后下方。击球后，立即进场比赛。（图9-2-5）

图9-2-5

（2）正面上手发球

这种发球便于观察对方，发球的准确性大，易控制落点。发球时能利用屈体动作，加大球的力量和速度，适用于初级水平的练习者。

动作要领：两脚自然开立，左脚在前，左手托球于身前。用抬臂和手掌的平托上送将球平稳地垂直抛于右肩的前上方，高度应适中。在左手抛球的同时，右臂抬起，屈肘后引，肘与肩平，上体稍向右侧转动。挥击时利用蹬地使上体向左转动，同时收腹带动手臂挥动。在右侧肩上方伸直手臂，用全手掌击球的中下部，击球时手指自然伸平与球吻合，手腕要迅速主动做推压动作，使击出的球呈上旋飞行。击球后随着重心前移，迅速进场比赛。（图9-2-6）

图9-2-6

（3）正面下手发球

动作要领：发球前要面对球网，两脚前后开立，左脚在前，右脚在后，两膝微屈，上体前倾，左手持球置于腹前，右臂自然下垂，两眼注视球。发球时左手将球在体前右侧抛起20～30厘米。在抛球的同时要做好右臂的后摆动作。击球时，右脚踏地，身体重心前移，右臂伸直，以肩为轴由后向前摆动到腹前，用虎口、掌根或手掌击球的后下部。随之重心前移，迅速入场。（图9-2-7）

图9-2-7

2. 发球的练习方法

（1）持球者面对球网反复做抛球练习，使球垂直平稳地起落。

（2）对墙发球或两人一组近距离互相发球，体会抛球和挥臂击球的手法。

（3）近距离发球过网，主要体会发球用力和身体协调动作。

（4）发球区内发球，并练习发球后进场。

（5）发直线、斜线、前场、后场球以及发到指定区域。

（6）用各种不同力量、速度、弧度做发球练习。

（7）结合接发球练习发球技术。

（8）连续发球，巩固技术，逐步学会手型和击球点的变化。

3. 发球易犯错误及纠正方法

（1）正面上手发球抛球不准，击球点太靠后；做不出推后带腕动作；动作不协调，用不上全身的力量。

纠正方法：① 明确动作要领，向固定目标抛球；② 眼看球，对墙轻发，体会手抛球动作，使球打转；③ 掷实心球，做排球的发球练习。

（2）抛球不正，时高时低；挥臂动作不正确，击球的部位不准。

纠正方法：① 多做固定目标的抛球和挥臂击球练习；② 强调手掌根部的击球力量通过球体重心，使球不旋转。

（3）正面下手发球准备姿势和击球位置过高，影响发球的准确性；挥臂击球方向不正确，击球时手臂在肘关节处弯曲过大，击球不准。

纠正方法：① 明确动作概念，反复进行抛球练习；② 击固定吊球练习；③ 结合抛球进行挥臂练习。

（五）拦　网

1. 拦网技术的分析与运用

（1）单人拦网

① 准备姿势：队员面对球网，两脚平行站立，约与肩同宽，距网 30 厘米，两膝稍屈，两臂在胸前，自然屈肘。

② 移动：运用并步、交叉点步或跑步移动。

③ 起跳：起跳时重心降低，两膝弯曲，用力蹬地，使身体垂直起跳，起跳技术要与助跑技术相结合。

④ 空中击球：拦网时，两臂尽力过网伸向对方上空，两手自然张开，屈指、屈腕呈勺形。当手触球时，两手要突然紧张，手腕用力下压盖住球的前上方。

⑤ 落地：如已将球拦回，可面对对方，屈膝缓冲，双脚落地。如未拦到球，则在下落时就要随球转头，转身面对后场，为下一个动作做准备。

（2）集体拦网

集体拦网有双人拦网和三人拦网两种。集体拦网技术动作除要求具备个人拦网技术外，还应重视互相配合。

2. 拦网的练习方法

（1）两人一组隔网站立，一人向网的上沿抛球，一人跳起拦网。

（2）3 号位队员移动拦网。教师站在网边，队员隔网站在 3 号位前排成纵队，根据教师手臂信号，依次轮流做向左右移动的拦网练习。

（3）依次向 2、3、4 号位移动，进行单人移动拦网练习。

（4）教师站在高台扣自抛球，队员隔网进行拦网练习。

（5）两人连续扣拦。分为两人一队的扣拦组，由另两人在两边 2 号或 3 号位做二传，一人先扣球，另一人拦，接着由后者扣，前者拦。

（6）做向侧跨一步起跳的拦网练习。

（7）两人一组隔网站立，用相同的节奏做向侧跨步同时起跳的拦网练习。

3. 拦网易犯错误及纠正方法

（1）起跳过早。

纠正方法：运用节奏控制和加强信号刺激判断起跳时间。

（2）双手前扑、触网。

纠正方法：徒手模仿或结合矮网原地练习；运用提肩屈腕方法把球拦下。

（3）过中线或碰网。

纠正方法：练习原地起跳，含胸、微收腹。

（4）不看扣球动作，盲目起跳伸臂。

纠正方法：① 徒手轻跳拦固定球；② 判断扣球人的路线，快速移动对正慢跳；③ 原地徒手和结合球的扣球练习。

二、排球的基本战术

（一）个人战术

1. 发球的个人战术

（1）攻击性发球：尽量准确地发出弧度平、速度快、力量大、旋转性强或飘度大的攻击性球，以破坏对方一传并争取直接得分。

（2）准确性发球：可将球准确地发到对方两个队员之间的连接区、前区、后区死角、三角地带或对方交换位置活动区，以破坏对方一传。

（3）发给一传差、信心不足、连续失误、情绪不稳、精力分散的队员。

2. 扣球的个人战术

（1）扣球时避开拦网队员的手

① 扣球时运用路线的变化，灵活采用扣直线球、斜线球和小斜线球等。

② 运用转体、转腕的扣球技术，达到突然改变扣球线路的目的。

③ 运用扣球或吊球技术，从拦网队员手的上方进行突破。

④ 运用时间差扣球使对方达不到拦网的目的。

（2）扣球时利用拦网队员的手

① 利用打手出界来破坏对方的严密拦网。

② 运用轻扣拦网队员的手，造成球随拦网队员一起落下。

（3）根据临场情况采用的扣球战术

① 运用二次球扣球，或佯传突转扣球使对方来不及拦网。

② 找人、找点扣球，找对方技术差者或空当进行扣球。

3. 一传的个人战术

本队集体战术成功的基础就是一传，多变的集体战术要求有多变的一传个人战术，常见的战术有：

（1）组织快攻战术时，如本方快攻队员来得及进行快攻，一传的弧度要低平，速度稍快，以加强进攻的节奏；如果来不及（防守后快速反击），则应提高一传弧度。

（2）在组织强攻战术时，一传的弧度略高些，为二传队员创造便利传球条件。

（3）前排队员一传时，力量不宜过大，弧度应稍高，如来球力量不大，可用上手传球，后排队员则相反。

（4）当对方第三次传、垫球过网时，一传可用上手传球，以便更准确地组织快速反击或传给网前队员进行二次进攻。

（5）如发现对方场区有较大的空当，或对方队员无准备时，一传可直接用传、垫、挡等动作把球击向对方。

4. 二传的个人战术

二传队员是组织全队战术的核心，二传个人战术主要利用时间差、位置差、空间差和动作的变化为进攻创造有利的形势。

（1）二传队员可根据本队的特长利用集中与拉开，近网、中网与远网，弧度高与弧度低等传球技术组织进攻战术。

（2）可根据对方拦网部署，选择拦网薄弱环节组织强攻。

（3）掌握对方心理特点，利用多种战术变化，打乱对方的防守步骤。

（4）根据临场情况处理球或调整球。

5. 拦网的个人战术

拦网是被动技术，要变被动为主动，关键在于隐蔽，造成对方扣球队员判断错误而使己方拦网成功。

（1）拦网队员可站直拦斜、站斜拦直或正拦侧堵、侧堵正拦，并可运用取位和空中变化的假动作迷惑对方。

（2）有时可制造假象，使对方受骗。如假装露出中路空当，引诱对方队员扣中路，待对方扣中路之后突然拦关门球。

（3）如发现扣球队员要打手出界或平扣时，可在空中及时将手撤回而造成对方扣球出界。

（4）在估计到对手扣球威力不大时要防止对方吊球、轻扣等。

（二）接发球及其进攻战术

接发球进攻，简称一攻，一般由一传、二传、扣球三部分组成。接发球进攻战术有以下三种形式。

1. "中一二"进攻战术

这是进攻战术中最简单、最基本的战术形式。由 3 号位队员作二传手把球传给 2 号位或 4

号位队员扣球。

（1）"中一二"进攻战术的特点

"中一二"进攻战术的特点是战术容易形成，但变化少，只能有两点进攻。战术意图易被对方识破，其突然性和攻击性差。

（2）"中一二"进攻战术的应用

① 集中与拉开：二传队员根据临场情况向 2 号位或 4 号位队员用忽而集中、忽而拉开的传球方式迷惑对方拦网。

② 跑动掩护进攻：为了增加战术的突然性，可以通过主、副攻手的跑动、换位和相互掩护，变定点进攻为活点进攻，设法摆脱对方的集体拦网，造成一对一的局面。

2."边一二"进攻战术

接发球时，把球垫给前排 2 号位队员，由 2 号位队员传给 3、4 号位队员扣球。

（1）"边一二"进攻战术的特点

"边一二"进攻战术的特点是两个进攻队员可以互相配合，起一定掩护作用，而且可以有较多的战术配合变化，它的攻击性比"中一二"战术强。

（2）"边一二"进攻战术的应用

"边一二"进攻战术形式除去组织两人定位、定点扣球以外，还可以组织"快球掩护拉开""前交叉""围绕""快球掩护夹塞""重叠""短平快掩护拉开"等战术变化，特别是能使 3 号位队员的进攻面增大，路线增多。

① "快球掩护拉开"战术：3 号位队员上前扣快球，或作佯攻，掩护 4 号位队员打拉开球。

② "前交叉"战术：4 号位队员扣快球，3 号位队员从 4 号位身后交叉扣一般低球。

③ "围绕"战术：4 号位队员扣拉开球，3 号位队员绕到 2 号位二传队员的身后进攻。运用"围绕"战术时，2 号位的二传队员稍靠 3 号区站立，做背传球时不宜拉开太大。

④ "快球掩护夹塞"战术：3 号位队员扣短平快球，或佯作进攻，掩护 4 号位主攻队员向内直插起跳，扣半高球（俗称夹塞）。

⑤ "重叠"进攻战术：3 号位队员扣球或佯装进攻，掩护 4 号位队员跑到 3 号位队员身后扣半快球；或 4 号位队员佯扣，3 号位队员扣半快球。

⑥ "短平快掩护拉开"进攻战术：4 号位队员扣短平快球或作佯扣快球掩护，3 号位队员扣拉开球；或 3 号位队员掩护，4 号位队员扣球。

3."插上"进攻战术

"插上"进攻战术是指己方一个后排队员在对方发球时，迅速跑到前排担任二传，使前排成为三个人进攻的形式。

（1）"插上"进攻战术的特点

它的特点是可组成多种快速多变的战术配合，使对方拦网判断困难。

（2）"插上"进攻战术的应用

"插上"战术形式中的几种战术变化如下。

① 中间快球、两边拉开：3 号位队员打快球，或快球掩护 2、4 号位队员两边拉开进攻，这是"插上"进攻的最基本打法，在实战中运用较多。这种打法能充分利用球网的全长组织进攻，可以破坏对方集体拦网，但对方可以组成人盯人的单人拦网。两边拉开进攻时，4 号位可运用一般拉开或平拉开快球，2 号位可运用背快球或背平快球。

② 交叉进攻：这是在快球掩护的基础上形成的战术变化。

"前交叉"进攻战术：4 号位队员内切快球掩护，3 号位队员与 4 号位队员交叉跑动扣球，完成战术配合后自然换位，成死球后各返原位。

"后交叉"进攻战术：3 号位队员快球掩护，2 号位队员与 3 号位队员交叉跑动，绕至二传队员前扣半快球或半高球。

③ 梯次进攻：这也是在快球掩护的基础上形成的一种战术。

梯次进攻时利用 3 号位队员扣快球或作掩护，另一队员在 3 号位队员的背后起跳扣球。

由 4 号位队员跑动至二传队员面前扣快球，或运用快球掩护造成对方拦网队员起跳，而二传队员改传平高球，供跟上来的 3 号位队员进攻。

由 3 号位队员伴跑快球，2 号位队员在其身后扣梯次战术的半高球。

第三节 排球竞赛规则与裁判法简介

一、排球比赛规则简介

（一）发球规则

必须在发球区内将球抛起后，在球落地前用一只手或手臂的任何部位将球击出，发球队员不得踏及场区（包括端线和发球区以外地面），鸣哨后在 8 秒内将球发出；发出的球必须由过网区进入对方场区内。

（二）四次击球犯规

每队最多击球三次（拦网除外），将球从球网上成功击回到对方场区，超过规定次数的击球判为四次击球犯规。无论是主动击球或被动触球，均作为该队击球一次。

（三）持球和连击犯规

没有将球击出，使球产生停滞，为持球犯规。同一人连续击球为连击犯规，但拦网时的连续触球以及全队第一次击球时同一动作击球产生的球连续触及身体部位除外。

（四）过网击球犯规

在对方区场空间触击球为过网击球犯规，但在对方进攻性击球后拦网触球除外。

（五）过中线犯规

比赛进行中队员的一只（两只）脚或一只（两只）手完全越过中线触及对方场区是允许的，但身体的其他任何部位从网下穿越接触对方场区，为过中线犯规。

（六）触网犯规

比赛进行中，队员触及9米以内的球网和标志杆、标志带为触网犯规。但队员未试图进行击球轻微触网和被动触网除外。

（七）拦网犯规

（1）从标志杆外进行拦网并触球。

（2）当对方队员击球前或击球的同时，在对方场区空间拦网触球。

（3）后排队员或后排自由防守队员完成拦网或参加了完成拦网的集体，包括球触及前排队员。

（4）拦对方发球。

（5）拦网出界。

（八）进攻性击球犯规

（1）后排进攻犯规：后排队员在前场区内或踏及进攻线及其延长线，将整体高于球网上沿的球击入对方场区。

（2）过网击球犯规：在对方场区空间内击球。

（3）扣击发球犯规：在前场扣对方发来的、整体高于球网上沿的发球完成进攻性击球。

自由人进攻性击球犯规：队员在高于球网处对同队自由防守队员在前场区用上手传出的球完成进攻性击球，后排自由防守队员完成对高于球网上沿的球的进攻性击球，均为自由人进攻性击球犯规。

二、裁判法简介

排球比赛裁判由以下成员组成：第一裁判员、第二裁判员、记录员、司线员2名（或4名）。如果想成为一名合格的排球裁判员，只有正确地理解排球规则才能顺利地完成比赛中的执裁任务。排球裁判员主要通过手势和哨音进行临场工作。裁判员的手势和哨音关系到能否控制好比赛的节奏，并且使比赛紧张而有序地进行。因此，每个裁判员必须很好地掌握及运用手势和哨音。

裁判员的手势是规则的具体体现，也是规则精华的详细展示，包括第一裁判员、第二裁判员的手势和司线员的旗示。在执裁各种各样的比赛时一定要对规则中的概念非常清晰。一般情况下，队员的触网、位置错误、后排队员进攻违例、持球、连击、过中线和球出界、触障碍物等这些犯规比较常见。

下面通过比赛中裁判员的手势来解读排球比赛的规则。（图 9-3-1）

| 发　球 | 允许发球 | 发球延误 | 发球踩线 |

| 发球未过 | 界内球 | 界外球 | 持　球 |

| 连　击 | 四次击球 | 触　网 | 过网击球 |

| 后排违例 | 过中线 | 拦网犯规 | 触手出界 |

| 暂　停 | 换　人 | 比赛结束 | 交换场地 |

图 9-3-1

第十章

足球运动

第一节　足球运动概述

一、足球运动的起源与发展

足球运动是一项古老而富有魅力的体育运动，它的历史源远流长。根据历史记载，公元前我国足球称蹴鞠，又称踏鞠，是我国古代一种"足球"游戏，最早记载于《战国策·齐策》。在战国时，蹴鞠已成为重要的娱乐和练兵手段，两汉三国时期，在承袭先秦蹴鞠形式的基础上发展得较快。唐、宋、元、明、清不同朝代继承和发展了蹴鞠运动，它不仅是一种娱乐活动，而且也作为军事训练的一项内容。2004 年 7 月 15 日担任国际足联主席的布拉特宣布，中国是足球故乡，足球最早起源于山东淄博市，2005 年 5 月 21 日布拉特在国际足联总部向淄博临淄颁发了足球起源地认定证。

现代足球诞生在英国，1857 年英国谢菲尔德成立了世界第一个足球俱乐部——谢菲尔德俱乐部。1863 年 10 月 26 日英国足球协会的成立，是足球史上最重要的一次集会，标志着现代足球的正式形成，从此欧洲足球得到普及开展。1896 年第 1 届现代奥运会在希腊举行时，足球就被列为正式比赛项目。1928 年奥运会结束后，国际足联召开代表会，一致通过决议决定每四年举办一次世界足球锦标赛——雷米特杯，简称"世界杯"。这对世界足球运动的发展和提高起着积极推动作用。1930 年 7 月 18 日第一届世界杯在乌拉圭首都蒙得维的亚中央体育场开幕，开辟了世界足球新纪元。国际足联是国际足球联合会的简称，1904 年 5 月 21 日成立于巴黎。

20 世纪 50 年代至 60 年代初，我国的足球运动水平有了大幅度的提高，并在亚洲处于领先地位，与欧美强国有了一定的抗衡能力，但在 20 世纪 60 年代末以后，由于政治因素的影响，我国足球运动水平停滞不前。1976 年粉碎"四人帮"以后，国家体委重新召开了全国足球工作会议，恢复了全国甲乙级联赛制度和青少年联赛制度，使我国的足球运动水平快速回升。特别是 1994 年开始实行中国足球职业联赛，共有 23 支俱乐部球队参加甲 A、甲 B 的联赛，实行升降级制度，使我国的足球运动步入了职业化的道路，更好地与国际足球接轨。在职业化的推动下，2002 年的第 17 届世界杯，中国国家足球队首次打入了世界杯的决赛圈，冲出亚洲，走向了世界。

二、足球运动的锻炼价值

（一）有利于良好的心理素质和思想品德的形成

经常参加足球运动，可以培养人的意志力、自制力、责任感及勇敢顽强、机智果断、团结协作、密切合作等思想品德。

（二）有助于增强体质，增进健康

参加足球运动，可以增进人们的健康，提高身体素质，特别是能增强人的心血管系统、呼吸系统等内脏器官的功能。

（三）振奋民族精神，扩大国际交往

现代足球运动涉及和渗透到社会的很多领域，对振奋民族精神、弘扬民族文化和反映国家的综合实力具有深远影响。

（四）促进经济发展，创造社会财富

在市场经济极为活跃的今天，风靡世界的职业化足球同商业化是密不可分的。大力发展的足球产业不仅活跃了市场，增加了国家的财政税收，而且还促进了足球运动的发展，足球已经从过去的事业型向产业型转变。

第二节　足球基本技术与战术

一、足球的基本技术

足球的基本技术主要包括：踢球、停球、运球、头顶球、抢截球、假动作、守门员技术和掷界外球等技术。

（一）踢　球

1. 脚内侧踢球

用脚内侧部位（跖趾关节、舟骨和跟骨所构成的三角部位，即脚弓）踢球，其特点是脚与球接触面积大、出球平稳、准确，多用于短距离传球和射门。

（1）动作要领

踢定位球时，直线助跑，支撑脚踏在球的侧方15厘米左右处，膝关节微屈，两臂自然张开，在支撑脚着地的同时踢球腿以髋关节为轴由后向前摆动，在前摆过程中屈膝外转，踢球腿的内侧正对出球方向，小腿加速前摆，脚尖稍翘，脚掌与地面平行，用脚内侧部位踢球的后中部。向左（右）侧踢球时，支持脚踏在球的后方，用右（左）脚脚弓对准出球方向，提起大腿，带动小腿由右（左）向左（右）横摆，同时身体重心向出球的相反方向移动，用推送动作将球踢出。踢空中球时，大腿在踢球前先屈膝抬起并外转，小腿拖在后面，脚弓对准出球方向，以髋关节为轴，利用小腿摆动平敲球的后部。（图10-2-1）

图10-2-1

（2）练习方法

① 初学者先做踢球腿膝盖外转、前后摆动的模仿动作。

② 两人一组，距离10米左右，踢定位球。

③ 两人一组，行进间传接球。

④ 踢迎面传来的地滚球，近距离射门。

⑤ 抢球游戏：3人传2人抢、3人传1人抢、5人传2人抢，规定只准用脚内侧踢球，犯

规者出来抢球。

⑥脚内侧踢球射门练习。

（3）易犯错误

①脚弓和球接触面不正确，影响了击球的准确性。

②踢球脚离地过低，踢在球的底部，易成高球。

③动作过度紧张，发力不及时，特别是脚触球的一刹那，没有用力，只靠腿的摆动力量踢球。

2. 脚背正面踢球

用脚背的正面部位（楔骨和跖骨的末端）踢球，其特点是踢球腿摆幅大、摆速快、踢球力量大。多用于长距离传球和射门等。

（1）动作要领

踢定位球时，直线助跑，最后一步稍大并积极着地，支撑脚踩在球的侧方12～15厘米处，脚尖正对出球方向，膝关节微屈，两臂自然张开。踢球腿在支撑脚前跨和助跑的最后一步蹬离地面时，顺势向后摆起，膝弯曲，在支撑的同时以髋关节为轴，大腿带动小腿由后向前摆，当膝盖摆至接近球正上方的一刹那，小腿做爆发式的前摆，脚背绷直，脚趾扣紧，以脚背的正面踢球的后中部，踢球腿随球继续前摆。（图10-2-2）

图10-2-2

（2）练习方法

与脚内侧踢球的练习方法相同。

（3）易犯错误

①踢球腿膝盖不在球的正上方，脚跟没有提起而将球踢出。

②踢球时脚尖没有绷紧，踢球部位不正确，影响了踢球力量。

③摆动腿不是前后摆动，而是侧向摆动，容易把球踢偏或踢高。

3. 脚背内侧踢球

用脚背内侧部位几个楔骨、趾骨末端击球，其特点是踢球腿的摆幅大、摆速快、踢球的力量大。由于助跑方向、支撑脚选位灵活性较大，出球方向变化幅度较大，因此可踢出平直球、远距离弧线球等，也便于转体踢球。在比赛中多用于中长距离的传球和射门等。

（1）动作要领

踢定位球时，斜线助跑，助跑方向与出球方向成45°。支撑脚以脚掌外沿积极着地，踏在球的侧方 20~25 厘米处，屈膝，脚尖指向出球方向，身体稍向支撑脚一侧倾斜。在支撑脚着地的同时，踢球腿以髋关节为轴，由大腿带动由后向前摆，在身体转向出球方向，膝盖摆到接近支撑腿膝盖的内侧正上方的瞬间，小腿做爆发式的前摆，脚尖稍外转，脚面绷直，脚趾扣紧，脚尖指向斜下方，以脚背内侧部位击球的后中部（踢高球时，击球的中下部），踢球脚继续前摆。（图 10-2-3）

图 10-2-3

（2）练习方法

① 两人一组，相距 10~15 米对踢，要求踢球力量不要过大，着重体会踢球的部位。

② 两人一组，加大距离做长传球，要求传球准确。

③ 自己运球到罚球区附近射门，速度由慢到快。

④ 传球射门：一人做向前传球，踢球者快速上前踢球射门。

（3）易犯错误

① 踢球时上体后仰，易把球踢高。

② 脚尖外转太多，踢球部位不正确，易把球踢偏。

③ 踢球时，踝关节松弛，往往踢在脚尖或脚内侧上，击球无力。

4. 外脚背踢球

与正脚背踢球的动作基本相同，只是用脚背的外侧触球。在触球的一刹那，脚背要绷直，脚趾用力下扣，脚尖内转，踢球的后中部。（图 10-2-4）

图 10-2-4

（二）停　球

停球是指运动员有目的地用身体的合理部位把运行中的球停挡在所需要的控制范围内。

1. 脚内侧停球

脚接触球的面积大，易将球停稳，并且便于改变方向和结合下一个动作，多用来停地滚球、反弹球和空中球。

（1）停地滚球

支撑脚正对来球，膝关节微屈，停球腿屈膝外转并前迎，脚尖稍翘起，当脚与球接触前的一刹那开始后撤，在后撤过程中用脚内侧接触球，缓冲来球力量，把球控制在连接下一动作所需要的位置上。

（2）停反弹球

支撑脚踏在球的落点的侧前方，膝关节弯曲，上体稍向前倾并向停球方向微转，同时停球腿提起，踝关节放松，用脚内侧对准来球的反弹路线，当球落地反弹刚离地面时，用脚内侧推球的中上部。

（3）停空中球

停空中球的方法有两种：一种是根据来球的高度，将停球脚抬起前迎，脚内侧对准来球路线，在脚与球接触前的一刹那开始后撤。在后撤过程中用脚内侧触球，缓冲来球力量，把球控制在所需要的位置上。另一种是将脚提起稍高于选择的停球点，在脚与球接触的一刹那开始下切，在下切过程中用脚内侧切球的侧上部，将球停在地上。接空中球时，先提大腿，脚弓正对来球。触球时，小腿放松下撤。（图 10-2-5）

（4）练习方法

① 两人一组，互踢停球，力量由轻到重。

② 两人一组，一人踢地滚球，另一人跑上停球。

③ 两人一组，互踢停球，要求停球后快速传球。

（5）易犯错误

停球脚的肌肉太紧张，当球与脚弓接触时未做后撤动作，使球停不到脚下。

2. 脚底停球

脚底接触球面积大，易将球停稳。比赛中多用于停正面来的地滚球和反弹球。

（1）停地滚球

支撑脚站在球的侧后方，膝关节微屈。停球脚提起，膝关节自然弯曲，脚尖翘起高过脚跟（脚跟离地面稍低于球高），踝关节放松，用前脚掌触球的中上部。

（2）停反弹球

支撑脚踏在球落点的侧后方。球着地的一刹那，用前脚掌对准球的反弹路线，触球的后上部。（图 10-2-6）

图 10-2-5

图 10-2-6

（3）练习方法

两人一组，互抛互停。

（4）易犯错误

判断球的落点不准确，停球脚提起过高。

3. 脚背正面停球

正脚背停球这种接球方法适用于接空中下落的球。

（1）动作要领

身体正对来球，接球腿屈膝提起，以脚背对准来球。当球与脚接触的一刹那，小腿和脚踝放松下撤，以缓冲来球力量，使球落在身前。另一种接法是接球腿稍抬起，在球接近地面时，用正脚背触球，随球下撤落地。

（2）练习方法

① 自抛自停，体会要领。

② 两人一组，互抛互停。

（3）易犯错误

停球脚接触球时，下撤过早或过晚。

4. 胸部停球

胸部停球面积大、有弹性、位置高，适于停高球和平直球。胸部停球有挺胸停球和收胸停球两种方法。

（1）挺胸停球

挺胸停球一般用于停高于胸部的下落球。身体正对来球，两脚前后开立，重心落在两腿之间，两膝微屈，两臂自然张开，上体稍后仰，收下颌。球与胸部接触前的一刹那，脚跟提起，向上挺胸，使球弹起，然后落于体前。（图 10-2-7 ①）

（2）收胸停球

收胸停球一般用来停接近胸部高度的水平球。身体正对来球，两脚前后开立，两臂自然张开，挺胸迎球，球与胸部接触的一刹那迅速收胸、收腹，以缓冲来球力量，把球停在身前。（图 10-2-7 ②）

图 10-2-7

（3）练习方法

①两人一组，约距 10 米，互抛互停。

②两人一组，约距 10 米，加大来球速度，互抛互停。

（4）易犯错误

缩胸过早或过晚，不能缓冲来球力量，易将球弹出。

5. 大腿停球

（1）动作要领

停球时，大腿抬起迎球。与球接触的一刹那即随球下撤，使球落在体前（图 10-2-8）。也可用大腿上抬垫球，使球平稳弹下。如做转体接球时，以支撑腿为轴向左（右）转体，把球接到身体左侧或右侧。

图 10-2-8

（2）练习方法

①两人一组，约距 10 米，互抛互停。

②自抛自停。

（3）易犯错误

不能正对来球，不能缓冲来球力量（或缓冲过早），不能将球停在自己控制的范围内。

6. 腹部停球

身体正对来球，两脚平行站立。当球从地上弹起时，两臂张开，上体前倾，提气、收腹，缓冲来球力量以将球接在身前。

（三）运　球

运球是运动员在跑动中用脚连续推拨球，使球处于自己控制范围内的动作，是完成个人突破与战术配合必不可少的技术。运球的几种常见方式如图 10-2-9 所示。

脚内侧运球　　　脚外侧运球　　　脚背正面运球

图 10-2-9

1. 动作要领

跑动时身体自然放松，上体前倾，步幅可大可小。脚背外侧运球时，运球脚提起，脚尖稍内转，以脚背外侧推球前进。脚背内侧运球时，运球脚提起，脚尖稍向外摆，以脚背内侧推球前进。

2. 练习方法

（1）练习时要求步子小，步伐轻松自然，两臂自然摆动。

（2）在走步或慢跑中练习运球，由单脚到双脚，用脚背内、外侧运球。

（3）绕 6 根标枪（相距 2 米）曲线运球，要求由慢到快（定距测验时间）。

（4）直线运球或绕杆曲线运球，要求少看球，多巡视四周情况。

3. 易犯错误

（1）只是低头看球，而不随时观察场上情况，以致不能达到及时完成传球或射门的目的。

（2）运球时不是推拨球而是踢球，以致球离人过远而失去控制。

（四）头顶球

头顶球是运动员在比赛中为了争取时间和取得空中优势，用头部的前额部位击球的动作，常用来传球、抢截球和射门，是进攻和防守中不可缺少的重要技术之一。头顶球分为前额正面顶球和前额侧面顶球。这两个部位都可以做原地顶球、跑动中顶球、跳起顶球和鱼跃顶球等。

1. 原地前额正面顶球

身体正对来球，两脚前后开立，膝关节微屈，两臂自然张开，上体稍向后仰，眼睛注视来球。在球运行到身体垂直部位前的一刹那，后脚用力蹬地，身体重心由后脚移向前脚的同时，迅速向前摆体，颈部紧张，快速摆头，用前额正面顶球的后中部，接着上体随球继续前摆。

2. 原地前额侧面顶球

两脚前后开立，出球方向的同侧脚在前，两膝微屈，上体和头部稍向出球的相反方向侧屈，身体重心放在后脚上，两臂自然张开，两眼注视来球。球运行到出球方向同侧肩上方的一刹那，双脚用力蹬地，上体迅速向出球方向扭摆，同时颈部紧张地摆头，以前额侧面顶球的后

中部。（图 10-2-10）

3. 头顶球的练习方法

（1）徒手做头顶球模仿练习。

（2）自抛自顶，体会顶球部位。

（3）两人一组，相距 5 ~ 7 米，一人抛球，另一人原地将球顶成高、平、低球。

4. 易犯错误

（1）顶球时没有后仰，没有充分利用腰腹力量。

（2）没有摆头的动作。

（3）顶球时用眼看球或刻意低头。

图 10-2-10

（五）抢截球

抢截球是防守中的主动行动，是转守为攻的积极手段。抢截球包括抢球和截球两个内容。

1. 正面跨步抢球

面向对手两脚前后开立，两膝微屈，在对手运球脚触球后即将着地或刚着地时，支撑脚立即用力后蹬，抢球脚以脚内侧对着球跨出，膝关节弯曲，上体前倾，身体重心移至抢球脚上，另一脚立即前跨。如双方脚同时触球，则要顺势向上提拉，使球从对方脚背滚过，同时身体重心要迅速跟上，把球控制住。如离球稍远可用脚尖捅抢截。

2. 侧面冲撞抢截

当与对方平行跑动争球时，要降低身体重心，两臂紧贴身体，当对方近侧脚着地时，可用肩和上臂做合理冲撞动作，使对方失去平衡，从而截获球。侧面冲撞抢截用于抢截者和运球者平行跑动时抢截球。

3. 侧后铲球

防守人追到距运球人侧后 1 米左右时，可用脚掌或脚背外侧进行铲球。当运球人将球拨动时，先蹬腿，抢球腿跨出，以脚掌或脚掌外侧在地面滑行将球踢出，小腿、大腿、臀部、上体依次着地。侧后铲球适用于对手运球刚越过防守者时。

4. 抢截球的练习方法

（1）两人并肩走步中练习冲撞，慢跑和快跑中进行冲撞，体会合理冲撞的方法。

（2）一人在慢跑中运球，另一人练习侧面并肩冲撞抢球。

（3）一对一抢截，正面抢截后相互交换，以抢到球为准。

（4）一对一抢截，正面、侧面抢截，以触到球为准，相互交换练习。

（5）原地练习铲球，一人站在固定球的后面佯做停球，一人从侧后方跑上来练习铲球倒地动作。

（6）助跑练习铲球，一人带球前进，一人在带球人身后，待球推出时铲球。

5. 易犯错误

（1）抢球时犹豫不决，判断不准，盲目乱跑。

（2）抢球时支撑脚重心不稳，轻易移动，重心落在抢球脚上，容易被撞倒。

（六）假动作

假动作必须在接近对方、距离适当时进行，假动作慢，真动作快、突然，真假动作的衔接要快速、适当，做到真真假假，使对方防不胜防。

1. 踢球假动作

传球前可假做向左（右）方踢球，诱使对方向该方向堵截，待其重心移动后，再突然向右（左）方踢球或带球突破。

2. 接球假动作

接球前，如对方上步抢截，可假做向左（右）接球，诱使对方堵截左（右）侧，然后突然改为向右（左）接球。

3. 运球假动作

对方迎面抢截球时，可采用身体虚晃动作，使对方迷惑，从而越过对手。对手侧面抢截时，先快速带球前进，诱使对手追赶，这时带球人可突然降低速度或做假停球动作，使对手也放慢速度，然后再突然加速甩开对手，带球切进。

（七）守门员技术

守门员技术的高低、反应的快慢、竞争意识的强弱直接影响全队的士气和最后一道门户的牢固。守门员的有球技术可分为接球、扑接球、拳击球、托球、掷球和抛踢球。

1. 接　球

（1）接地滚球

接地滚球分直立接球和单膝跪立接球两种。直立接球时，两脚要自然并拢不留空隙，脚尖对准来球，上体前屈，两臂自然下垂，手指自然张开，手心向前，两手接球底部，接球后两臂同时弯曲，并互相靠拢，将球提至胸前紧抱。

单膝跪立接球时，两腿向侧前方开立，前腿弯曲，后腿跪立，膝关节接触地面，并靠近前脚跟，不留空隙，上体前倾，两臂下垂，掌心对准来球方向，两手接球底部，接球后将球抱至胸前。

（2）接高球

两手自然张开，拇指相对，食指与拇指成"桃形"，当手触球时，手腕和手指适当用力将球接住，同时屈肘、回缩并下引，顺势翻掌将球抱于胸前。要求判断球路与落点要准，跑动、起跳要及时，控制高度要快。

（3）接平球

接球前两臂屈肘置于胸前两侧，在球接触胸前的瞬间，两臂夹紧，收缩两手抱住球的侧上部，迅速置于胸前。

2. 扑接球

扑接球分为侧地、鱼跃扑接地滚球和平高球。这里主要介绍侧地扑接球。

侧地扑接低球时，先向来球跨一步，接着身体以一侧小腿、大腿臀部、上体和小臂依次着地，同时两臂向前伸出，同侧手掌对准来球，另一侧手在球的上方对准来球，触球后手指、手腕用力，屈肘把球收回胸前，然后起立。

3. 拳击球

拳击球可分为单拳击球和双拳击球。单拳击球时，屈肘、握拳于胸前，跳起快速冲拳，以拳面将球击出。双拳击球时，双臂屈肘握拳于胸前，两拳靠拢，当跳起到最高点时，双拳同时快速出击，以拳面将球击出。

4. 托 球

起跳后身体成背弓，单臂快速上伸，手掌前部和手指用力将球向后上托出。

5. 掷球和抛踢球

掷球有单手、低手和肩上掷球，抛踢球包括自抛踢下落球和踢反弹球。

（八）掷界外球

掷界外球时要充分发挥蹬地、腰腹和手腕力量，整个动作过程要连贯。

1. 原地掷界外球

手指自然张开，持球的后半部，两脚前后或左右站立，膝微屈，将球举在头后，上体后仰，掷球时两脚蹬地，收腹屈体，两臂快速前摆将球掷出。

2. 助跑掷界外球

助跑时将球持于胸前，在最后一步迈到的同时将球举至头后，蹬地、收腹、向前快速摆臂，并用扣腕力量将球掷出。

二、足球的基本战术

足球比赛攻守过程中采取的个人行动和集体配合，被称为足球的基本战术。足球战术可分为进攻战术和防守战术两大类。在进攻战术和防守战术中都包含着个人和集体的战术。

（一）比赛阵型

比赛阵型是指比赛场上队员基本位置排列，是本队攻守力量分配和分工的形式。选择阵型要以本队队员的特长、体能与技术水平为依据。

根据队员的职责和排列的层次可将队员分为后卫线、前卫线和前锋线。阵型的人数排列原则是从后卫数向前锋的，守门员不计算在内。

目前，世界上普遍采用的阵型有"4-3-3""4-4-2""4-1-2-3""3-5-2"等。在以上阵型中，除"4-4-2"阵型以防守为主、反击为辅外，其他阵型均以进攻为主，尤以"3-5-2"阵型更为突出。

（二）进攻战术

1. 个人进攻战术

个人进攻战术包括摆脱、跑位、运球过人等。这是在对方紧逼防守的情况下采取有效措施，摆脱自己的对手，跑到有利的位置，接应控制球的同伴巧妙的传球以达到进攻的目的。

2. 局部进攻战术

局部进攻战术指两人以上的战术配合行动。此战术可以丰富和完善全队的进攻战术，是实施全队战术的基础。一般常用的有：斜传直插二过一、直传斜插二过一、踢墙式二过一和三过二进攻配合等。

两人的局部配合是集体配合的基础。常用的两人配合有以下几种。

（1）斜传直插二过一，如图 10-2-11 所示，⑦ 横传给 ⑨，⑨ 斜线传球，⑦ 直线插入接球；⑥ 斜线传球给 ⑩ 的斜传直插。

（2）直传斜插二过一，如图 10-2-12 所示，⑦ 横传给 ⑨ 后立即斜线插上接 ⑨ 的直传；⑩ 运球过人后传给 ⑧ 再斜线插上接 ⑧ 的直传。

（3）反切二过一，如图 10-2-13 所示，⑦ 回撤接 ⑨ 的传球，如防守跟上紧逼时，⑦ 回传给 ⑨ 并转身切入，接 ⑨ 传至对手身后空当的球。

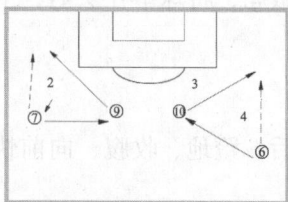 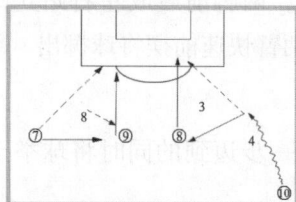 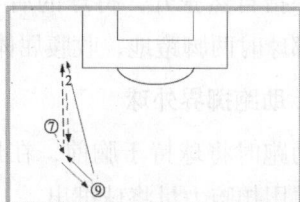

图 10-2-11   图 10-2-12   图 10-2-13

3. 集体进攻战术

（1）边路进攻

边路进攻主要通过边锋或交叉到边上的中锋或直接插上的前卫、边后卫，运用个人带球突破或传球配合，以达到突破对方防线传中（外围传中、下底传中、切底迂回传中），最后由中锋包抄射门的目的。

（2）中路进攻

中路进攻能直接威胁球门，但中间防守队员密集，不易突破。因此要通过中锋、内切的边锋或插上的前卫间的配合或个人运球过人等方法突破对方防线。

（3）转移进攻

当一侧进攻受阻，另一侧进攻有利时要及时快速转移进攻方向。此方法多是采用有效而准确的中长距离传球来实现的，以拉开对方的一边防守，达到声东击西的进攻目的。

（4）快速反击

在防御中积极拼抢，一旦得球，趁对方立足未稳时，快速传球，形成以多打少的局面，达到射门得分的目的。

（三）防守技术

1. 选位与盯人

选位与盯人是防守战术中重要的个人技术（图10-2-14）。选位时防守队员⑩一般应处于球门中心与对手之间的直线上。盯人时应采用"有球紧，无球松"和"远松近紧"的方法，即对有球的、接近球和球门的对手采用紧逼的战术，对无球的、远离球和球门的对手采用松动盯人的战术。

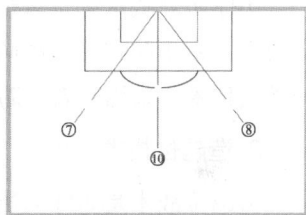

图 10-2-14

2. 保护与补位

保护是补位的前提，没有保护就不可能有效地补位，队员之间适当的斜线站位是保护的选位要求和后卫防守站位的基本原则。补位是防守队员之间的协同配合、相互帮助的一种方法。

补位有两种：一种是队员去补空当，如边后卫插上助攻时就由另一队员暂时补其位置，以防插上进攻失误后对方利用此空当进行反击；另一种是队员间的相互补位，即交换防守。相互补位一般应是临近的两个同伴之间的换位，这样出现漏洞的可能性较小。

（四）定位球战术

定位球战术分角球、球门球、任意球、点球、中圈开球、掷界外球等战术配合。

1. 角球进攻战术

角球进攻战术有两种：一种是直接将球踢至门前，由头球能力强的同伴争抢头球射门；另一种是短传配合，常在己方头球能力较差或碰到较大逆风时运用。

2. 球门球进攻战术

发球门球的原则是及时、快速、准确、有效地发起进攻。发球门球时守门员与后卫做一次配合，以改变球路的传球方法，也可踢远球给进攻的一线队员。

3. 任意球进攻战术

任意球分直接任意球和间接任意球两种：罚直接任意球可采用穿墙和弧线球直接踢入，或者采用过顶吊入传切配合；罚间接任意球时，传球次数要少，声东击西，运用假动作，传球要及时，以免越位。

4. 点球进攻战术

罚点球时要求主罚队员要沉着、机智，有高度的自信、熟练的假动作技术和过硬的脚法。

（五）防守战术

1. 个人防守战术

个人防守战术是局部和集体防守的基础，包括堵（迎面堵、贴身堵）、抢（迎面抢、侧面抢、侧后铲）、断等技术在防守中的运用。此外，选位与盯人也是重要的个人防守战术。

2. 集体防守战术

集体防守战术有全攻全守的全场防守、半场防守、紧逼防守和区域防守，也有盯人结合区域防守、密集防守等多种防守战术。不论采用哪种战术都要考虑到本队的特长，更要针对对方的进攻技术，采用有效的防守战术，破坏对方的进攻。

3. 造越位战术

造越位战术是防守队员主动制造对手越位的做法，以破坏对方的进攻节奏和攻势，是由守转攻的一种手段。

第三节　足球竞赛规则与裁判法简介

一、足球比赛规则简介

（一）比赛时间

正式的国际足球比赛分为上、下两个半场，每半场 45 分钟，中间休息 15 分钟。

（二）队员人数与换人

每队上场 11 名队员，其中包括一名守门员。如果一队的场上队员少于 7 人，则判该队弃权。一场比赛每队最多能换 3 名队员；场外和场上队员未经裁判员许可不能擅自进出场地。比赛时，守门员和其他队员的位置不能随意交换，如需要交换，须经过裁判员同意。

（三）比赛判罚

足球比赛的判罚分两种，一种是直接任意球的判罚，主要是针对恶意踢人、打人、绊倒对方的行为；另外用手拉扯、推搡对方，手触球也属于这一类；还有辱骂裁判员、辱骂他人也要判罚直接任意球，这种任意球可直接射门得分。如果这些行为发生在禁区内，就要判罚点球。还有一种是间接任意球的判罚，危险动作、阻挡、定位球的连踢就属于这一类。这种任意球不能直接射门得分，必须经第二个人触球后进球才算有效，禁区内这种犯规不能判罚点球。

无论直接任意球还是间接任意球，防守方都要退出 9.15 米线以外。如果不按要求退出 9.15 米，裁判员可出示黄牌。点球：在禁区内直接任意球的犯规要判罚点球。罚点球时，双方队员不能进入禁区。如防守方进入禁区，进球有效，不进则重罚；如进攻方进入禁区，进与不进球均无效，由对方罚任意球。在罚点球时，守门员可以在球门线上左右移动，但不可以向前移动。

（四）红、黄牌

足球裁判员在判罚时，根据犯规性质不同可出示两种不同颜色的牌。

（1）对于足球比赛中出现的一些严重犯规，裁判员要出示红、黄牌。如果是恶意的犯规或暴力行为要出示红牌。故意手球、辱骂他人或同一场比赛同一人得到两张黄牌时，也要被出示红牌。

（2）比赛中，有违反体育道德行为，用语言和行为表示不满的就要被出示黄牌。连续犯规、故意延误比赛、擅自进出场地的队员也要被出示黄牌。

（五）伤停补时

足球比赛有时根据场上情况在比赛时间上需要补时。有时是一两分钟，最长时可达五六分钟，时间长短的确定由主裁判员决定。造成补时的原因主要有：① 处理场上受伤者；② 故意拖延比赛；③ 场内外出现了意外事件。

（六）越　位

足球比赛构成越位要满足以下条件：在同伴传球时脚触球的瞬间，在对方半场内如果同伴的位置与对方最后一名后卫的位置相比更靠近对方底线，同时该队员处于球的前方，这时就判越位。需要说明的是与对方最后一名后卫处于平行时不判越位。

在 2004 年的欧锦赛上，国际足联对越位条款又有了新的解读——如果判越位，不是巡边员举旗就鸣哨，而是越位队员触球后再鸣哨。

（七）暂停比赛

正式足球比赛一般场上不能暂停，只有在极特殊的情况下，如队员受伤或发生意外纠纷才鸣哨暂停。恢复比赛一般是将球踢给哨声前的最后控球方。

现在足球比赛道德水准普遍很高，通常一方如看到场上有受伤队员，都会将球踢出界。恢复比赛时，对方也会将球踢回。

（八）进　球

足球比赛的进球是以球的整体越过球门线为准。有时在比赛中会看到球打到横梁后落地又弹回场内，裁判员可以根据自己的观察来确认球是否越过球门线，这种判决有时会引起很大争议。

（九）计胜方法

足球比赛的积分为胜一场积3分，平1场积1分，负1场积0分，最终以积分多少决定名次。如积分相等，则根据赛前规程确定的不同名次判定标准的规定来排定名次。

二、裁判法简介

（一）裁判员的职责

裁判员的职责为：① 执行规则；② 与助理裁判员和第四官员控制比赛；③ 审定比赛用球；④ 确保队员装备符合规定；⑤ 记录比赛时间和比赛成绩；⑥ 因违反规则或外界干扰，停止、推迟或终止比赛；⑦ 比赛停止后重新开始比赛。

（二）助理裁判员

助理裁判员是裁判员的助手，他们应依据规则协助裁判员控制比赛，其职责由裁判员决定，一般用旗势向裁判员示意。其主要职责为：① 用旗子确定某队掷界外球、发角球或球门球。② 看好越位；看清楚球的整体是否越过球门线；在自己的近端，在发任意球时，确保守方退出9.15米距离。③ 完成裁判员交给的其他任务，如发生在裁判员视野范围以外的行为，隐蔽性犯规或其他暴力事件等。④ 帮助第四官员换人，或出现伤员后的管理工作。⑤ 当裁判员因故不能工作时，由第一助理裁判员代替执行裁判工作。

（三）越　位

越位为队员较球和最后第二名对方队员更接近于对方球门线。位置是前提，触球瞬间是判断的时机，行为和效果是构成越位犯规的依据。

（四）关于越位与否的判罚

（1）队员因处于越位位置而暂时跑出球场，向裁判员表明他不参与比赛，是不犯规的。但是，如裁判员认为该队员出于战术目的，或出场后又随即进场参与比赛，应判为越位。

（2）守方队员故意退出场外造成攻方一队员越位，在这种情况下，该攻方队员接得球并射入门内，应判进球有效。而后，裁判员应警告该守方队员。

（3）攻方某队员处于与球平行的位置上，不属于处于越位位置。

（4）攻方某队员处在与对方倒数第二名队员平行的位置上，不属于处于越位位置。

第十一章

乒乓球运动

第一节　乒乓球运动简介

一、乒乓球运动的起源与发展

乒乓球运动的起源最为流行的说法是 19 世纪末起源于英国，由网球运动派生而来。据说，在 19 世纪末的一天，两个英国上流社会贵族青年看过温布尔顿网球赛后，到一家上等饭馆的单间去吃饭。先是用雪茄烟的木盒盖当扇子，继而讨论网球技战术，捡起香槟酒的软木酒瓶塞当球，以大餐桌当球台，中间拉一细绳为网，用烟盒盖当作球拍打球。侍者在一旁喝彩，闻声赶来的女店主见此情景，不禁脱口喊出 "table tennis"，这一声将乒乓球命名为 "桌上网球"。后来，乒乓球的球拍演变为柄长、两面贴有羊皮纸、中间是空洞的形式，用这种球拍打赛璐珞球时发出 "乒" 的声音、落台时发出 "乓" 的声音，由此，乒乓的名字诞生了。

中国乒乓球运动被世界公认为是中国的 "国球"。1952 年，在北京体育学院（现北京体育大学）举行了第一次全国比赛。赛后，国家乒乓球队开始集中训练。同年，中华全国体育总会乒乓球部加入了国际乒联，后改称为中国乒乓球协会。1959 年 4 月 5 日，在第 25 届世界乒乓球锦标赛中，容国团为我国夺取了第一个男子单打世界冠军。1961 年 4 月，中国乒乓球协会在北京承办了中国历史上第一个世界锦标赛——第 26 届世界乒乓球锦标赛。从第一个世界冠军至今，中国乒乓球队近 50 年来在世界三大赛中共为祖国夺取了 100 多个世界冠军，并且囊括了 4 次世锦赛、3 次奥运会的全部金牌，创造了世界体坛罕见的长盛不衰的历史。

二、乒乓球运动的锻炼价值

乒乓球运动的特点是球小、速度快、变化多、设备简易。另外，它不受年龄、性别、身体条件的限制，所以能广泛地开展。在我国，乒乓球运动开展得较好。它运动量适中，具有较强的娱乐性、竞争性，经常参加比赛还有利于促进人际间的交流与合作，可以有效地调节紧张的情绪，缓解工作、学习所带来的精神压力，是广大群众尤其是青少年喜爱的体育运动项目。经常参加乒乓球运动可以发展人的灵敏性和协调性，提高动作速度和上下肢的活动能力，改善心血管系统的机能，增强体质，还有助于培养勇敢顽强、机智果断、沉着冷静、敢于拼搏等优良品质。

第二节　乒乓球基本技术与战术

一、乒乓球基本技术

（一）握拍法

握拍法主要有直握拍和横握拍两种，两种握法均有各自的优缺点，应根据自身的特点来确定握拍的方法。

1. 直握法

拇指和食指的第一、二指关节弯曲，自然平均地钳住拍柄，拍柄贴住虎口，其他三指自然弯曲重叠，中指第一指关节顶在拍背面中间上的1/3处。（图11-2-1）

2. 横握法

中指、无名指、小指自然弯曲握住拍柄，虎口贴住拍肩，拇指略弯曲紧捏拍或斜伸向拍面，食指斜伸在拍的另一面。（图11-2-2）

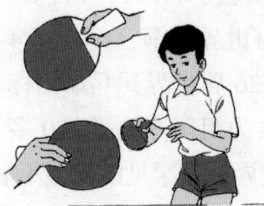 

图 11-2-1　　　　　　　图 11-2-2

（二）基本姿势（以右手为例）

两脚开立，比肩稍宽，左脚稍前，前脚掌内侧着地用力，两膝自然弯曲，重心在两前脚掌之间，含胸收腹，身体略前倾，执拍手手臂自然弯曲，放松置于身体右侧腹前。

（三）基本步法

步法是乒乓球技术环节的一个重要组成部分，是及时准确地运用与衔接各项技术动作的枢纽，也是执行各项战术的有力保证。具有良好的步法技术，就能够经常保持最佳的击球位置，使击球的速度、力量、旋转得到充分的发挥。乒乓球的基本步法主要有单步、跨步、跳步、并步、交叉步五种。

1. 单 步

一脚为轴，另一脚向前、后、左、右不同的方向移动，重心随之跟上。（图 11-2-3）

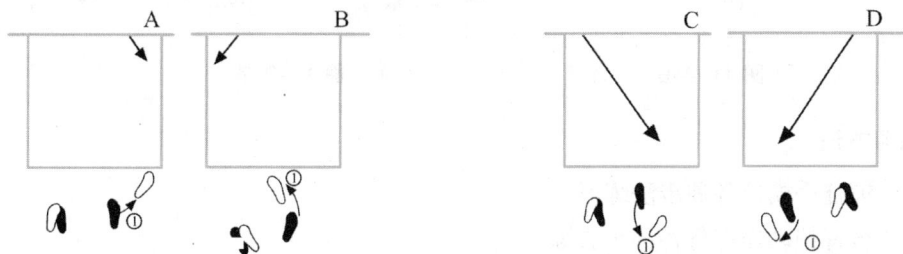

图 11-2-3

2. 跨 步

一脚蹬地，另一脚向移动方向跨一大步，为防止跨步后失去重心，应随后跟上半步或一小步。（图 11-2-4）

3. 跳 步

击球时以来球异侧方向的脚用力蹬地，两脚同时离地向左或向右移动，蹬地脚先落地，另一脚也跟着落地站稳，以取得合适的击球位置。（图 11-2-5）

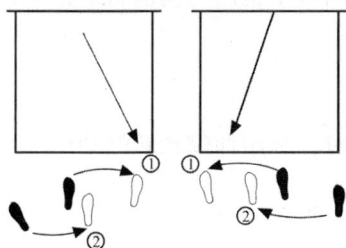

图 11-2-4

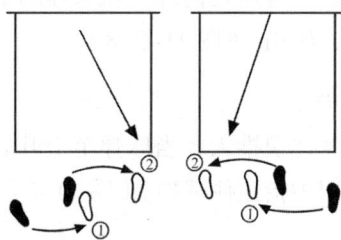

图 11-2-5

4. 并　步

一脚先向另一脚移（或叫并）半步或一小步，另一只脚在并步脚落地后向同方向移动。（图11-2-6）

5. 交叉步

击球时先以来球异方向的脚向来球方向移动，并超过另一脚，接着另一脚再向来球方向移动以取得合适的击球位置。一般在来球角度大的情况下采用这种步法。（图11-2-7）

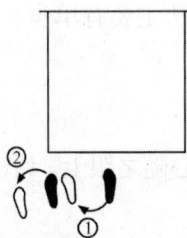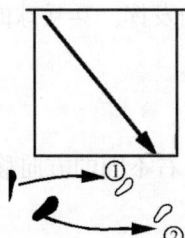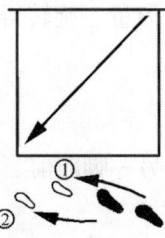

图11-2-6　　　　　　　　　　　　　　　图11-2-7

6. 练习方法

（1）台前徒手模仿各种步法练习。

（2）结合挥拍动作进行各种步法练习。

（3）结合身体素质练习，增强下肢起动速度和爆发力。

（四）推　挡

推挡球技术的特点是站位近、动作小、速度快、变化多，是我国直拍快攻打法的一项重要的基本技术。比赛中通过落点变化来牵制调动对手，争取主动，既能为进攻创造有利的时机，又能起到积极防御的作用，主要包括快推、加力推、减力挡、推挤、推下旋等。

1. 快　推

击球前，上臂靠近身体适当后撤引拍，拍形基本与台面垂直，球拍略高于来球或与球网同高，击球时，手臂迅速前迎，在来球的上升期触球，前臂手腕用力向前将球推出，触球的中上部，食指用力压拍。（图11-2-8）

2. 加力推

动作幅度比快推大，当球弹至上升后期或高点期时，利用伸髋和转腰动作加大手臂向前的推击力，并用中指顶住球拍。（图11-2-9）

图 11-2-8

图 11-2-9

3. 减力挡

击球前不用撤臂引拍，可稍屈前臂调整球拍的位置，当球弹起时，手臂前移迎球，触球瞬间控制好拍形，不要向前用力撞球，甚至还应该略有后缩的动作，借来球的力量将球反弹回去。（图 11-2-10）

图 11-2-10

4. 练习方法

（1）徒手做推挡模仿动作，体会动作要点。

（2）在台上两人互推斜线或直线，待熟练后逐渐增加力量和速度。

（3）一人攻球，另一人推挡，定点定线，两人轮换。

5. 易犯错误

（1）上臂和肘远离身体右侧，影响前臂发力。

（2）左脚过于靠前或右脚在前，难以运用腰髋之力。

（3）手臂不会后撤引拍，击球距离太短，不易控制球和发力。

（五）攻　球

攻球具有力量大、速度快等特点，是比赛中争取主动、克敌制胜的重要手段，各类打法都必须掌握攻球技术。攻球技术分为正手攻球和反手攻球，按通常的惯称又可分为快攻、快点、快拉、快拨、突击、杀高球、中远台攻球等技术。

1. 正手攻球

成基本姿势站立，击球前身体稍向右转，以腰带臂横摆（忌大臂后拉抬肘），引拍至身体右侧，重心落于右脚，身体和手臂的夹角约 35°～40°，肘关节自然弯曲约呈 120°；击球时向前上方挥拍迎球，触球瞬间，前臂用力收缩，触球的中上部，手腕辅助发力，身体重心由右脚移到左脚，球拍因惯性顺势挥至额前；球击出后，迅速还原，手臂放松，准备下一拍击球。（图 11-2-11、图 11-2-12）

图 11-2-11　直拍正手攻球

图 11-2-12　横拍正手攻球

2. 直拍反手攻球

两脚平行开立或右脚稍前，上体稍左转，前臂后摆，引拍至腹前左侧，击球时前臂向右前上方挥动，肘内收，食指控制好拍形，击球的中上部，手腕辅助发力。（图 11-2-13）

图 11-2-13　直拍反手攻球

3. 横拍反手攻球

两脚平行开立，腰、髋略向左转的同时，带动前臂向后引拍，手腕稍后屈，肘部略前伸，

击球时前臂手腕向前上方发力，触球的中上部，前臂和手掌背部的运行方向决定击球的方向。（图11-2-14）

图 11-2-14　横拍反手攻球

4. 练习方法

（1）原地徒手及持拍模仿动作，注意身体重心的交换和腰、臂协调一致的用力。

（2）结合步法，在移动中进行攻球模仿动作。

（3）一人发平击球，另一人练习攻球。打一板后再重新发球。

（4）多球练习。一人喂球，另一人练习攻球。

（5）两人一推一攻练习。要求固定落点和线路，先轻打，力求板数，随着技术质量的提高再增加力量。

（6）两人对攻斜线、直线。力量由轻到重，多打板数，体会触球时肌肉的感觉。

（7）一点对两点或多点的连续攻。要求陪练方用推挡推至对方两点或多点，练习者攻到对方的一点。

（8）结合性技术。如左推右攻，推挡侧身及推挡、侧身、扑正手等（开始应有规律性，到熟练后再到无规律性）。

5. 易犯错误

（1）引拍时，上臂直向后拉，出现牵肘，影响击球力量。

（2）手腕过分僵硬或上翘，影响手腕的灵活性。

（3）直拍反手发力时，肘部支出横拉，攻球侧旋；横拍反手攻时，手腕乱动，拍面角度不固定，影响命中率。

（六）搓　球

搓球是一项过渡性技术，用它对付下旋来球比较稳健，常为进攻创造条件，也是初学削球时必须掌握的入门技术。根据击球方位的不同可分为反手搓球和正手搓球。根据击球的时间、回球的落点和旋转又分为快搓、慢搓、摆短、劈长、转与不转及侧旋搓球。

1. 反手搓球

站位近台，击球时，拍面后仰，屈臂后引，前臂以向前用力为主，配合手腕动作，根据来球旋转的程度调节拍面角度和用力方向。来球下旋强,拍触球的底部,向前用力大些;来球下旋弱,拍触球的中下部,向下用力大些。(图11-2-15)

图11-2-15　横拍反手搓球

2. 正手搓球

击球前,身体稍向右转,向右上方引拍,击球时前臂和手腕向左前下方用力,将球搓出。(图11-2-16)

图11-2-16　直拍正手快搓

3. 练习方法

(1)徒手模仿动作,注意前臂、手腕的发力方法。

(2)自抛球在台上,弹起后,将球搓过网,反复体会前臂、手腕发力摩擦球的动作。

(3)搓接固定旋转、落点的发球。

(4)斜线或直线对搓,在熟练的基础上结合各种搓球。

(5)搓球和攻球结合练习。

4. 易犯错误

(1)前臂、手腕僵硬,不会摩擦,只是碰击球,易吃旋转。

(2)滥用手腕之力,造成臂、腕用力脱节。

(七)发　球

发球是乒乓球比赛中每一分的开始,是乒乓球技术中唯一不受对方制约和限制的技术,在规则允许的范围内,可以最大限度地施展自己的战术意图。发球的种类很多,根据旋转可分为转与不转和侧旋发球等。

1. 正手发下旋与不转球

持球手将球抛起后，持拍向后上方引拍，拍呈横状并略微前倾。

（1）发下旋时，手臂向前下方挥摆，用球拍下部靠左的位置摩擦球的中下部，触球瞬间手腕要有爆发力。

（2）发不转时，动作的轨迹与发下旋时一致，用球拍下部偏右的位置触球的中下部，触球瞬间用拍推球。

2. 反手发右侧上（下）旋球

站位在左半台，右脚稍前或平站，身体略向左偏斜，左手将球向上抛起，向左后方引拍，腰部略向左转动。

（1）发侧上旋时，右前臂从左后向右上方加速挥动，直拍手腕作前伸，横拍手腕作内收，腰部配合向右转，击球中部向右侧上方摩擦。

（2）发侧下旋时，动作方法大致与发侧上旋相同，区别在于：向左上方引拍，手臂向前下方挥摆，击球中下部向右侧下方摩擦，触球高度略高于网。

3. 练习方法

（1）徒手做抛球接着发球的模仿动作。

（2）两人一个发球，一个接发球，只进行发、接球练习，要求定点定线。

（3）结合规则的要求对发球进行练习。

（4）发球结合抢攻，提高发球抢攻的意识。

（八）接发球

首先要判断好来球的旋转性能、力量大小、速度快慢和落点远近，然后决定回击方法和还击技术。接平快球和上旋球时，可用推挡和攻球来回击；接下旋球时，应将球拉起，击球的中下部，也可用搓球、削球或提拉、弧圈球等技术还击；接侧旋球（包括侧上、侧下）时，可采用把球回击到对方球拍移动的相反方向，用推挡、攻球等方法还击。

（九）弧圈球

弧圈球是一种上旋力非常强的进攻技术，它与攻球相比，在对付强烈下旋球及低于网的来球时更加稳健，因此被广泛使用。

1. 正手弧圈球

左脚在前，右脚稍后，身体略向右扭转，腹微收，髋稍向右后方压转，左肩略高于右肩。击球时，右脚掌内侧蹬地，以腰髋的扭转带动手臂向左上方挥动；击球瞬间，快速收缩前臂，直拍的中指（横拍的食指）应加速，造成手腕在触球瞬间的甩动。

（1）加转弧圈球：手臂在腰的带动下向后下方引拍，球拍低于来球，在来球的下降期或高点期，摩擦球的中部或中上部，以向上发力为主，略带向前发力。（图11-2-17）

图 11-2-17　直拍正手加转弧圈球

（2）前冲弧圈球：重心稍高于拉加转弧圈，手臂自然向后引拍，球拍与来球同高或稍低于来球，在来球的上升后期或高点期，摩擦球的中上部或中部，以向前发力为主，略带向上发力。（图 11-2-18）

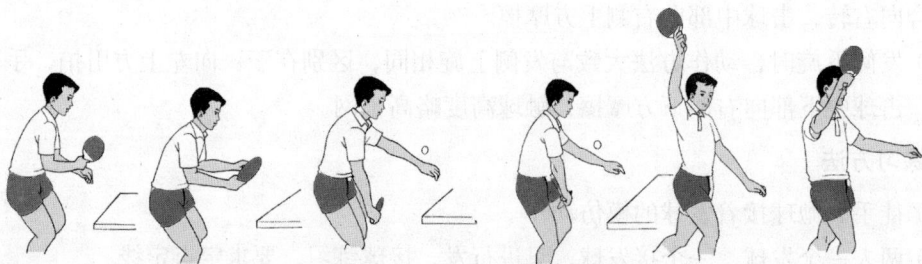

图 11-2-18　反手前冲弧圈球

2. 反手弧圈球

两脚基本上平行开立，腰、髋略向左转，稍收腹，肘关节略向前，出前臂向左后方画一小弧引拍，手腕下垂；击球时，两脚向上蹬伸，展腹，腰、髋略向右转，以肘关节为轴，前臂向上方发力，手腕配合用力，摩擦球的中上部。

3. 练习方法

（1）徒手做模仿动作，认真体会动作要领。

（2）自抛自拉练习。体会腰、臂的协调用力。

（3）一人发平击球或下旋球至某一点，一人练习拉。体会正确的击球点和触球瞬间的摩擦动作（可用多球进行）。

（4）一人推挡，一人拉。定点定线，要求开始时力量要轻，随着熟练程度的提高再增加力量和旋转。

（5）两点改三点对一点连续拉。要求拉者在左右移动中进行练习，范围由小到大，落点从有规律到无规律。

（6）对搓反手斜线，其中一方侧身抢拉或反手拉。

（7）一点搓两点，另一方搓中抢拉。

4. 易犯错误

（1）不会移动身体重心，只靠手臂发力，影响击球的力量和旋转。

（2）手臂伸得过直，球拍沉得过低，整个动作向上太多，缺少向前的力量。

（3）撞击球力量过大，摩擦力小，易吃下旋；引拍时向后拉手过多，球拍离身体太远，不易发力。

（十）削　球

削球是一种防御性技术，具有稳健性好、冒险性小的特点。通过旋转和落点的变化，调动对手，伺机反攻，使对手处于被动，甚至失误。

1. 正手削球

右脚稍后，身体略右转，双膝微屈，拍形近似垂直，引拍至肩高附近；在来球的下降期，前臂在上臂的带动下，随着身体重心的移动向下、向前、向左挥动，触球的中下部，手腕控制好拍形并有摩擦球的动作。（图 11-2-19）

图 11-2-19　横拍正手近台削球

2. 反手削球

左脚稍后，身体略左转，拍形竖立，引拍至肩高，前臂在上臂的带动下，随身体重心的移动向下、向前、向右挥动，在来球下降前期触球的中下部，手腕控制好拍形并有一定的摩擦球动作。

3. 练习方法

（1）徒手模仿，做好引拍、挥拍等动作。

（2）用正手或反手削对方发来的平击球。

（3）斜线对斜线或直线对直线。用正手或反手削对方拉过来的球。

（4）一点削多点，或多点削一点。从有规律到无规律。

（5）削球与攻球结合练习。

4. 易犯错误

（1）拍形过分后仰，易出高球或出界。

（2）引拍不到位，限制了前臂的下切动作。

（3）步法不到位，形成用手够球、难以控制球和加转。

二、乒乓球基本战术

（一）发球、接发球抢攻战术

1. 发球抢攻战术

发球抢攻是快攻型乒乓球运动员的重要战术之一。发球抢攻的战术意识首先是尽量争取发球直接得分；其次是迫使对方回球质量不高，从而赢得有利的进攻机会；第三才是迫使对方接发球不具备杀伤力，从而使自己进行抢攻。

运用发球抢攻时的注意事项如下。

（1）注意发球与抢攻的配合。发球时，应明确对方可能会怎样接球、接到什么位置、自己怎样抢攻等。

（2）注意提高发球的质量，将旋转、速度和落点的变化结合起来，同时要特别强调发球技术的创新，为抢攻创造更多的机会。

（3）注意发球抢攻与其他战术的配合。

（4）抢攻时要大胆果断，不论对方用何种技术接发球，自己都应该能抢攻，抢攻的技术好，可以增加发球的威力。因为对方在接发球时顾虑多，就容易出现失误。

（5）发球要与运动员本身的特点、特长配套，才能达到应有的效果。

2. 接发球战术

接发球战术是由某一单项攻（冲）球技术所形成的，进攻性强，可变接发球的被动地位为主动地位，也可直接得分，是乒乓球运动各种打法，特别是进攻型打法的主要战术。

常用的接发球战术主要有以下几种。

（1）用快拨、快推和拉球回击，争取形成对攻的相持局面。

（2）用快搓摆短回接，使对方难以发力抢攻或抢拉。

（3）对各种侧旋、上旋或不强烈的下旋短球，可用"快点"技术回接。

（4）接发球抢攻或抢拉。

以上四种接发球战术，在比赛中可视场上具体情况结合起来灵活运用。采用多种回接方法，给对方制造出各种困难，使其无法适应，从而破坏其发球抢攻或抢拉的战术意图。

接发球时的注意事项如下。

（1）接发球抢攻（抢冲）一般不可过凶，否则容易失误，要判断好来球的旋转强度、高度和旋转方向，采用适当的方法进攻。例如对方发侧上旋球，抢攻（抢冲）时应用推压手法，以免攻球下网，只有当来球稍高时，才可大力抢攻。再比如对方发加转下旋球，接发球抢攻时应采用提拉手法，以免下网，同时，攻球的力量不可过大。

（2）接发球抢攻（抢冲）动作结束后，要立即作好对攻（对冲）或连续攻（冲）的准备，以便保持主动地位。

（3）接发球抢攻、抢冲的力量越小，越应注意球的线路和落点，一般应多打在对方的薄弱面，反手弱则多打反手，反手强则多打正手。

（二）对攻战术

对攻是进攻型打法选手互相对垒时常采用的一项重要战术。快攻类打法主要是依靠正手攻球、反手攻球、反手推挡或快拨技术，要充分发挥快速多变的特点，以达到调动对方、有效攻击的目的。弧圈类打法主要是依靠正、反手两面弧圈球技术，充分发挥旋转的威力，以达到牵制对方、增加攻击效力的目的。常用的对攻战术有攻对方两角、对角线攻击、侧身攻、攻追身、轻与重的结合攻、攻防结合等。

（三）拉攻战术

拉攻战术是快攻打法对付削球类打法的主要战术之一。主要是以连续正手快拉来创造进攻机会，然后采用突击和扣杀的手段来得分。

（四）搓攻战术

搓攻战术是进攻型选手的一项辅助战术，主要是利用搓球的旋转和落点变化为进攻创造机会。

常用的搓攻战术如下。
（1）搓球落点变化，伺机进行突击。
（2）搓球转与不转相结合，变化落点伺机突击。
（3）搓拉与落点变化相结合，伺机突击。

（五）削攻结合战术

削攻结合的特点是：由削球和攻球结合而成，常以逼对方两个角加转削球为主，伺机反攻；或以转、低、稳、变的削球，迫使对方在走动中拉攻，使其回球质量不高，从中寻找机会反攻。这种战术有稳、逼、变、凶、攻的特点，是攻、削结合打法的主要战术。

（六）扣、拉、吊结合战术

扣、拉、吊结合战术的特点是：由拉攻战术与放短球相结合而成，是快攻型打法对付削球打法时常用的战术。

第三节 乒乓球竞赛规则与裁判法简介

一、乒乓球比赛规则简介

（一）发 球

（1）发球开始时，球自然地置于不持拍手的手掌上，手掌张开，保持静止。

（2）发球时，发球员须用手将球几乎垂直地向上抛起，不得使球旋转，并使球在离开不执拍手的手掌之后上升不少于16厘米，球下降到被击出前不能碰到任何物体。

（3）球从抛起的最高点下降时，发球员方可击球，使球首先触及本方台区，然后越过或绕过球网装置，再触及接发球员的台区。双打中，球应先后触及发球员和接发球员的右半区。

（4）从发球开始到球被击出，球要始终在台面以上和发球员的端线以外，而且不能被发球员或其双打同伴的身体或衣服的任何部分挡住。

（5）在运动员发球时，球与球拍接触的一瞬间，球与网柱连线所形成的虚拟三角形之内和一定高度的上方不能有任何遮挡物，并且其中一名裁判员要能看清运动员的击球点。

（二）击 球

对方发球或还击后，本方运动员必须击球，使球直接越过或绕过球网装置，或触及球网装置后再触及对方台区。

（三）失 分

未能合法发球。未能合法还击。击球后，该球没有触及对方台区而越过对方端线。阻挡。连击。用不符合规则条款的拍面击球。运动员或运动员穿戴的任何物件使球台移动。运动员或运动员穿戴的任何物件触及球网装置。不执拍手触及比赛台面。双打运动员击球次序错误。执行轮换发球法时，发球一方被接发球一方或其双打同伴，包括接发球一击，完成了13次合法还击。

（四）一局比赛

在一局比赛中，先得11分的一方为胜方；10平后，先多得2分的一方为胜方。

（五）一场比赛

单打的淘汰赛采用七局四胜制，双打淘汰赛和团体赛采用五局三胜制。

（六）次序和方位

（1）在获得 2 分后，接发球方变为发球方，依此类推，直到该局比赛结束，或直至双方比分为 10 平，或采用轮换发球法时，发球和接发球次序不变，但每人只轮发 1 分球。

（2）在双打中，每次换发球时，前面的接发球员应成为发球员，前面的发球员的同伴应成为接发球员。

（3）在一局比赛中首先发球的一方，在该场比赛的下一局中应首先接发球，在双打比赛的决胜局中，当一方先得 5 分后，接发球一方必须交换接发球次序。

（4）一局中，在某一方位比赛的一方，在该场比赛的下一局应换到另一方位。在决胜局中，一方先得 5 分时，双方应交换方位。

（七）间　歇

在局与局之间，有不超过 1 分钟的休息。在一场比赛中，双方各有一次不超过 1 分钟的暂停。每局比赛中，每得 6 分球后，或决胜局交换方位时，有短暂的时间擦汗。

二、裁判方法

（一）赛前裁判

（1）抽签选择发球、接发球和方位。裁判员用抽签器进行抽签。一般比赛中也可以用"猜球"方法来代替。中签者可选择发球或接发球以及方位。

（2）抽签后要将抽签结果填入记分表上。

（3）组织运动员挑选比赛用球。

（4）检查运动员的服装和号码。

（5）检查运动员的球拍。

（6）带运动员入场，练球 2 分钟。

（二）赛中裁判

1. 比赛开始

裁判员宣布"停止练球"后，将球收回，向双方运动员宣布"比赛开始"。先示意接发球方"准备"，然后将球从台面滚向发球方，待裁判员落座后，向发球运动员报"发球"，紧接着报比分。

2. 判定胜负

在比赛中裁判员的工作是判定比赛的胜负。

（1）在单打比赛中有采用七局四胜制，也有采用五局三胜制。每局比赛结束后要交换方位。七局四胜制中任何一方胜四局为胜方，五局三胜制中任何一方胜三局为胜方。七局四胜中的第七局和五局三胜中的第五局为决胜局，决胜局打到5分时，要交换方位。

（2）每一局比赛中，先得11分者为胜局方。每发两个球便要交换发球权。打成10平后以一方先得2分为胜，此时每发一个球就交换发球权。

（3）判断1分的胜负，要严格依照规则中的规定进行。

（4）意外情况。在比赛中球被打破、球拍断裂或其他事前无法预料的情况，叫意外情况。出现意外情况时，裁判员应立即停止比赛。若球处于比赛状态时判重发球，若球脱离比赛状态则按正常次序由该发下一个球的运动员发球。

（5）裁判员中断比赛。当比赛中出现必须中断比赛才能处理的问题时，如纠正方位错误和发球错误等，裁判员应立即停止比赛。问题解决之后，重新开始比赛时，确定下一个发球员（除处理发球权问题外）。

（6）裁判员报分，有以下8种情况。

① 当球刚脱离比赛状态，在一个回合结束时，裁判员应立即报分。

② 报分时，裁判员应先报下一个回合即将发球一方的得分数，然后报对方的得分数。

③ 当得1分时，裁判员将靠近得分方一侧的手握拳举向齐肩高。

④ 一局结束时，裁判员应举胜方运动员一侧的拳，报胜方的得分数，再报负方的得分数。

⑤ 一场比赛结束时，裁判员宣布比赛结束，然后举胜方运动员一侧的拳，接着报胜方的得胜局数，然后报负方的得分局数。

⑥ 关于重发球。由于决胜局交换方位，或其他原因造成不能连续报分时，在重发球时应报"重发球"或重报比分。

⑦ 如果运动员的发球动作不合规则要求而比赛仍在进行时，裁判必须报"犯规"，并判对方得分。

⑧ 发球员在双方未准确得知比分前，不要发球，否则要给以警告。

（7）休息和场外指导。各局之间运动员的休息时间不超过2分钟。在每6分球或决胜局交换方位时才允许擦汗。在休息时间和批准暂停时间内，可以接受场外指导，其他时间内不允许接受场外指导。

（8）团体赛参赛运动员可以接受场外任何人的指导；单项比赛时，运动员只能接受一个人的场外指导，而且这个场外指导者赛前必须向该场裁判员申明。

（三）赛后工作

（1）检查记分表，请双方运动员签字，裁判员签字。

（2）组织运动员退场。

（3）将记分表送交记录组。

第十二章

羽毛球运动

第一节　羽毛球运动概述

一、羽毛球运动的起源与发展

羽毛球运动的雏形出现在19世纪中叶。当时印度有一种类似羽毛球的游戏开展得十分普遍。它用圆形硬纸板或以绒线编织成球形插上羽毛，练习者手持木拍，将球在空中轮流击出。这项活动在英国驻印度军队里开展得尤为活跃。现代羽毛球运动起源于1873年。1873年在英国伯明顿镇，有一位鲍费特公爵在他的庄园里组织了一次游艺活动，由于天公不作美，户外活动只能改在室内进行。应邀来宾中有好几位是英国驻印度的退役军人，他们建议进行"浦那"游戏。当时室内场地呈葫芦状，他们在场地中间拉了一根绳子代替球网，每局比赛只能有两人参加，有一定的分数限制，大家打得非常热闹。于是，羽毛球作为一种高雅的娱乐性活动迅速传遍英国。为了纪念此项运动的诞生地，伯明顿骄傲地成为羽毛球的英文名字而流传于世。

1875年，世界上第一部羽毛球比赛规则出现于印度的浦那。1893年，世界上最早的羽毛球协会——英国羽毛球协会成立，并于1899年举办了全英羽毛球锦标赛。1934年，加拿大、丹麦、英国、法国、爱尔兰、荷兰、新西兰、苏格兰和威尔士等国家和地区发起了国际羽毛球联合会，总部设在伦敦。从此，羽毛球国际比赛日渐增多。1978年2月，世界羽毛球联合会于香港成立。1981年5月，国际羽毛球联合会和世界羽毛球联合会正式合并。目前，国际羽联已拥有一百多个会员国。

二、羽毛球运动的锻炼价值

羽毛球运动是一项为广大群众喜爱的体育运动项目，它具有球小、速度快、变化多，运动器材设备比较简单，在室内外都可以进行等特点。羽毛球运动量可大可小，不同年龄、性别和身体条件的人都可以参加。因此，这项运动易于开展和普及。经常参加羽毛球运动不仅可以发展人的灵敏性和协调性，提高动作的速度和上下肢活动的能力，改善心血管系统机能，而且有助于培养人的勇敢顽强、机智果断等品质。

第二节　羽毛球基本技术与战术

一、羽毛球基本技术

（一）握拍法

1. 正手握拍法

握拍之前，先用左手拿住球拍，使拍面与地面垂直；再张开右手，使手掌下部靠在球拍的握柄底托部位，虎口对着球拍框；小指、无名指、中指自然并拢，食指与中指稍稍分开，自然弯曲并贴在拍柄上。（图12-2-1）

（1）正手搓球握拍法：在正手握拍的基础上，拇指、食指、中指和无名指稍松开，使拍柄离开掌心；拇指斜贴在拍柄内的上小棱边上，食指稍向前伸，使第二指节斜贴在拍柄外的宽面上。（图12-2-2）

（2）正手勾对角握拍法：在正手握拍的基础上，拍柄稍向外转，拇指斜贴在拍柄内的宽面上，食指第二指关节和其他三指的指根贴在拍柄外的宽面上，拍柄不贴掌心。（图12-2-3）

图12-2-1　　　　　图12-2-2　　　　　图12-2-3

2. 反手握拍法

反手握拍法是在正手握拍法的基础上把球拍框往外转（即往左方向转），拇指前内侧部位贴在拍柄的窄面部位上，食指往中指、无名指、小指并拢。通常反手握拍的时候，手心与拍柄之间要有一定的空隙，这种握拍法有利于手腕力量和手指力量的灵活运用。（图12-2-4）

（1）反手搓球握拍法：在正手握拍的基础上，拇指、食指、中指和无名指稍松开，拍柄离开掌心的同时使球拍向内转，拇指贴在拍柄内的上小棱边上，食指第三指关节贴在拍柄外的下小棱边上。（图12-2-5）

（2）反手勾对角握拍法：在正手握拍的基础上，拇指、食指、中指和无名指稍松开，拍柄离开掌心，同时将拍柄向内转动，拇指第二指关节的内侧贴在拍柄的上小棱边上，食指第二指关节贴在拍柄的下中宽面上，其余三指自然抓在下中宽面和拍柄内的宽面上。（图12-2-6）

图 12-2-4　　　　图 12-2-5　　　　　　图 12-2-6

对于握拍来说，并没有严格的限制，无论哪种握法，最终目的都是使自己的手腕能更加灵活地转动，手指能最大限度地发挥力量。但是握法不能限制或影响手腕的活动，不能影响手指的发力，否则，握法就是错误的，要尽快改正。

（二）步　法

1. 场上步法的基本环节和基本步法

（1）起动：对来球一有反应判断，即从准备接球姿势转为向击球位置出发，称为起动。一场比赛要起动几百次（基本上是每回击一拍起动一次）。要做到起动快，必须反应敏捷、判断准确和起动的准备姿势正确。准备姿势可分为两种，一种是接发球姿势（必须按规则要求原地站立），左脚在前，右脚在后，侧身对网，重心在左脚，右脚跟离地，双膝微屈，收腹含胸，放松提拍，

图 12-2-7　　　　　图 12-2-8

屈肘举在胸前，两眼注视对方发球动作（图12-2-7）；另一种是双方双打过程中的准备姿势，应该是右脚在前，左脚在后，前脚掌着地，脚跟提起，膝关节微屈，上体稍前倾，重心落在两脚之间，持拍于腹前，整个姿势要协调放松，保持一触即发的起动姿态。（图12-2-8）

（2）移动：主要指从中心位置起动后到击球位置的移动方法。移动的基本步法有垫步、交叉步、小碎步、并步、蹬转步、蹬跨步和腾跳步等，运用这些方法，构成了从中心位置到场区

不同位置击球的组合步法——后退步法、两侧移动步法和上网步法。自中心位置到击球点的步数，一般用一步、两步或三步，这必须根据当时球离身体的远近来决定。影响移动速度的因素有步数的多少、步频的快慢和步幅的大小。

2. 到位配合击球

移动本身是有目的的，它是为击球服务的，所谓"步法到位"，即指根据不同的击球方式，运动员站到最适合这种击球的最有利的位置上，如果没有占据最理想的位置，最后（击球前）还需要作小步调整，使击球动作能协调地发力。

3. 回动（回中心位置）

击球后，应尽力保持（或尽快恢复）身体平衡，并立即向中心位置移动，以便在中心位置上做好迎击下一个来球的准备，称为回动。初学者往往缺乏"回中心"的意识，哪里打完球就停在哪里，这是必须改正的。当然，运动员随着比赛经验的积累，逐渐体会到并非千篇一律地每击一次球都必须回中心，而应根据比赛当时的实际情况，根据双方技战术的特点，选择最合理回击对方来球的回动路线和回动位置。

4. 上网移动步法

从中心位置移动到网前击球的步法，称为上网步法。上网步法可根据各人习惯采用交叉步、并步、垫步或蹬跨步。

（1）右边上网的步法：可采用两步或三步交叉步加蹬跨步移动的方法；也可采用垫一步再跨一大步移动的方法上网。

（2）左边上网的步法：同右边上网，只是移动方向是朝左边网前的。

5. 两侧移动步法（接杀球）

从中心向左右两侧移动到击球点上击球的步法，称为两侧移动步法。它一般用于中场接高球、起跳突击等。

（1）向右侧移动步法：离中心较近时用蹬跨一大步到位击球，如离中心较远，则垫一小步后右脚再跨一大步。

（2）向左侧移动步法：与向右侧移动步法相同，方向相反。

（3）起跳腾空步法：为了争取时间进行高点击球，而用单脚或双脚起跳，居高临下，凌空一击的方法叫起跳腾空击球，主要采用并步加蹬跳步，这种步法在两侧突击进攻时使用较多。

6. 后退移动步法

从中心移动到后场各个击球点的位置上击球的步法，称为后退步法。

（1）正手后退（右场区）步法：一般采用侧身后退步法，有利于到侧后挥拍击球，多采用并步加跳步。

（2）头顶击球（左场区）步法：一般采用侧身后退步法，移动方向是向左后场，采用后交叉加跳步步法。

7. 前后场连贯移动步法

连贯移动是指两个或两个以上的击球动作之间的移动是连贯的。原因一般有两种：一是战术目的明确或预测判断有十分把握的情况下步法移动迅速；另一种是双方互相还击的球速都比较快，如接杀抽、放网、勾、推等类型的技术，运动员跑起来步法之间衔接很快，也被认为是连贯的。其实无论什么情况，两个技术动作之间的步法必然会稍有停顿的现象，只要运动员节奏掌握得好，就不为人所注意了。

（三）接、发球技术

发球技术可分为正手发球技术和反手发球技术。一般来说，发平球、平高球、高远球和网前球均可采用正手发球法，基本的技术有：发高远球、发平高球、发网前球和发平球。

1. 发高远球

高远球就是把球发得又高又远，使球向对方后场上方飞去，球的飞行路线与地面形成的角度要大于45°，使球在对方场区底线附近垂直下落。（图 12-2-9）

图 12-2-9

2. 正手发平高球

发球时，姿势、动作和发正手高远球一样，只是发力方向和击球点不同。发平高球时球运行的抛物线不大，使球迅速地越过对方场区上空而落到底线附近，球在空中的路线和地面形成的仰角是45°左右。

3. 正手发网前球

正手发网前球就是把球发到对方发球区内的前发球线附近。球拍触球时，拍面从右向左斜切击球，使球刚好越网而过，落在对方前发球线附近。（图 12-2-10）

图 12-2-10

4. 反手发网前球

反手发网前球就是运用反手发球技术把球发至对方发球区内前发球线附近。击球时球拍由后向前推送击球，使球运行弧线的最高点略高于网顶，球拍触球时，拍面呈切削式击球，使球落到对方场区的前发球线附近。

5. 反手发平球

反手发平球与发正手球的球路、角度、落点一样。发球时，球拍的挥动方向与反手发网前球一样，只是在击球的一刹那，手腕有弹性的击球，拍面与地面的角度接近垂直，将球击到双打后发球线以内的区域。

6. 接发球的站位和姿势

单打站位一般是站在离发球线 1.5 米处，右发球区靠近中线的位置，在左球区则站在中间的位置。这样站主要是防备对方直接进攻反手部位，一般左脚在前，右脚在后，双腿微屈，收腹含胸，身体重心放在前脚上，后脚脚跟稍抬起，身体半侧向球网，球拍举在身前，双眼注视对方。（图 12-2-11）

图 12-2-11

由于双打发球区比单打发球区短 0.76 米，发高远球易被对方扣杀，所以双打发球多以发网前球为主，接发球时要站在靠近前发球线的地方。双打接发球准备姿势和单打姿势基本相同，只是身体前倾较大，接发球时身体重心可前可后，球拍要举得高些，在球飞行到网上最高点时击球，争取主动。但要注意对方在右场区发平快球突袭反手部位。

7. 接发各种来球

对方发高远球或平高球时，可用平高球、吊球或杀球还击。一般来说，接发高远球是一次进攻的良好机会，还击得好，就掌握了主动。一些初学者常因后场技术没掌握好，还击球的质量较差，以致遭到对方的攻击（图 12-2-12）：实线为对方发来的高远球，"1"为还击高球；"2"为还击吊球；"3"为还击杀球。

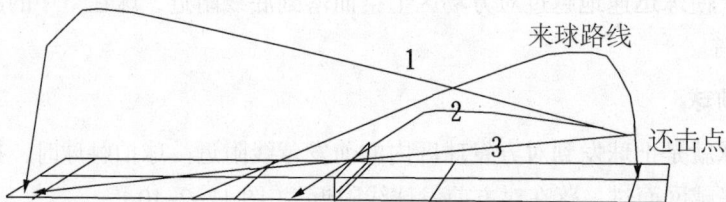

图 12-2-12

对方发来网前球时，可用平高球、高远球、放网前球、平推还击；如对方发球质量不好，也可用扑球还击。要洞察对方发网前球的意图，如果是要发球抢攻，而自己的防守能力又不强，那么，就放网前球或平推球还击，落点要远离对方的站位，控制住球，不让对方进攻；当对方连续发球抢攻时，接发球一定要冷静、沉着，若疏忽麻痹，回球质量稍差，就可能让对方抢攻得手（图 12-2-13）；对方发来平快球时，可用平推球、平高球还击，以快制快。由于接球方还击的击球点比发球方高，下压的狠些可以夺取主动，其次亦可以高远球还击，以逸待劳，但不能仓促还击网前球，因为击球质量稍差，就有可能遭受对方的进攻。

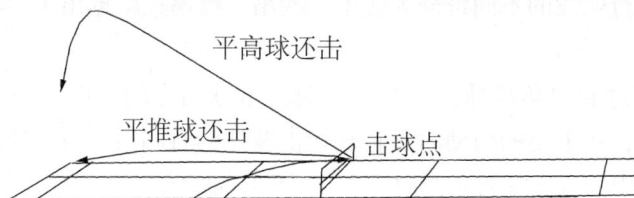

图 12-2-13

（四）击球技术（后场技术）

1. 正手击直线高球和对角线高球

起跳后手腕控制球拍，对准来球路线，快速挥拍击打球的后部，球即沿着直线飞行；若手腕控制拍面击球托的右下方，球则沿着对角线方向飞行。击球后，手臂随惯性自然回收至胸前。（图 12-2-14）

图 12-2-14

2. 反手击高远球

如果对方的来球飞向左后场区，要迅速把身体转向后方，移动到合适的击球位置，背对球网，反手握拍，沿半弧形击球，把球击向后上方。（图 12-2-15）

图 12-2-15

3. 吊 球

如果对方击来高球，可以从后场轻击、轻切、轻劈到对方近网附近的球叫吊球。吊球根据其动作方法，球的飞行弧线的不同可分为轻吊、拦吊、劈吊；根据出手的位置和球落下的位置又可作以下划分。

（1）正手吊直线球和对角线球：吊直线球时，击球用力的方向是朝前下方，但在击球瞬间，小臂要突然减速，用手腕的闪动向下轻轻切击球托的右侧后下方，使球越网后即下落；吊对角线球时，击球用力的方向是对角线斜下方。（图12-2-16）

图 12-2-16

（2）反手吊直线球和反手吊对角线球：反手吊直线球和反手吊对角线球的击球前动作同反手击高球动作类似，不同的是小臂要上摆，用拇指内侧顶住拍柄，手腕向后"甩腕"，轻击球托的后下部位，使球的飞行方向朝着直线和对角线方向落到对方的网前。（图12-2-17）

图 12-2-17

4. 扣杀球

（1）头顶扣杀球：头顶扣杀直线球的准备姿势与头顶击高球类似，不同之处在于挥拍击球时，头顶扣杀直线球要靠腰腹带动大臂，协调小臂、手腕的力量形成鞭击动作，全力往下方击球，拍面与水平面的夹角小于90°；头顶扣杀对角线的动作方法基本同上，只是击球时要全力向对角线方向击球。（图12-2-18）

图 12-2-18

（2）反手扣杀球：反手扣杀球的准备动作与反手击高球相同，不同之处是击球前的挥拍用力要大，跳起后身体反弓加上手臂、手腕的延伸、外展的鞭打用力，可向对方的直角或对角线的下方用力，击球瞬间球拍与扣杀球方向的水平夹角应小于90°。

（五）击球技术（前场技术）

前场技术包括网前的放、搓、推、勾、扑、挑球等，其中搓、推、勾、扑属进攻技术，要求击球前期动作有一致性，击球刹那间产生突变。前场击球技术要求握拍要活，动作要细腻，手腕、手指要灵巧，以控制好球的落点。

前场击球的威胁较大，因球飞行距离较短，落地快，常使对手措手不及而直接得分，即使不能直接得分，也能迫使对方被动回球，创造下一拍的机会。若网前进攻和中后场进攻能紧密结合起来，则能发挥前后场的连续进攻，掌握主动权。

1.放网前球

（1）正手放网前球：当对方将球击至自己正手网前时，以正手握拍，用球拍轻轻切、托，将球向上弹起，恰好一过网就朝下坠落。其一般的动作是：侧身向球的方向移动，上身稍前倾，右手握拍于体前；步法移动的最后一步是右脚向着来球方向，跨大弓箭步，身体重心要提高，前臂伸向来球，要往前上方举，稍上仰，斜对网，争取高点击球，握拍放松，稍收腕，向球托斜侧提击或搓切，击球过程

图 12-2-19

中左手要向后平举以协调动作。挥拍的力量、速度和拍面角度的大小，主要取决于来球离网的远近和速度的快慢，来球离网远，速度快，则放球时的力量要大些，反之则力量要小些。放网后，身体还原或准备姿势。（图 12-2-19）

（2）反手放网前球：击球前的动作要领同正手放网前球的动作，只是方向相反。反手握拍，反面迎球。击球时，主要靠小臂的前伸、外旋和手腕由内收至外展的合力，轻托底部把球送过网。击球后，整个动作还原成下次击球的准备姿势。

2. 网前搓球

（1）正手网前搓球：击球前，小臂稍外旋，手腕由后伸至稍内收闪动，击球时在正手放网前球动作的基础上，加快挥拍速度，搓切来球的右下部，使球旋转滚过网。（图12-2-20）

图 12-2-20

（2）反手网前搓球：击球前，小臂前伸外旋，手腕由内收至外展状，搓击球的右侧后底部，使球侧旋滚动过网；另外还可以小臂稍伸直，手腕由外展至内收，带动球拍向前切送，击球托的后底部，使球下旋滚动过网。

3. 网前推球

（1）推直线：站在网前，当球飞过来时，球拍向右侧前上举，在肘关节微屈回收时，小臂稍外旋，手腕稍后伸，球拍也随着往右稍下后摆，拍面正对来球，小指和无名指稍松开，使拍柄稍离开手掌鱼际肌，拇指和食指稍向外捻动拍柄，拍面更为后仰。（图12-2-21）

图 12-2-21

（2）正手推对角线球：准备姿势和击球前动作与推直线相同，但是击球时击球点在右肩前，要推击球托的右侧后部，使球沿对角线方向飞去，手腕要控制拍面角度，闪腕时手臂不要完全伸直。

（3）反手推直线球：在网前较高的击球点上，反手握拍，用推击的方法向对方底线击出弧度较平、速度较快的球。其击球动作是：用反手握拍法，前臂伸时稍外旋，手腕由外展至伸直闪腕，中指、无名指和小指突然握紧拍柄，拇指顶压球拍，往前挥拍，推击球托的左侧面。

（4）反手推对角线：反手推对角线的击球动作基本上与推直线相同，区别点是在击球一刹那要急速向右前方挥拍，推击球的左侧后部，使球沿对角线方向飞行。（图12-2-22）

图 12-2-22

4. 网前勾球

（1）正手网前勾对角线球：勾球一般采用并步加蹬跨步上网的步法。在步法移动的同时，球拍随着前臂往右前上方举起；前臂前伸的同时，稍有外旋，手腕微后伸，这时的握拍稍有变化，即将拍柄稍向外捻动，使拇指贴在拍柄的宽面上，食指的第二指节贴在与其相对的另一个宽面上，拍柄不触及掌心。击球时，靠前臂稍有内旋往左拉收，手腕由稍后伸至内收，球拍拨击球托的右侧下部，由手腕和手指控制拍面角度；击球后，球拍回收至胸前。（图 12-2-23）

图 12-2-23

（2）反手网前勾对角线球：步法移动的同时，手臂向左侧前方平举（注意手臂不要伸直，应稍弯）。击球时，随着肘部下沉，前臂回收外旋的同时，食指和拇指协调用力捻动拍柄，使拍面拨击球托的左侧后部，让球沿对角线飞越过网。击球后，球拍回收至胸前，为下次的来球做积极的准备。

5. 扑 球

扑球是当来球在网顶上方时，能以最快的速度上网扑压来球的技术动作。扑球可分为正手扑球和反手扑球两种，其路线有直线、对角线和扑随身球三种。扑球在网前进攻技术中是威胁较大的一种技术。扑球的关键在于"快"，即首先取决于判断快，一经作出判断，即要求起动快并采用蹬跨步或跳步上网，同时出手要快，抓住来球在网顶的最高点出手。

（1）网前扑球：身体腾空跃起或右脚蹬跨的同时，前臂往前上方举起，球拍正对来球方向。击球时，随着手臂由屈至伸，手腕由后伸至向前闪动及手指的顶压，将球扑下，其中手腕是控制力量的关键，当挥拍距离短、动作小、爆发力强的时候，扑击的球才会给对方造成一定的威胁。如果球离网顶较近，就采用"滑动式"扑球方式，用手腕从右向左将球拍压下去，这样可以避免球拍触网犯规。扑球后，注意腿上的缓冲，要控制重心，以免身体触网。（图 12-2-24）

图 12-2-24

（2）反手网前扑球：反手握拍持于左侧体前。当身体跃起或蹬跨上网时，球拍随前臂前伸而举起，手腕微屈，拇指顶压在拍柄宽面上，其他四指自然并拢，拍面正对来球。击球时，手臂由屈至伸，手腕由微张至后伸并用力闪动，拇指顶压，加速挥拍扑击。击球后，球拍随手臂回收至体前。

6. 挑 球

（1）正手网前挑球：准备姿势同正手放网动作。击球前前臂充分外旋，手腕尽量后伸。击球时，从右下向右前方至左上方挥拍击球。在此基础上，若球拍向右前上方挥动，挑出的是直线高球；若球拍向左前方挥动，挑出的则是对角高球。（图 12-2-25）

图 12-2-25

（2）反手网前挑球：准备姿势同反手放网动作。击球前右臂往后拉使肘引拍；击球时前臂充分内旋，手腕由屈至后伸闪动挥拍击球。若球拍由左下向左前上方挥动，则球向直线方向飞行；若球拍由左下向右前上方挥动，则球向对角线方向飞行。

前场技术易出现的问题：手腕与手指运用不当，不是用力过猛，就是拍面控制不好，使击出的球离网太高、太远或落网；站位离网过近，妨碍了击球动作；击球前肘部过直。

（六）击球技术（中场技术）

1.挡网前球技术

正手挡网前球技术：用接杀球的步法移至右场近边线，身体右倾，手臂右伸，前臂外旋，手腕外展，持拍准备接球。击球时，前臂内旋带动球拍向右下旋转，同时向前上方推送击球，把球推向直线网前。（图 12-2-26）

图 12-2-26

2.抽球技术

（1）正手平抽球：站在右场区的中部，两脚平行站立，稍宽于肩，重心在两脚间，微屈膝，收腹，正手握拍举于右肩前。击球前肘关节前摆，前臂稍往后带外旋，手腕稍外展至后伸，引拍至体后。击球一瞬间前臂内旋，手腕伸直闪动，手指抓紧拍柄，球拍由右后往右前方高速平扫盖击来球。击球后手臂左摆，左脚往左前方迈一步，右脚跟一步回中心位置。（图 12-2-27）

（2）反手平抽球：右脚前交叉在左侧前，重心在左脚上，右手反手握拍在左侧体前，击球前肘稍上抬，前臂内旋，手腕外展，引拍至左侧。击球时，在髋的右转带动下，前臂外旋，手腕由外展到伸直，闪动，挥拍击球托的底部。击球后，球拍随身体的回动收回到右侧前。

图 12-2-27

3. 正手平挡（快打）

两脚分开，右脚稍前，左脚在后，两膝弯曲成半蹲式，正面握扣（虎口对宽面），举起球拍，拍面超过头顶。当判断来球是在头顶上时，身体稍往前移，同时左脚往前跨一小步，右脚稍微伸直，成左弓箭步，把击球点选在右肩的前上方，上臂向前上方抬起，肘弯曲，前臂稍后摆带有外旋，引拍于头后。击球时前臂向前，手腕由后伸至前屈闪动，挥拍击球托的后部，使球平直、急速地飞向对方中间场区附近。击球后，球拍随势前盖，右脚往左前方迈一步，站在中线两侧稍偏后的位置上，球拍由左下回举至前上方，准备迎击第二次来球。（图12-2-28）

图 12-2-28

4. 反手平挡（快打）

两脚平行开立站在左场区，重心在右脚，举拍于右侧体前。当判断来球是在左场内时，右前臂往左摆，身体稍向左转至右肩对网，左脚也往左侧迈一小步，前臂内旋，手腕外展引拍于左侧体后。击球时，前臂外旋，手腕伸直闪动，手指突然抓紧拍柄，前盖球托后部，使球比较平直地向前飞进。

二、羽毛球基本战术

（一）发球战术

发球不受对方干扰，只要在规则允许的范围内，发球者就可以随心所欲地以任何方式发到对方接球区的任何一点。采用变化多端的发球战术，常常能起到先发制人、取得主动的作用，因此，发球在比赛中占有重要地位。

在采用发球战术时，眼睛不要只看自己的球和球拍，应用余光注意对方的情况，找出其薄弱环节。发各种球的准备姿势和动作要注意一致性，给对方的判断带来困难，使其处于消极等待的状态。发球后应立即把球拍举至胸前，根据情况调整自己的位置，要两脚开立，使身体重心居中，但一定注意重心不要站死，眼睛紧盯对方，观察对方的任何变化，积极准备还击。

1. 发后场高远球

这是单打中常用的发球战术。它要求把球发到对方端线处，迫使对方后退还击，给对方进攻制造难度。

2. 发平高球

发平高球时，球的飞行弧线较低，但对方仍然必须退到后场才能还击。由于球的飞行速度快，致使对方没有充裕的时间考虑对策，因此回球的质量会受到一定的影响。对于球飞行弧线的控制，应看对方站位的前后和人的高矮及弹跳能力而定，以恰好不给对方半途拦截机会为宜。

3. 发平快球

发平快球（或者平高球）和网前球配合，争取创造第三拍的主动进攻机会，组成了发球抢攻的战术。发平快球属于进攻性发球，球速很快，作为突袭手段如运用得当，往往能取得主动。但当接球方有所准备时，也能半途拦截，以快制快，发球方反而会处于被动。发平快球时球的落点一般应在对方的反手区，或直接对准接发球者的身体，使对手措手不及。

4. 发网前球

发网前球能减少对方把球往下压的机会，并立即进入互相抢攻的局面。把球发到前发球线内角位，球飞行的路线较短，容易封住对方攻击自己后场的角度；发球到前发球线外角位能起到调离对方离开中心位置的作用。发网前球也可以发对方的追身球，造成对方被动。发网前球时最好配合发底线球才能有较好的效果。

（二）接发球战术

接发球虽然处于被动、等待的状态，但由于发球时受到规则的诸多限制，使发球不能给接发球者带来太大的威胁。发球者发球只能发到对角线的接发球区内，而接发球者只需防守不到半个的区域，便可还击到对方整个场区。所以，接发球者若能处理好这一拍，也可取得主动。

1. 接发高远球、平高球

一般可用平高球、吊球或杀球还击。但如果对方发球后站位适中，进攻时要注意落点的准确性，若用杀球、吊球还击，自己的速度就要跟上。如果对方发球质量很好就不要盲目重杀，可用高远球、平高球还击，伺机再攻，或者用点杀、劈杀、劈吊下压先抑制对方。

2. 接发网前球

可用平推球、放网前球或挑高球还击。当对方发球过网较高时，要抢先上网扑杀。接发网前球的击球点应尽量抢高。

3. 接发平快球

要观察对方的发球意图，随时要做好准备。借用对方的发球力量快杀空档或追身都能奏效，也可借助反弹力拦吊到对角网前。

（三）逼反手

对所有的运动员而言，后场的反手击球总是或多或少地弱于正手击球，相对来说其进攻性不强，球路也较简单（由于生理解剖结构的限制），甚至有的运动员在后场都不能用反手把球打到对方端线，所以对于对方的反手要毫不留情地加以攻击。

（四）平高球压底线

用快速、准确的平高球打到对方后场两角，在对方不能拦截的前提下尽量降低球的飞行弧线，把对方紧压在底线，当对方回击半场高球时，就可以扣杀进攻。使用平高球压底线时，如配合劈吊和劈杀可增加平高球的战术效果。一般情况下，平高球的落点和杀、吊的落点拉得越开效果越好。

（五）拉、吊结合杀球

此战术是把球准确地打到对方场区的四个角上，使对方每次击球都要在场上来回奔跑。使用这种战术时，对不同特点的对手要采用不同的拉、吊方法。对后退步法慢的可以多打前、后场；对盲目跑动满场飞的可使用重复球和假动作；对灵活性差的应多打对角线，尽量使对方多转身；对后场反手差的仍通过拉开后攻反手；对体力不好的可用多拍拉、吊来消耗其体力，然后战胜对方。

（六）吊、杀上网

先在后场以轻杀、点杀、劈杀配合吊球把球下压，落点要选择在场地两边，使对方被动回球。对方还击网前球时，迅速上网以贴网的搓球、勾对角或快速平推创造半场扣杀机会；若对方在网前挑高球，可在其向后退的过程中把球直接杀向对方身上。

（七）过渡球

首先要明确过渡球是为了摆脱被动，为下一拍的积极反攻创造条件。怎样才能变被动为主动是比赛中的重要一环。被动时要做到：首先争取时间调整好自己的位置和控制住身体的重心，从网前或后场底线击出高远球是被动时常用的手段。当处于不停地跑动追球的状态时或身体重心失去控制时，可以打出高远球，以赢得时间，恢复身体重心，调整自己的处境；其次，利用球路变化打乱对方的进攻步骤。

（八）防守反攻

这一战术是对付那种盲目进攻而体力又差的对手。比赛开始，先以高球诱使对方进攻，在对方只顾进攻而疏于对自己的防守时，即可突击进攻；或者在对方体力下降、速度减慢时再发动进攻。这种开始固守、乘虚而入、以逸待劳、后发制人的战术有时效果会较好。

第三节　羽毛球竞赛规则与裁判法简介

一、羽毛球比赛规则简介

（一）单　打

（1）每场比赛采取三局两胜制。

（2）率先得到 21 分的一方赢得当局比赛。

（3）如果双方比分打成 20∶20，获胜一方需超过对手 2 分才算取胜。

（4）如果双方比分打成 29∶29，则率先得到第 30 分的一方取胜。

（5）首局获胜一方在接下来的 1 局比赛中率先发球。

（6）当一方在比赛中得到 11 分后，双方队员将休息 1 分钟。

（7）两局比赛之间的休息时间为 2 分钟。

（二）双　打

（1）每球得分 21 分制，比赛开始前，双方通过投掷硬币方式确定由哪一方来选择是先发球或后发球。

（2）任何一方只要将球打"死"在对方的有效位置，或者因为对方出现违例或失误，均可得分。

（3）平分后的加分赛：每局双方打到 20 分平后，一方领先 2 分即算该局获胜；若双方打成 29 分平后，一方领先 1 分，即算该局取胜。

（4）发球员的顺序与单打中的顺序一样，即以分数的单数或双数来决定。只有发球方在得分时才交换发球区。得分者方有发球权，如果本方得单数分，从左边发球；得双数分，从右边发球。除此以外，运动员继续站在上一回合的各自发球区不变，以此保证发球员的交替。

（三）合法发球

（1）一旦发球员和接发球员都站好各自的位置，任何一方都不允许延误发球。

（2）发球员和接发球员应站在斜对角的发球区内，脚不触及发球区和接发球区的界线。

（3）从发球开始，直到球发出之前，发球员和接发球员的两脚必须都有一部分与球场接触，不得移动。

（4）发球员的球拍应首先击中球托。

（5）在发球员的球拍击中球瞬间，整个球应低于发球员的腰部。

（6）在击球瞬间，发球员的拍杆应指向下方，使整个拍头明显低于发球员的整个握拍手。

（7）发球开始后，发球员必须连续向前挥拍，直至将球发出。

（8）发出的球，应向上飞行过网，如果未被拦截，球应落在规定的接发球区内（落在线上或界内）。

（四）违规发球

（1）根据规则的规定，如果发球不合法，应判"违例"。

（2）发球员发球时未能击中球，应判"违例"。

（3）一旦双方运动员站好位置，发球员挥拍时，发球员的球拍头第一次向前挥动即为发球开始。

（4）发球员应在接发球员准备好后才能发球，如果接发球员已试图接发球则应被认为已做好准备。

（5）发球开始后，发球员的球拍击中球或者未能击中球均为发球结束。

（6）双打比赛，发球员或接发球员的同伴站位均不限，但不得阻挡对方发球员或接发球员的视线。

二、裁判法

（一）裁判人员及其裁决

裁判员在裁判长的领导下工作并向裁判长负责。发球裁判员和司线员一般由裁判长指派，但裁判员与裁判长商议后可予以更换。

临场裁判人员对其所分管职责实施的裁决是最后的决定，当一名临场裁判人员未能做出判断时，裁判员可作出裁决；若裁判员也不能做出判断时，则判重发球。

（二）对裁判员的建议

比赛开始前，裁判员应做好各项准备工作；比赛开始，裁判员应保证公正地执行"掷挑边器"的规定，对比赛进行宣报，双打时检查运动员的站位；比赛时裁判员应记录和报分；发球时裁判员应注意接发球员的动作；球的速度和飞行性能受到干扰，应换球。

（三）裁判员工作基本要求

通晓《羽毛球竞赛规则》；宣报要迅速而有权威，如有错误应承认，并道歉更正；所有的宣判和报分必须响亮、清晰，使运动员和观众都能听清；对是否发生违例有怀疑时，不应宣判，让比赛继续进行；绝不可询问观众或受他们评论的影响；加强与其他临场裁判人员的配合。

（四）对发球裁判员的要求

发球裁判员应坐在网柱旁的矮椅上，最好在裁判员的对面；发球裁判员负责判决发球员的发球是否合法。如不合法，则大声宣报"违例"，并用规定的手势指明违例的类型。

（五）对司线员的要求

（1）司线员应坐在他所负责线的延长线上，最好面向裁判员。

（2）司线员对所负责的线负全责（裁判员判定司线员有明显错判，否决司线员的裁决除外）。如球落在界外，无论多远均应立即大声清晰地宣报"界外"，使运动员和观众都能听清，同时两臂侧举，使裁判员能看得清。如球落在界内，不宣报，只用右手指向界线。

（3）如未能看清，应立即举起双手盖住眼睛向裁判员示意。

（4）球触地前不要宣报或做手势。

（5）只负责宣报球的落点，不要干预裁判员的裁判，例如球触及运动员。

（六）裁判员的手势

在临场比赛中，发球裁判员和司线员在宣判时都应出示手势，主裁判员在情况需要时，也可用手势辅助。出示手势要符合规范，自然大方。

1. 主裁判员的手势

（1）停止练习

右臂向前平举，掌心向下，手指并拢。（图12-3-1）

（2）换发球

向轮到发球方的一侧手臂平举，肘稍屈，手指并拢，掌心向前。（图12-3-2）

（3）触 网

用手在触网的一侧轻碰球网。（图12-3-3）

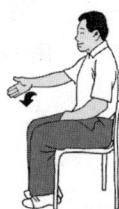

图 12-3-1　　　图 12-3-2　　　图 12-3-3

（4）过网击球

手臂举在网上，掌心对着网的另一边，左右摆动。（图12-3-4）

（5）暂 停

两手成"T"字形，放在胸前。（图12-3-5）

（6）交换场地

两臂在胸前交叉，掌心向两侧。（图12-3-6）

图12-3-4　　　　图12-3-5　　　　图12-3-6

2. 发球裁判的手势

（1）过　腰

手臂屈肘，平举在胸前，掌心向下。（图12-3-7）

（2）过　手

手臂前伸，肘稍屈，手指并拢，掌心向左，手腕侧屈。（图12-3-8）

（3）脚移动、踩线

身体前倾，用一手指向脚尖，脚尖略翘起。（图12-3-9）

（4）延误发球

手臂伸直，做不连贯的摆动。（图12-3-10）

  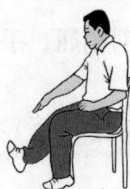 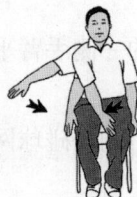

图12-3-7　　　图12-3-8　　　图12-3-9　　　图12-3-10

3. 司线员的手势

（1）界　外

两臂伸直向左右两侧张开。（图12-3-11）

（2）界　内

右手指向界线。（图12-3-12）

（3）视线被挡（未能看清）

两手举起遮住两眼。（图12-3-13）

图12-3-11　　　　图12-3-12　　　　图12-3-13

第十三章

网球运动

第一节　网球运动简介

一、网球的起源与发展

网球运动起源于12—13世纪的法国。当时法国的传教士们经常用手掌击打一种类似小球的物体，因此人们把这种游戏叫"掌球戏"。开始，他们是在室内进行这种游戏，后来移到室外。在一块开阔的空地上，将一条绳子架在中间，两边各站一人，双方用手来回击打一种裹着头发的小布球。14世纪中叶，这种游戏传入英国，英国人将这种球称为网球，并流传下来。15世纪，这种游戏由手掌击球改为用木板球拍打球，并很快出现了一种用羊皮制作拍面的椭圆形球拍。同时，场地中央的绳子也改为了球网。16—17世纪是这种游戏的兴旺时期，并逐渐形成了一种比赛。1873年，英国的沃尔特·克罗普顿·温菲尔德少校将这种游戏的场地移向草坪地，并提出了一套接近现代网球的打法。1874年，又规定了球网的大小和高低，并组织了简易的草地网球比赛。1877年，在英国伦敦郊外的温布尔顿设置了几片草地网球场地和草地网球总会，草地网球在英国得到了进一步的发展。1896年在希腊雅典举行的第1届奥运会上，网球被列为正式比赛项目。但此后该项目被国际奥委会取消，直至1984年洛杉矶奥运会上，网球作为表演项目才重返赛场。1913年国际草地网球联合会的成立促进了全球网球运动的大发展。

二、网球的锻炼价值

网球运动是深受人们喜爱、富有乐趣的一项体育活动。网球运动的锻炼价值很高，它既是一种消遣和增进健康的手段，也是一种艺术追求和享受，还是一种扣人心弦的竞赛项目。打网球可以使人的动作迅速、判断准确、反应加快并能提高速度、力量、耐力、灵敏性等素质，对调节肌肉用力的紧张度有良好的作用，对发展协调性也有积极作用。

第二节 网球基本技术与战术

一、网球基本技术

（一）握拍法

握拍方法是打网球最基本的技术，它直接影响着拍面接触球的角度，即拍弦接触球时所发生的变化，基本的握拍方法有四种：东方式、大陆式、西方式和双手握拍法。初学者必须掌握正确的、适合自己的握拍法。为了清楚说明各种握拍方法与球拍拍柄的关系，现介绍球拍垂直地面时，拍柄各个部位的名称。（图 13-2-1）

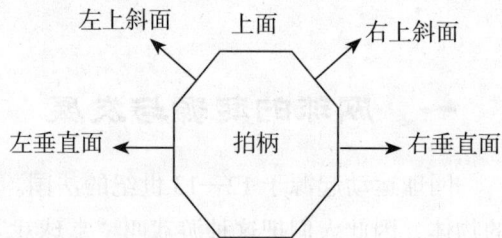

图 13-2-1

1. 东方式握拍法

（1）正手握拍法

东方式正手握拍法俗称"握手式"握拍法。握拍时先将拍面垂直于地面，右手与拍柄右上斜面紧贴，大拇指与食指形成的"V"字形虎口对准拍柄右上斜面，拇指环绕拍柄与中指接触，手掌与食指下关节压住拍柄的右垂直面，食指稍离中指，拍柄底部与手掌根部齐平。（图 13-2-2①②）

（2）反手握拍法

东方式反手握拍在正手握拍的基础上向左转动 1/4，即虎口对准拍柄左上斜面，拇指末节贴在左下斜面上，食指下关节压在右上斜面上。

2. 大陆式握拍法

大陆式握拍法是把"V"字形虎口对准拍柄的上平面与左上斜面的交界线上，手掌根部贴

住上平面，拇指伸直围绕拍柄，食指下关节紧贴在右上斜面上。（图13-2-2③）

3. 西方式握拍法

将球拍放在地面上，右手掌根贴着拍柄右下斜面，"V"字形虎口对准拍柄的右垂直面，正反手用同一拍面击球。（图13-2-2④）

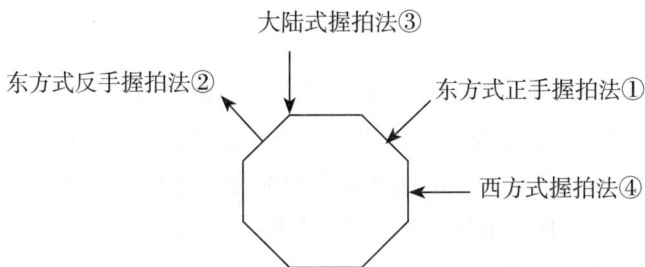

图 13-2-2

4. 双手握拍法

双手握拍常用于反手击球，方法是右手用东方式反手握拍，握在拍柄的后方，左手是东方式正手握拍，握在拍柄的前方。

初学者可以根据自己的习惯和喜好选择其中的一种握拍法，但建议选用东方式握拍法。

（二）正手击球

正手击球和反手击球一样，都由四个技术环节组成，即准备姿势、后摆引拍、挥拍击球和随挥跟进。

1. 基本技术

（1）准备姿势

面对球网，两脚分开与肩同宽，身体前倾，双膝微屈，重心落在前脚掌上，右手握拍，左手轻托拍颈，拍面垂直于地面并指向对方，注意力集中，准备迎击来球。

（2）后摆引拍

当发现对方所击球朝正拍飞来时，要快速向后引拍，持拍的手臂要放松向后上方拉拍，引拍的路线要直线向后，球拍指向身后，手腕略向后伸腕，拍头向上稍高于手腕，转动双肩，重心移至后脚，左脚前踏，左肩对网，肘关节弯曲并稍抬起（注意手臂不要伸直），与此同时，左手向前伸出，以保持身体平衡。

（3）挥拍击球

击球时重心应由后脚移向前脚，此时后脚用力蹬地，以腰部转动带动大臂，用大臂带动小臂，手腕固定，使球拍从略低于腰部处开始沿着来球的轨迹向前上方挥击，击球点一般在左脚右侧偏前的腰部高度击出。

（4）随挥跟进

球触拍后，尽可能地使球拍与球接触的时间延长，以便最大限度地控制球的方向，挥拍要沿着球飞行的方向前送，重心移到前脚，身体面向前方，球拍随着挥拍的惯性结束在左肩前上方，肘关节指向前方，前臂内旋，触球的拍面朝向左斜下方，用左手在左肩外上方接住拍颈，随挥跟进结束，立即还原到准备姿势。

2. 击球步法

击球步法分为关闭式和开放式两种。关闭式步法是在球拍做后摆动作的同时右脚向右转，约与底线平行，左脚向右斜前方做45°迈出。开放式步法是在球拍向后引做后摆动作的同时，双脚基本与底线平行，只是需要较多的转体动作相配合。这两种击球步法，它们击球前的重心都在右脚上，随着击球和动作的随挥，重心移向左脚。

3. 正手击上旋球

上旋球的特点是球飞行弧度高，下降快，落地弹跳后向前冲，且高而远；同时又具有较强的进攻性和较低的失误率。打上旋球是在基本技术的基础上，要求拍面适当后倾，拍头要低于击球点，由后下方向前上方挥出，击球的后上方。（图13-2-3）

图 13-2-3

4. 正手击平击球

平击球的特点是击出的球基本没有旋转，速度快，球落地后前冲力大，球的飞行路线较直，击球过程中球拍几乎是水平挥动，由于平击球基本上没有旋转，因此，容易造成失误，其准确性和控制性较差。击平击球也是在基本技术基础上，让拍面基本与地面垂直，挥拍路线尽可能与地面平行地挥出。（图13-2-4）

5. 击正手削球（下旋球）

下旋球的特点是球的飞行时间较长，球速慢，球落地后弹起很低并伴有回弹现象。下旋球落点容易控制，能打出长球或短球，常用于随球上网，击球时比较省力。其击球方法也同前几种相似，只是挥拍路线是由后上方向前下方挥出，拍面适当后仰，挥拍结束在身体前方，拍头指向球网，球拍击球的后下方。（图13-2-5）

图 13-2-4

图 13-2-5

（三）反手击球

1. 基本技术

（1）准备姿势

反手击球的准备姿势与正手击球的准备姿势相同。

（2）后摆引拍

当来球飞向自己反手方向一侧时，扶住拍颈的左手应立即帮助右手变换成反手握拍法，随后重心移到左脚，右脚迅速向左前方跨出一小步，同时身体带动肩膀左转，向左后方引拍，引拍时肘关节自然弯曲，拍头稍翘起，指向后方，右肩或者是右背对着球网，左手始终扶着拍颈，直到开始做前挥动作为止。

（3）挥拍击球

随着身体重心由后脚移向前脚，身体的右转带动球拍由左后下方向右上方挥出，出拍前扶拍颈的左手自然松开，并保持身体平衡，前挥时手臂仍保持弯曲，直到随挥结束后才伸直。击球点应在右脚左前方，击球时球拍与右脚应在一条直线上，高度在膝和腰之间，击球的中部，拍触球时手腕绷紧，拍面与地面保持垂直。

（4）随挥跟进

击球后，球拍沿着球飞出的方向向前上方送出，重心前移落在前脚上，挥拍结束在右肩上方，拍头指向前方，身体面对球网，然后迅速恢复到准备姿势。

2. 反手击上旋球（单手）

反手击上旋球的特点和正手击上旋球基本相同，反手击上旋球的技术动作与反手击球技术基本一致，只是在击球时拍面稍向后倾斜。拍触球时，应尽可能地保持球与拍弦的接触时间，手腕绷紧，前肩应该像一个卷曲的弹簧被放开一样，平滑地转动。这个放开的动作造成了拍头出去的速度快，并把力量作用于击球。击球挥拍前的拍头要低于腰部，这样挥拍的路线才能保证由后下方向前上方击出，保证球的上旋（图13-2-6）。

图13-2-6

3. 双手反手击球

双手反手击球的特点是：由于双手握拍，击球时有另一只手的扶持，可以抵挡对方凶猛的来球，击球时固定球拍更稳，对手很难看出击球的角度，从而有较好的隐蔽性，使击球的攻击力得到增强；但对脚步移动和判断能力的要求很高，体力消耗更大，扩大了对方的攻击范围。

（四）发　球

在网球比赛中，发球是唯一由自己所掌握控制的、不受对方影响的重要技术。发球的好坏将直接关系到分数的得失，因此必须掌握良好的发球技术。发球基本技术包括：准备姿势、抛球引拍、挥拍击球、随挥跟进。（图13-2-7）

1. 准备姿势

单打比赛发球时应站在中线附近，双打比赛时应站在中线和边线的中间。准备时，两脚前后站立，前脚约与底线成45°，右脚与端线平行，在左脚延长线上，左脚距端线5～10厘米，左肩侧对网，重心落在左脚，右手握拍置于体前，左手用拇指和小指除外的三个手指指端持球。

2. 抛球引拍

发球的关键是抛球，抛好球就等于发球成功了一半。抛球时整个手臂应直臂向上抛，利用手臂向上的惯性使球平稳上抛，尽可能让球垂直向上，球的位置应在右肩的前上方，抛球高度要高于球拍的高度。右手持拍，与握球手同时下落，挥拍由前方开始从下向后上方摆起，同时做屈膝、转体、展肩的动作。后摆结束时拍头在头后指向天，身体重心随着挥摆而后移，后摆完成后重心又回移到左脚。

3. 挥拍击球

当球即将到达击球点时，拍头迅速而连贯地下落到背后，肘关节高抬，并靠身体的转动和反弓的腰腹力量将拍向前上方挥出，在最高点击球的后上方，动作要放松、协调，不能僵硬、紧张，眼睛始终盯住球，身体面对球网。

4. 随挥跟进

击完球后，应继续保持动作向前下方挥出，结束在身体的左侧，身体重心继续前移，右脚向前跨出，进入场内。完成后要注意调整所处的位置，准备回击对方来球。

图 13-2-7

（五）截击球

截击球是在网前进行的一种攻击性击球，它是在球落地之前的一种击球方式，可在场地的任何位置采用。特点是回球距离短，相对来讲球速较快，可击角度和范围大，是一种重要的得分手段。

1. 基本技术

（1）握拍法

截击球一般都是在网前，因此，在较短时间里不可能有充足的时间让你变换正反握拍法，较合适的就是用大陆式握拍法，它不用变换正反手握拍，能自如地解决各种凌空截击。

（2）准备姿势

两脚自然开立，两腿微屈，身体前倾面向球网，左手扶住拍颈，右手握拍，眼睛盯住球，球拍放于体前，拍头略高。

2. 正手截击

当球飞向正手时，立即转肩，使拍自然向右后转，如果有充裕的时间，左脚可朝左前方跨出，以增加击球的力量，拍头高于握拍手，握紧球拍，绷紧手腕，在身体右侧前方击球，动作是挡球或撞球。击球后有微微向下的随球动作，击球时保持拍头后翘，拍面后仰。（图13-2-8）

图 13-2-8

3. 反手截击

当球飞到反手位时，左手扶拍与右手同时左转，保持拍头高于手腕，右脚前跨，球拍在身体的左侧，在左肩位置；球接触球拍时，握紧球拍，手腕绷紧，在身体左侧前方撞击球；击球后球拍向撞击球方向送出，拍面稍后仰。（图 13-2-9）

图 13-2-9

二、网球基本战术

（一）基本战术

1. 发球战术

网球比赛的发球有两次，要充分利用好每次的发球机会。一般来讲，一发时采用速度快、威力大的平击发球，最好是发对方的反手位，因为绝大多数的选手用反手回球较困难，这样会给自己创造好的进攻条件；二发多采用切削或上旋发球，二发时首先要保证自己发球的成功率，减轻一发失误带来的紧张和焦虑的心情，其次，发球要有变化，长短球、内外侧球、快慢球、旋转球要灵活运用，打乱对手的接发球节奏，使其回球质量不高甚至失误。

2. 接发球战术

接发球队员首先要把球回过去，这是接发球队员的首要任务，如果接球失误那就谈不上运用其他的战术。在对方发球不立即上网时，应把球回到对方的反手深处；如果发球队员发球后立即上网，最有效的方法是把球击到对方的脚下；如果对方已占据了有效的位置时，可以回直线或斜线靠近边线的球，或挑后场球，使对方来不及回撤，或即使赶上，也回不出高质量的球，为下一击创造机会。

3. 截击战术

在运用截击战术时，第一次截击要打低深球到对方的一角，第二次截击要打浅斜球到另一边，这样可以使对手前后左右疲于奔跑；如果对手步法比较快，可利用对手的提前量，在第二次截击时打一个回头球，使其扑空。打截击球千万不可急于求成，以免失误。

4. 底线对打战术

在底线对打阶段要不断变化击球的方法，如上旋球和下旋球结合；斜线与直线结合，用大角度调动对手。即轮流改变球的方向，使对手左右奔跑，不要让对手有规律地移动，有些球交替打两个，有些则打追身球，要让对手难于猜测判断，一旦对手打出一个浅球，就向前打随击球上网。

5. 变守为攻战术

网球比赛中防守是处于被动状态的，但如果在被动状态下回击出高质量的、使对方意想不到的球则会变被动为主动，从而改变这个球的形势。在防守中与其被动地失分还不如冒险地赌一下，也许会出现另一种局面。

（二）练习方法

1. 个人练习方法

（1）球感练习

① 一手拿球，向上抛出，在球落地前或等球落地反弹后接住球，也可在球抛出后提高难度，增加转身或击掌或下蹲等动作后接球。

② 面对墙抛球，等球撞墙后落地前或落地反弹后接住球。

③ 用手连续向下击球，动作尽量连续。

④ 用球拍向上颠球，或向下击球，达到熟练。

（2）击球练习

选择一面平整的墙面，利用墙来进行练习。可以进行正、反手对墙击球练习，截击练习，挑高球练习，发球练习等。

2. 两人或多人的练习方法

（1）球感练习

① 两人面对面拿一个球抛球、接球，或两人各拿一球同时抛球、接球，也可增加难度移动接球。

② 两人握拍轮流向上击球，或多人轮流向上击球。

③ 多人分成两队，以两路纵队面对面站立，向对方抛球，抛出后跑向队尾，轮流进行，接球方接住后再抛给对方。

（2）击球练习

① 多球练习。同伴隔网面对面站立，用抛球的方式将球抛给练习者，练习者可练习正手、

反手、截击、挑高球、杀球等各项技术。

② 单球练习。两人根据自己练习的要求，可练习打直线球、斜线球、直斜线交叉击球。一人站网前，另一人站在底线进行底线击球和网前截击练习；两人站网前截击练习；一人发球，另一人接发球练习等多种方法的练习。

第三节 网球竞赛规则与裁判法简介

一、网球比赛规则简介

（一）发球前的规定

发球员在发球前应先站在端线后、中点和边线的假定延长线之间的区域里，用手将球向空中任何方向抛起，在球接触地面以前，用球拍击球，球拍接触球时，就算完成发球。

（二）发球时的规定

发球员在整个发球动作中，不得通过行走或跑动改变原站的位置；两脚只准站在规定位置，不得触及其他区域。

（三）发球员的位置

每局开始，先从右区端线后发球，得或失 1 分后，应换到左区发球。发出的球应从网上越过，落到对面的对方发球区内或其周围线内。

（四）发球失误

未击中球；发出的球，在落地前触及固定物（球网、中心带和网边白布除外）；违反发球站位的规定；发球有 2 次发球权，发球失误后，应在原发球位置进行第二次发球。

（五）发球无效

发球触网后，仍然落到对方发球区内；接球员未作好接球准备，均应重发球。

（六）交换发球

每局比赛终了，交换发球权。

（七）交换场地

双方应在每盘的第一、三、五等单数局结束后，以及每盘结束双方局数之和为单数时交换场地。

（八）计分方法

（1）胜1局：每胜1球得1分，先胜4分者胜1局；双方各得3分时为"平分"，平分后，净胜2分为胜1局。

（2）胜1盘：一方先胜6局为胜1盘；双方各胜5局时，一方净胜两局为胜1盘。

（3）决胜局计分制：

在每盘的局数为6平时，有以下2种计分制：采用长盘制，一方净胜2局为胜1盘。短盘制时（决胜盘除外，除非赛前另有规定），先得7分者为胜该局及该盘（若分数为6平时，一方须净胜2分）；首先发球员发第一球，对方发第二、三分球，然后轮流发两分球，直到比赛结束；第一分球在右区发，第二分球在左区发，第三分球在右区发；每6分球和决胜局结束都要交换场地。

二、裁判法简介

（一）报　分

比赛开始时，发球如果成功则比赛继续进行；而一发出界时裁判员会判定此球失误（Fault），进入二发；一发如果擦网则裁判员会根据情况做出两种判定：擦网出界判定为NET—Fault；擦网后落入界内判定为Net，此球重发（Let）；选手发球时，脚踏线则被判定为脚误（Foot Fault）；一发下网或落本方界内，则直接进入二发。在二发时，如遇擦网球，处理及报分方法与一发相同；二发失误时则被判定为双误（Double Fault），对方得分。

比赛进行中，如一方将球打出界外，则被判定为球出界（Out），对方得分；如一方在球未过网之前击到球，则被判定为过网击球（Exceed Net），对方得分；如一方身体或球拍接触球网，则被判定为触网（Touch），对方得分；如球在一方场地上落地两跳后再击球，则被判定为双跳（Not Up），对方得分。

（二）主裁的职责

1.熟悉网球规则、竞赛规程和行为准则中的所有内容，并应按国际网联"裁判员职责和程序"进行工作。在比赛中严格做到严肃、认真、公正、准确，作风正派，不徇私情，坚持原则。

2.按照监督和裁判长的要求着装。

3.在开赛前召集双方运动员。

（1）介绍与运动员有关的情况。

（2）在准备活动前，当双方运动员或球队均在场时，主裁判抛掷挑边器，以选择发球权或场地。如在比赛开始前，准备活动期间被暂停，抛掷挑边器的结果仍然有效，但获优先权的运动员也可重新选择。

（3）决定运动员所穿的服装是否符合"行为准则"中关于服装条例的要求。更换服装的时间若超过 15 分钟，则取消其比赛资格。如 15 分钟内返回场地可重新进行适当的准备活动。

4. 开赛前，主裁应清楚监督或裁判长是否为运动员安排了运动员进、出场的护送人员（这一条是指国际大赛而言）。主裁应在运动员进场之前提前到场。

5. 应备有秒表，用来计时。包括准备活动，分与分之间 20 秒间歇，交换场地时的 90 秒以内及规则条款中所规定的任何其他特定时间。

6. 当认为有必要改进裁判工作时，可撤换、轮转任一司线员、司网员和脚误裁判员。

7. 主裁对比赛中出现的"规则"问题，可先做出裁决。但运动员对此有权向监督和裁判长提出申诉。

8. 按照国际网联裁判员职责和程序的要求记录比赛记分表，并在每分结束后宣报比分。

9. 只有当司线员明显误判时，主裁方可改判，并且必须在司线员错判后立即改判。一切改判必须符合国际网联裁判员职责和程序的要求。当运动员明显脚误，而司线员未判时，主裁应按照国际网联改判司线员明显误判的程序进行宣判。

10. 负责检查沙土场上的球印。除沙土球场外，其他场地不可检查球印。

11. 当观众有碍比赛进行时，主裁应婉言相劝，尽力维持赛场秩序，并请求合作。

12. 比赛时，主裁应负责引导拾球员协助运动员，而不是干扰运动员。

13. 确保比赛场上有足够的比赛用球，负责换球，并做充分的检查以避免因换球延误比赛。

14. 熟悉网球方面的英语。

15. 决定场地能否继续使用。比赛中若主裁判认为条件的变化足以影响比赛继续进行时，或因雨或其他原因迫使比赛暂停时，主裁应中断比赛，并报告裁判长。如因天黑需停赛应在进行中的该盘双数局赛完后，或整盘结束后方可停赛。当监督或裁判长同意暂停或改期比赛后，主裁应记录时间和分、局、盘等比分，以及发球员姓名、双方在场上的位置，并收集所有比赛用球。

16. 比赛后，主裁应向监督或裁判长全面汇报有关比赛中所执行"行为准则"的情况。

（三）司线员的职责

司线员是大型网球比赛中不可或缺的裁判员。司线员的编制有 17 人制、11 人制、6 人制、5 人制等。司线员在场上的位置是固定不变的。边线和中线司线员应在端线后 6.40 米的地方就座或站立。司线员的具体工作范围有以下几点：

（1）按国际网联裁判员职责和程序履行职责。

（2）与其他司线员一起身着比赛大会统一规定的司线员服装。司线员不能身穿影响运动员视力的白色、黄色或其他浅色服装。

（3）每场赛前准时到场。

（4）为争取最佳看线位置，必要时可离开座位。

（5）只负责呼报自己所管辖的线，不可对他人的宣报发表意见。

（6）当不能做出呼报时，应立即做未看见手势。

（7）当球确实触地时（成死球），方可呼报"出界"或"失误"。

（8）司线员的手势要及时、准确、大方。呼报和手势的顺序是先呼报后做手势。手势是声音的补充，做手势时手心正对主裁。

（9）当主裁改判时，司线员应保持沉默。运动员的一切询问要交主裁处理。

（10）端线、边线或发球中线的司线员负责呼报脚误。

（11）未经主裁允许不得离开场地。对主裁的改判，司线员只能服从，不得申辩。对于运动员的出言不逊，司线员不可反驳，但可报告主裁，请他做出处罚。

（四）司网员及拾球员的职责

在网球比赛中，一位坐在网柱旁的裁判人员就是司网裁判员。

司网裁判员的主要任务是：在运动员发球时，他把手扶在球网上缘，如遇有擦网，立即呼报"擦网"（Net），然后将手上举。

在大型网球赛中，场内均设有拾球员，他们在场地内跑动捡球或传球。比赛设置拾球员的目的是保证比赛的继续进行。

（五）裁判员姿势图示

1. 边线司线（图 13-3-1）

a. 每分开始前的准备姿势　　b. 准备工作姿势　　c. 呼报界外球手势　　　d. 做好球手势

图 13-3-1

2. 底线司线（图13-3-2）

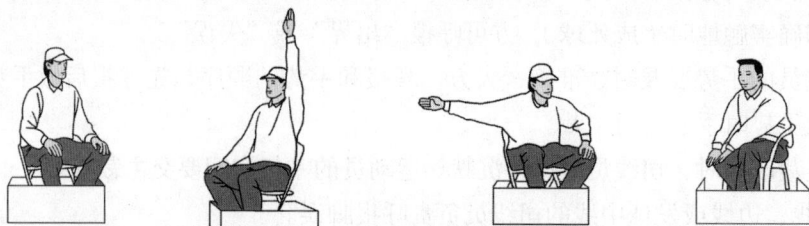

a. 准备工作姿势　b. 呼报脚误或更正手势　c. 呼报界外球手势　d. 做好球手势

图13-3-2

3. 发球线司线（图13-3-3）

a. 准备工作状态　　　b. 呼报界外球手势　　　c. 做好球手势

图13-3-3

4. 擦网（图13-3-4）

a.单打比赛准备工作姿势　　b.呼报擦网　　c.双打比赛准备工作姿势

图13-3-4

5. 没看见手势（图13-3-5）

6. 更正或脚误的呼报手势（图13-3-6）

图13-3-5　　图13-3-6

第十四章

健美操运动

第一节　健美操运动简介

健美操起源于 20 世纪 60 年代末的美国。国内外流行的健美操大致分为 6 类：按不同年龄编制的系列健美操；按不同性别编制的男女健美操；按人数多少编制的单人、双人和集体健美操；按塑造形体和改善体姿与体态的健美操；按锻炼身体各个部位的健美操；按以徒手或轻器械运动方式的健美操。综上所述，健美操是融体操、音乐、舞蹈于一体的追求人体健康与美的运动项目，因此，健美操具有体育、舞蹈、音乐、美育等多种社会文化功能。通过健美操的锻炼达到改善体质、增进健康、塑造体型、控制体重、愉悦精神、陶冶情操等"三健"目的。

一、健身性健美操

健身性健美操练习的主要目的是"锻炼身体、保持健康"。健身性健美操的动作简单，实用性强，音乐速度也较慢，且为了保证一定的运动负荷和锻炼的全面性，动作多有重复，并均以对称的形式出现。健身性健美操的练习时间可长可短，在练习的要求上也可以根据个体情况而变化，严格遵循"健康、安全"的原则，防止运动损伤的出现，在保证安全的基础上，达到锻炼身体的目的。

健身性健美操又可分为徒手健美操、水中健美操和器械健美操三类。徒手健美操是以提高心肺功能，改善身体有氧代谢能力为主，包括传统意义上的一般健美操和为满足不同人群兴趣和需求的各种不同风格的健美操。水中健美操是目前国外非常流行的一种独特的健美操练习形式，它可以减轻运动中地面对膝踝、关节的冲击力，有效减少关节的负荷，并利用水的阻力提高练习效果，以及水传导热能快的原理，达到锻炼身体和减肥的目的，器械健美操是以力量练习为主的一种健美操，其主要练习目的是保持肌肉外形、增强肌肉力量和防止肌肉退化，从而延缓衰老，使人更强健。

二、竞技健美操

竞技健美操是在音乐伴奏下，通过难度动作的完美完成，展示运动员连续表演复杂和高强度动作的能力。成套动作必须通过所有动作、音乐和表现的完美融合体现创造性。

竞技健美操起源于传统的有氧健身操，包括的项目有：男子单人、女子单人、混合双人、三人操（三名运动员性别任选）、五人操（五名运动员性别任选）、有氧舞蹈和有氧踏板。单人比赛时间限制在 1 分 30 秒上下浮动五秒钟。混双、三人操、五人操，时间为 1 分 30 秒，上下浮动 5 秒钟。单人比赛场地为 7 米 × 7 米（混双、三人操、五人操场地为 10 米 × 10 米）。比赛服装也有专门的规定，一般为紧身的专业健美操服装，比赛有专门的竞赛规则，对每一具体细节都作出详细的说明。

第二节　健美操运动基本动作

一、健美操的基本步法

基本步法是健美操动作中的最小单位，是组成组合动作和成套动作的基础。通过基本步法的练习，可以提高练习者的协调性、节奏感和韵律感。

健美操基本步法分为无冲击、低冲击和高冲击三类动作。

（一）无冲击类动作

两腿始终接触地面（如图 14-2-1 所示）

弹动　　　半蹲　　　弓步　　　提踵

图 14-2-1

（二）低冲击类动作

有一只脚始终接触地面。

（1）踏步类动作如图 14-2-2 所示。

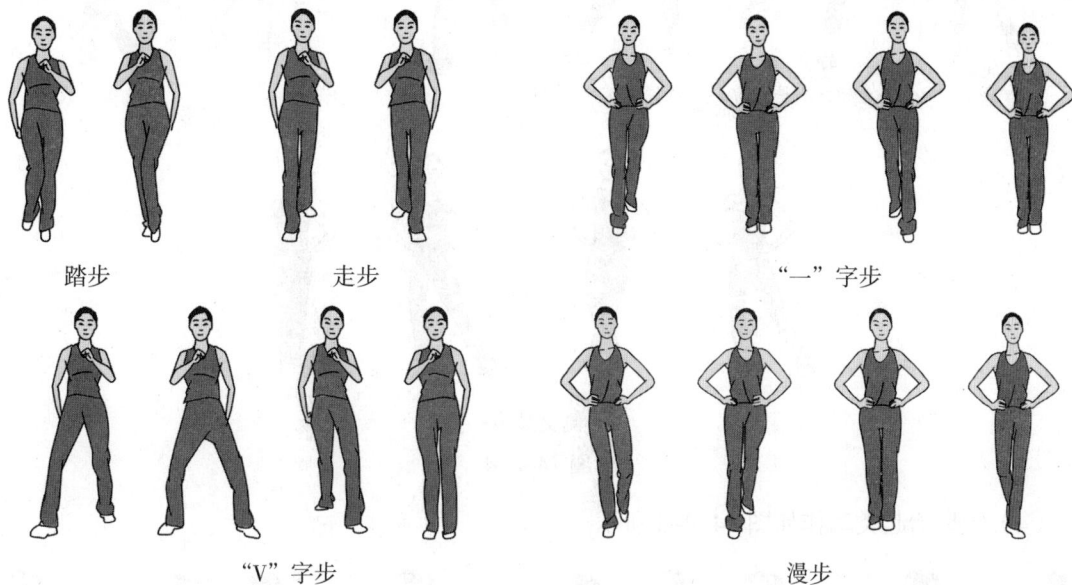

踏步   走步   "一"字步

"V"字步   漫步

图 14-2-2

（2）点地类动作如图 14-2-3 所示。

脚尖前点地   脚跟前点地   脚尖侧点地   脚尖后点地

图 14-2-3

（3）迈步类动作如图 14-2-4 所示。

并步   迈步点地   迈步屈腿

迈步吸腿　　　　　　　　　　　　　　　　迈步弹踢

侧交叉步

图 14-2-4

（4）单脚抬起类动作如图 14-2-5 所示。

吸腿　　　　　后屈腿　　　　　踢腿　　　　　弹踢腿

图 14-2-5

（三）高冲击类动作

双脚同时离地，有腾空的动作。

（1）迈步跳动作如图 14-2-6 所示。

并步跳　　　　　　迈步吸腿跳　　　　　迈步后屈腿跳

图 14-2-6

（2）双脚起跳动作如图 14-2-7 所示。

并腿纵跳　　　　　　　　　　开合跳

并腿滑雪跳　　　　　分腿半蹲跳 　　　　　弓步跳

图 14-2-7

（3）单脚起跳动作如图 14-2-8 所示。

吸腿跳　　　　　后屈腿跳　　　　　弹踢腿跳　　　　　摆腿跳

图 14-2-8

（4）后踢腿跑动作如图 14-2-9 所示。

后踢腿跑

图 14-2-9

二、上肢基本动作

（1）自然摆动：屈肘前后摆动，可以同时或依次摆动。（图14-2-10①）

（2）臂屈伸：上臂固定，肘屈伸。臂屈时肱二头肌收缩，臂伸时肱三头肌收缩。（图14-2-20②）

（3）直臂上摆：臂由下摆至前平举或侧平举。（图14-2-10③）

（4）冲拳：握拳由腰间冲至某位置。（图14-2-10④）

（5）屈臂提拉：臂由下举至胸前平屈。（图14-2-10⑤）

（6）推：手掌由肩侧推至某位置。（图14-2-10⑥）

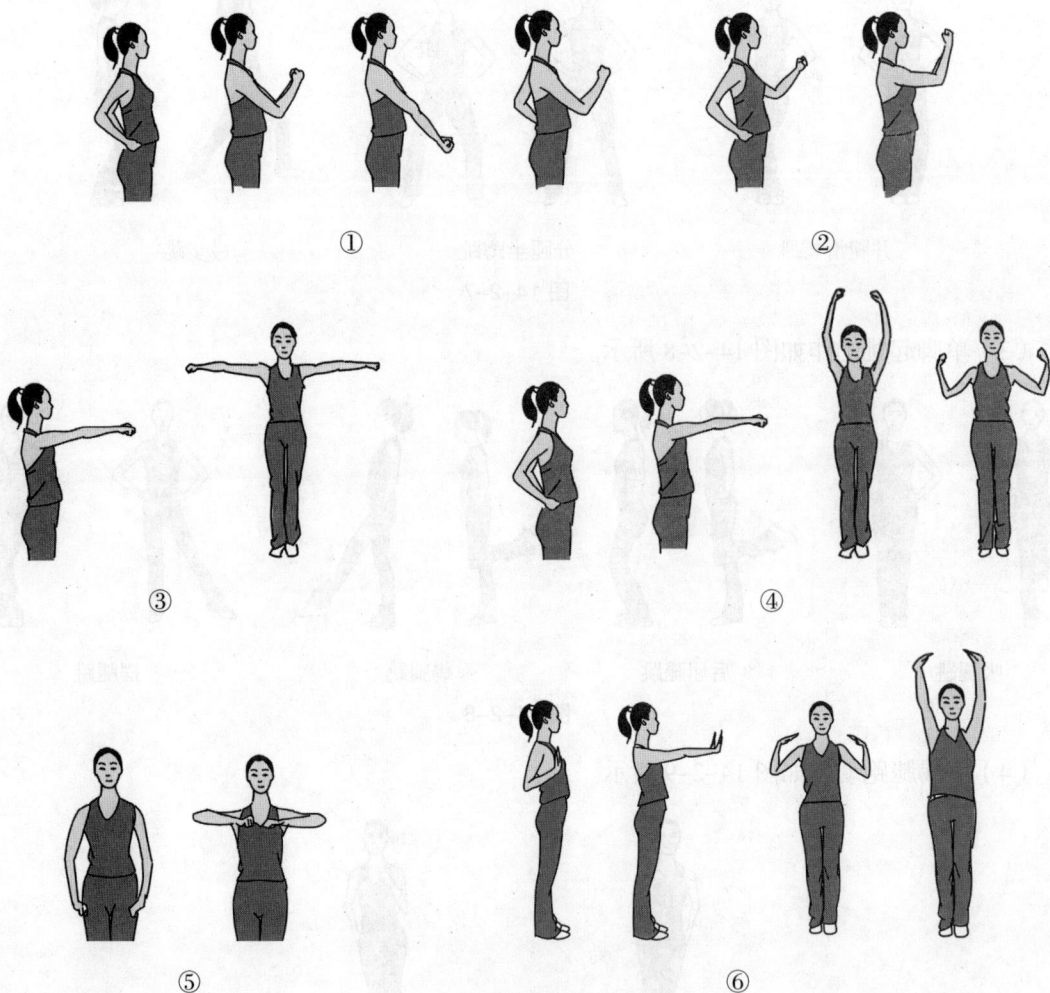

①

②

③

④

⑤

⑥

图14-2-10

三、健美操基本手型

健美操基本手型有并掌、开掌、花掌、立掌和拳，如图 14-2-11 所示。

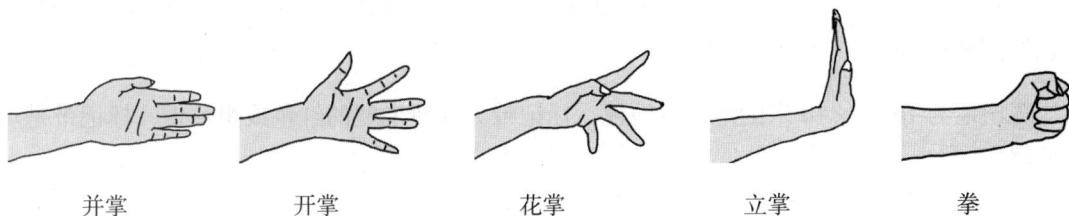

并掌　　　　开掌　　　　花掌　　　　立掌　　　　拳

图 14-2-11

第三节　大众健美操规则简介

健美操练习可使身体更健康、精神更饱满、气质更优雅、思维更敏捷、更具有青春活力和自信。同时，学生又可以把这种自信带到今后学习、生活之中不断地提高自己的适应能力和人格修养。学习健美操不仅要掌握健美操的基本知识，也要掌握并运用健美操的规则进行健美操裁判工作。

一、总　则

（一）运动员年龄青年组

青年组运动员年龄在 18 ～ 35 岁。

（二）竞赛内容

符合规则及规程要求的自编成套动作比赛。

（三）成套动作的时间

成套动作的时间为：2 分 30 秒 ~ 3 分（计时由动作开始到动作结束）。

（四）比赛音乐

（1）音乐的速度：每 10 秒钟 22 拍 ~ 26 拍。
（2）成套动作允许有 2×8 拍的音乐前奏。在成套动作结束时音乐应同时停止。
（3）参加比赛的队须自备比赛音乐。

（五）参赛人数与更换运动员

（1）参加人员：每队 4 ~ 6 人，性别不限。

（2）更换运动员：如有特殊情况须更换运动员时，需持有效证明，经组委会批准方可。

（六）比赛场地

比赛场地为 10 米 × 10 米的地板或地毯，标记带为 5 厘米宽的红色或黑色带，标记带是场地的一部分。

（七）服　装

运动员须穿适合运动的健美操服和运动鞋，着装整洁、美观、大方，不允许使用悬垂饰物，如皮带、飘带和花边等；女运动员的头发须梳系于后，头发不得遮住脸部；允许化淡妆，禁止戴首饰。

（八）比赛程序与计分方法

（1）比赛程序：比赛分为预赛和决赛两种，凡参赛队均须参加预赛。预赛前八名者进入决赛。不足八名时，递减一名录取。

（2）计分方法：比赛中得分高者名次列前，如遇得分相等，按艺术分高者名次列前，再相等名次并列，无下一名次。

（九）裁判组的组成

裁判组由裁判长 1 人、艺术裁判 3 ~ 5 人、完成裁判 3 ~ 5 人、视线裁判 2 人、辅助裁判若干人组成。

二、成套动作的评分

成套动作的评分包括：艺术分、完成分、裁判长减分、艺术裁判的评分。艺术分是从 10 分起评，对每个错误给予减分。艺术裁判的评分因素为：成套编排、成套创意与风格、音乐、表现力。

（一）动作设计（5 分）

健身健美操的动作设计应符合下面四个原则：健身、娱乐原则；安全无损伤原则；全面发展身体原则；符合年龄特点原则。

1. 基本步法、手臂动作及动作组合（2 分）

（1）动作设计必须包括七个基本步法：踏步、开合、吸腿、踢腿、弓步、弹踢腿跳、后踢腿跑或类似变化形式。

（2）手臂动作要体现多样性及动作的不对称性。

（3）动作组合中应使身体的各部位（头、手、上臂、前臂、躯干、腿和脚）协调配合，共同参与的部位越多评价越高。

（4）同一动作组合允许出现一次对称动作。

（5）成套动作的设计要以操化动作为主，在融合现代舞蹈和传统项目（武术等项目）的动作时，必须符合健美操运动的特点。成套动作中不允许出现任何清楚地显示其他项目特征的造型或静止动作（如芭蕾、健美、搏击等）。

（6）成套动作中不鼓励出现难度动作，如出现类似动作，不予加分，对出现的错误仍予以减分。开始和结束允许出现托举动作，但不允许出现违例动作。

（7）成套动作中至少应出现两次运动员之间有接触的交流配合动作。

（8）成套动作中托举的数量不得多于 3 次。

2. 过渡与连接（2 分）

（1）在成套动作中应合理、流畅地连接健美操基本步法、动作组合。

（2）灵活和流畅的空中、地面的相互转换。

（3）运动员可以依次或分批做动作，但任何一名运动员不允许停顿 1×8 拍。

3. 强度（1 分）

强度的评价取决于下列因素：动作的频率；动作的速度及幅度；完成动作的耐力；移动。

（二）音乐（1 分）

（1）音乐的选择应完整并与成套动作的风格协调。

（2）音响效果应是高质量的，并有足够音量，必须与运动员成套动作相配合。

（三）队形与空间的运用（2 分）

（1）成套动作的队形变化应是自然、迅速、流畅、清晰、美观，全套动作的队形变化不少于 5 次。

（2）成套动作必须充分、合理、均衡地使用场地。

（3）运动员在比赛场地中必须移动使用至少 4 个方向（向前、向后、向侧及对角）。

（4）成套动作中至少出现 2 次空间的变化（地上和腾空均可）。

（四）表演（2 分）

（1）运动员在完成动作时，充分显示出热情、活力、魅力，并传达给观众。

（2）运动员的动作必须与音乐的拍节相符，并配合乐句。

（五）完成裁判的评分

完成分是从 10 分起评，对每个完成错误给予减分。完成裁判的评分因素为：技术技巧和一致性。

1. 技术技巧

在成套动作中准确完成动作，展示完美的姿态和身体各部分的正确位置。

（1）身体的正确姿态。

（2）动作的准确性：技术规范、部位准确、方向清楚、控制完美。

（3）动作的熟练性：熟练、轻松、流畅。

（4）动作的力度：爆发力、力度及耐久力。

2. 一致性

（1）整体完成动作的能力，运动范围的一致性。

（2）所有运动员应体现出一致与均衡的运动强度。

（3）所有运动员应具有一致的表演技巧。

（4）完成裁判对于以上每类错误的减分标准如下。

小错误：每次减 0.1（稍偏离正确完成）。

中错误：每次减 0.2（明显离正确完成）。

大错误：每次减 0.3（较严重偏离正确完成）。

严重错误：每次减 0.4（严重偏离正确完成）。

失误：每次减 0.5。

3. 裁判长

（1）裁判长的职责是记录评判整套动作，并根据技术规则负责监控在场全体裁判的工作。

（2）裁判长负责如下减分。

时间不足（指成套动作时间少于 2 分 30 秒），扣 0.2 分。

时间超过（指成套动作时间多于 3 分钟），扣 0.2 分。

参赛人数不足或超过均扣 0.2 分。

音乐速度不符合要求，扣 0.2 分。

运动员被叫到后 20 秒钟未出场，扣 0.2 分。

运动员的着装仪容不符合规定，扣 0.2 分。

运动员在比赛时掉物或装束散落，扣 0.2 分。

运动员身体触及线外地面，每次扣 0.1 分。

托举超过三次，每次扣 0.5 分。

违例动作减分，每次扣 0.5 分。

三、违例动作

（1）所有沿矢状轴或额状轴翻转的动作。

（2）所有高于 30° 的水平支撑动作。

（3）任何与身体的自然姿态完全相反的动作，如反背弓、背部挤压、膝转、足尖起、仰卧翻臀等。

（4）使用爆发性加速或减速动作，如抽踢等。

（5）任何马戏或杂技动作，如推进等。

（6）禁止抛接动作。

四、特殊情况

（1）播放错音乐带。

（2）由于音响设备而出现的音乐问题。

（3）由于设备问题而出现的干扰——灯光、舞台、会场。

（4）其他任何异物进入比赛场地。

（5）运动员责任外的情况而引起的弃权。

（6）运动员在遇到以上情况发生时，应立刻停止做动作，成套动作结束后提出的抗议将不被接受。

（7）根据裁判长的决定，运动员在问题解决后可重做，原先分数无效。

上述情况以外的问题，将由总裁判长根据情况解决。总裁判长的决定为最终决定。

第十五章

体育舞蹈

第一节　体育舞蹈简介

体育舞蹈（国际标准舞）是体育与艺术高度结合的一项新兴的体育项目。它既有体育的竞技性，也有舞蹈的观赏性，是一项能增强体力、促进代谢、陶冶情操、雕塑体型、培养气质和交际能力的多功能、高价值的项目。本章以介绍体育舞蹈的基础知识和基础套路为主要内容，进一步培养学生良好的身体姿态、节奏感和优美感，从而达到充分提高学生音乐素养和表现力的目的。

一、起源与发展

体育舞蹈作为一项体育与艺术完美结合的运动，在世界范围内已越来越受到重视。1995年4月2日至5日，国际奥委会在摩洛哥召开执委会，对国际体育舞蹈联合会予以临时承认；1997年9月5日，国际奥委会在洛桑再次召开执委会，正式承认国际体育舞蹈联合会。国际奥委会对国际体育舞蹈联合会的承认标志着国际舞蹈运动将成为奥委会大家庭的一个正式项目。

近年来，体育舞蹈教育正在我国各高校蓬勃发展，越来越受到学生的欢迎和喜爱。同学们在接受高等教育的同时，通过学习和掌握正规的舞蹈教育，可使其具备现代人优美的体型和良好的精神面貌。

二、体育舞蹈基本知识

（一）分　类

体育舞蹈共分两大类，十个舞种。第一大类：摩登舞；第二大类：拉丁舞。（表 15-1-1、表 15-1-2）

表 15-1-1　摩登舞

舞　名	起　源	舞曲速度	特　点
华尔兹	德　国	3／4拍，每分钟30～31小节	音乐轻饶、舞姿雍雅、气质典雅、步法婉转曼妙
维也纳华尔兹	奥地利	3／4拍，每分钟56～60小节	音乐流畅、舞态婆娑、步法周旋翻跹
探　戈	阿根廷	2／4拍，每分钟33～34小节	音乐华丽、舞姿刚劲、步法顿挫磊落
狐　步	英　国	4／4拍，每分钟33～34小节	音乐恬愉、舞态潇洒、步法行云流水
快　步	美　国	4／4拍，每分钟50小节	音乐逍遥、舞态轻盈、步法轻快灵活

表 15-1-2　拉丁舞

舞　名	起　源	舞曲速度	特　点
伦　巴	古　巴	4／4拍，每分钟28～31小节	音乐缠绵、舞态柔媚、步法婀娜款摆
恰恰恰	墨西哥	4／4拍，每分钟32～34小节	音乐有趣、舞态花俏、步法利落紧凑
桑　巴	巴　西	2／4，4／4拍，每分钟48～56小节	音乐欢欣、舞态生动、步法摇曳绵密
斗牛舞	西班牙	2／4，6／8拍，每分钟60～62小节	音乐雄壮、舞态威猛、步法悍厉奋张
牛仔舞	美　国	4／4拍，每分钟40～46小节	音乐热烈、舞态奔放、步法活泼浪荡

（二）舞程线

舞程线就是舞池向逆时针方向运行的路线。舞程线在舞池中并没有实际的标记，它是一条围绕舞池逆时针运行的假设线，这条假设线可以直进、可以斜进，也可以弧线运行。舞者都按舞程线运行，就不会相撞。在比赛场地中，习惯上将靠近边线的两条长线叫A线，靠近端线的两条短线叫B线。舞程线英文全称 Line of Dance，简称LOD。

（三）赛　场

体育舞蹈比赛场地设在室内。场地为长方形，边线长 23 米，端线长 15 米。（图 15-1-1）

（四）角度和方位

摩登舞是一种在赛场内按逆时针方向运行的舞蹈。因此，每一舞步在开始和结束时所站立的方位及运行过程中身体转动的角度，均有严格规定。角度和方位是研究和表述舞步正确方向的重要数据和准确位置。

1. 角 度

脚或身体转动的幅度大小用度数加以表示即为角度。通常以转动45°为单位加以表述，转动360°为一周，转动45°为1/8转，转动90°为1/4转，转动135°为3/8转，转动180°为1/2转，转动225°为5/8转，转动270°为3/4，转动315°为7/8转（图15-1-2）。

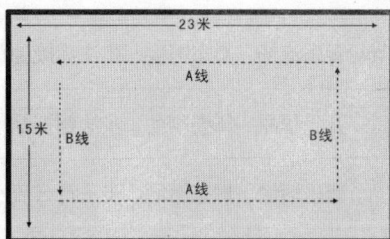

图 15-1-1

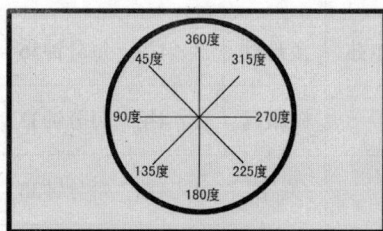

图 15-1-2

2. 方 位

方位指一个舞步开始或结束时，脚或身体所面对或背对的方向。方位用于指示舞步运行的方向。当身体大于或小于脚步运行时，通常用"指向"说明脚的方位。方位一方面指示舞者脚或身体与赛场空间位置关系，一方面指示脚的出步方向。

通常把脚尖或人体躯干正面称面，正面对准的方向称面对；把脚跟或人体躯干背面称背，背面对准的方向称背对。如以A线运行为例，按逆时针方向转动脚和身体，每转动一次为45°，当舞者正面对准A线舞程线时，见图15-1-3，并表述如下。

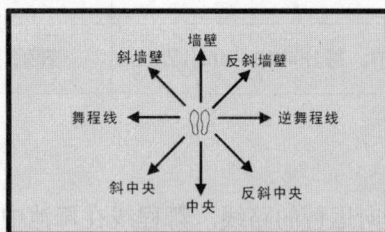

图 15-1-3

（1）面对舞程线或背对逆舞程线。

（2）面对斜中央或背对反斜墙壁。

（3）面对中央或背对墙壁。

（4）面对反斜中央或背对斜墙壁。

（5）面对逆舞程线或背对舞程线。

（6）面对反斜墙壁或背对斜中央。

（7）面对墙壁或背对中央。

（8）面对斜墙壁或背对反斜中央。

舞者在 A 线运行时，一定要表述 A 线的 8 个方向，在 B 线运行时则表述 B 线方向，不能混淆长线与短线的线性概念。

（五）舞　姿

舞姿也叫架形，双臂侧平举之后与头、躯干构成了固定的十字架，表现了人体美的艺术形态。舞姿分为开式舞姿和闭式舞姿两类。要学好摩登舞，首先要掌握正确的舞姿。正确的舞姿是规范的舞姿。规范才可称为标准，规范才能优美。优美的舞姿富于观赏性和表演性，给人以美的艺术享受。体育舞蹈摩登舞的舞种中，华尔兹、狐步、快步和维也纳华尔兹的舞姿是一致的，探戈舞则稍有区别。

第二节　体育舞蹈基本技术

一、摩登舞（华尔兹）

华尔兹舞是一种音乐袅绕，舞姿雍容，步法婉转曼妙，动作潇洒大方、优美的舞蹈。华尔兹是国际交谊舞中产生最早的一种，是从维也纳华尔兹演变而来的。它在 19 世纪末产生于美国波士顿，为了区别于快速的维也纳华尔兹，所以取名为"波士华尔兹"。在 20 世纪初，华尔兹以其新的面貌流行于英国和欧洲许多国家，并在那里得到很大的发展，保持着"舞蹈皇后"之美称。升降、反身、摆荡、倾斜等技术是跳好华尔兹的必需要素。

华尔兹的舞曲是 3 / 4 拍子，速度每分钟 30～32 小节，舞步基本上是每拍跳一步，三步为一小节，每拍之间的时间值相等。

（一）抱握姿势与体位

1. 闭式舞姿（图 15-2-1、图 15-2-2）

男子握姿：

（1）直立、沉肩、立腰，两脚并拢，松膝。

（2）左手与女士右手掌相对互握，虎口向上，前臂与大臂的夹角约为130°，高度置于男士眼睛左侧方向的延长线上。

（3）右手五指并拢，置于女士左肩胛骨下端，右前臂与女士左上臂、右上臂与女士的左前臂轻轻接触。

（4）头部自然挺直，目光从女士的右耳方向看出；身体向女士右侧移约半个身位，右髋部与女士右髋部稍靠贴。

女士握姿：

（1）直立、沉肩、立腰，两脚并拢，松膝，上体稍后屈25°。

（2）右手与男士左手相对互握。

（3）左手置于男士右肩三角肌线处。

（4）头部略向左倾斜，目光从男士右耳向前看。

（5）身体稍向男士右侧移约半个身位。

2. 半开式舞姿（图 15-2-3）

在闭式舞姿的基础上，男女舞伴上身均向外闪开大半部分，面向前方，目光通过相握的手，但男士右髋部与女士髋部同闭式舞姿一样，仍轻轻接触。

图 15-2-1   图 15-2-2   图 15-2-3

（二）基本舞步

1. 直前步（图 15-2-4 ˉ 图 15-2-7）

预备：松膝降重心，右脚支撑左脚前出。

第一拍：右脚推撑地面，将重心移至左腿经左脚跟过渡到全脚掌成支撑，此时重心处于最低点，左腿前出。

第二拍：左脚推撑地面，将重心移至右腿，前脚掌成支撑，后半拍重心开始上升。

第三拍：右腿撑伸将左腿拉靠并右腿，前3/4拍重心升至最高点，后1/4拍松膝降重心。

2. 后直步（图 15-2-8 ～ 图 15-2-10）

预备：松膝降重心，右腿支撑，左腿后出。

第一拍：右脚推撑地面，将重心移至左腿经前脚掌过渡到全脚掌成支撑，此时重心处于最低点，右腿后出。

第二拍：左脚推撑地面，将重心移至右脚，前脚掌成支撑，后半拍重心开始上升。

第三拍：右腿撑伸将左腿拉移靠并右腿，前 3／4 拍重心升至最高点，后 1／4 后松膝降重心。

图 15-2-4　　图 15-2-5　　图 15-2-6　　图 15-2-7　　图 15-2-8　　图 15-2-9　　图 15-2-10

3. 前右横步（图 15-2-11 ～ 图 15-2-14）

预备：松膝降重心，右腿支撑，左腿前出。

第一拍：右脚推撑地面，将重心移至左腿经脚跟过渡到全脚掌成支撑，此时重心处于最低点，右腿对角线侧伸至左腿的右侧，前脚掌内侧着地。

第二拍：左脚推撑地面，将重心移至右腿，后半拍重心开始上升。

第三拍：右腿撑伸将左腿拉移靠并右腿，前 3/4 拍重心升至最高点，后 1/4 拍松膝降重心。

图 15-2-11　　图 15-2-12　图 15-2-13　　图 15-2-14

4. 前左横步（图 15-2-15 ～ 图 15-2-17）

预备：松膝降重心，左腿支撑，右腿前出。

第一拍：左脚推撑地面，将重心移至右腿经脚跟过渡到全脚掌成支撑，此时重心处于最低点，左腿对角侧伸至右腿的左侧，前脚掌内侧着地。

第二拍：右脚推撑地面，将重心移至左腿，后半拍重心开始上升。

第三拍：左腿撑伸将右腿拉移靠并左腿，前 3/4 拍重心升至最高点，后 1/4 拍松膝降重心。

5. 后右横步（图 15-2-18 ~ 图 15-2-20）

预备：松膝降重心，右腿支撑，左腿后出。

第一拍：右脚推撑地面，将重心移至左腿，经前脚掌过渡到全脚掌成支撑，此时重心处于最低点，右腿对角侧伸至左腿的右侧，前脚掌内侧着地。

第二拍：左脚推撑地面，将重心移至右腿，后半拍重心开始上升。

第三拍：右腿撑伸将左腿拉移靠并右腿，前 3 / 4 拍重心升至最高点，后 1 / 4 拍松膝降重心。

图 15-2-15　　图 15-2-16　　图 15-2-17　　图 15-2-18　　图 15-2-19　　图 15-2-20

6. 后左横步（图 15-2-21 ~ 图 15-2-23）

预备：松膝降重心，左腿支撑，右腿后出。

第一拍：左脚推撑地面，将重心移至右腿，经前脚掌过渡到全脚掌成支撑，此时重心处于最低点，左腿对角侧伸至右腿左侧，前脚掌内侧着地。

第二拍：右脚推撑地面，将重心移至左腿，后半拍重心开始上升。

第三拍：左腿撑伸将右腿拉移靠并左腿，前 3 / 4 拍重心升至最高点，后 1 / 4 拍松膝降重心。

图 15-2-21　　　　图 15-2-22　　　　图 15-2-23

7. 左转前三步（转 1 / 4）（图 15-2-24 ~ 图 15-2-27）

预备：松膝降重心，右腿支撑，反身，左腿前出。

第一拍：右脚推撑地面，将重心移至左脚跟并过渡到全脚掌成支撑，左转 1 / 4 同时右腿经左腿摆伸至右侧，脚掌内侧着地。

第二拍：左脚推撑地面，将重心移至右腿，后半拍重心开始上升。

第三拍：右腿撑伸将左腿拉移靠并右腿，前 3/4 拍重心升至最高点，后 1/4 拍松膝降重心。

图 15-2-24   图 15-2-25   图 15-2-26   图 15-2-27

8. 右转前三步（转1/4）（图 15-2-28 ˉ 图 15-2-30）

预备：松膝降重心，左腿支撑，反身，右腿前出。

第一拍：左脚推撑地面，将重心移至右脚跟并过渡到全脚掌支撑，此时重心处于最低点，右转1/4同时左腿经右腿摆伸至左侧，左脚掌内侧着地。

第二拍：右脚推撑地面，将重心移至左腿，后半拍重心开始上升。

第三拍：左腿撑伸将右腿拉移靠并左腿，前3/4拍重心升至最高点，后1/4拍松膝降重心。

9. 左转后三步（转1/4）（图 15-2-31 ˉ 图 15-2-33）

预备：松膝降重心，左腿支撑，反身，右腿后出。

第一拍：左脚推撑地面，将重心移至右前脚掌过渡到全脚掌成支撑，此时重心处于最低点，右转1/4拍松膝降重心，左腿经右腿摆伸至左侧，脚掌内侧着地。

第二拍：右脚推撑地面，将重心移至左腿，后半拍重心开始上升。

第三拍：左腿撑伸将右腿拉移靠并左腿，前3/4拍重心升至最高点，后1/4拍松膝降重心。

图 15-2-28   图 15-2-29   图 15-2-30   图 15-2-31   图 15-2-32   图 15-2-33

10. 右转后三步

右转后三步同右转前三步，但方向相反。

11. 右旋转步（360°）（图 15-2-34 ˉ 图 15-2-36）

男士：

预备：松膝降重心，右腿支撑，反身，左腿后出。

第一拍：右脚推撑地面，将重心移至左腿，以脚跟为支点右转180°。

第二拍：左脚推撑地面，将重心移至右腿，以前脚掌为支点右转180°。

第三拍：将重心移至左腿支撑，左脚在前，右脚在后。

女士：

预备：松膝降重心，左腿支撑，反身，右腿前出。

第一拍：左脚推撑地面，将重心移至右腿，以前脚掌为支点右转180°。

第二拍：右脚推撑地面，将重心移至左腿，以脚后跟为支点右转180°。

第三拍：将重心移至右腿支撑，右脚在前，左脚在后。

要点提示：①两人的脚要尽量靠拢；②后退转体者要注意方位和引领。

12. 后插步（图15-2-37 ～ 图15-2-39）

男士：

预备：松膝降重心，右腿支撑，左腿前出。

第一拍：右脚推撑地面，将重心移至左腿经脚跟过渡到全脚掌支撑，此时重心处于最低点。

第二拍：左脚推撑地面，将重心移至右腿支撑，后半拍重心上升。

第三拍：右腿撑伸将左腿拉移经右腿后插，前3/4拍升至最高点，左右两脚前脚掌支撑，后1/4拍松膝，降重心呈左腿支撑。

女士：

预备：松膝降重心，左腿支撑，右腿后出。

第一拍：左脚推撑地面，将重心移至右腿经前脚掌过渡到全脚掌支撑，此时重心处于最低点。

第二拍：右脚推撑地面，将重心移至左腿支撑，后半拍重心开始上升。

第三拍：左腿撑伸将右腿拉移，同时身体稍右转，右腿经左腿后插，左右两脚前脚掌支撑。前3/4拍重心升至最高点，后1/4拍松膝呈右腿支撑。

图15-2-34　　　图15-2-35　　　图15-2-36　　　图15-2-37　　　图15-2-38　　图15-2-39

（三）组合范例（铜牌级）

面向斜墙开始（男士为例）：

（1）前右横步（图15-2-40）。

（2）右转前三步（1/4转）（图15-2-41）。

（3）右旋转步（图15-2-42）。

（4）左转后三步（1/8转）（图15-2-43）。

（5）后插步（半开式）（图 15-2-44）。

（6）侧行追步（图 15-2-45）。

（7）右转前三步（1/4转）（图 15-2-46）。

（8）右转 1/2（图 15-2-47）。

（9）后左横步（图 15-2-48）。

面向斜墙结束。

要点提示：① 做转体动作时，后退者要定位向主动引领前进者完成动作。② 图 15-2-45 的第二拍女士要左转 1/2，左脚位于右脚前成锁步。③ 做侧行追步时，男士要在女士右侧完成动作。

①　　　　　②　　　　　③　　　　　　　①　　　　　②　　　　　③

图 15-2-40　　　　　　　　　　　　　图 15-2-41

①　　　　　②　　　　　③　　　　　　　①　　　　　②　　　　　③

图 15-2-42　　　　　　　　　　　　　图 15-2-43

①　　　　　②　　　　　③　　　　①　　　　②　　　　③　　　　④

图 15-2-44　　　　　　　　　　　　　图 15-2-45

① ② ③ ① ② ③

图 15-2-46   图 15-2-47

① ② ③

图 15-2-48

二、拉丁舞（恰恰恰）

恰恰恰舞的曲调欢快而有趣，舞步俏皮利落，步频较快，给人一种俏皮而利落的感觉。它源于非洲，后传入拉丁美洲，在古巴得到发展。其步法音乐是每小节四拍走五步，慢、慢、快、快、慢，慢步一拍一步，臀部的摆动很像伦巴舞，跳每个舞步都要在前脚掌施加压力。当重心落在某只脚上时，脚跟放低，膝部伸直，臀部随之向侧后方摆动，向后退步时，脚跟下落的速度要比前进时稍慢。

恰恰恰舞的音乐是 4／4 拍，每小节四拍，重音落在第一拍，四拍走五步，第一步踏在第二拍，节拍占一拍，第二步占一拍，第三、四步各占半拍，第五步占一拍，踏在舞曲的第一拍上。

初学者不能只注意动作和脚步练习，而忽视音乐节奏的掌握。如果踏错了第一拍的步子，全套动作和节奏相应的也全都是错的。

（一）基础动作介绍

1. 时间步（图 15-2-49）

向侧并合步是恰恰恰舞最基本的步子，跳这三步时，要把第一、第二步跳得紧凑些，因为这二步各只占 1／2 拍，第三步占 1 拍，做法是一脚伸膝发力，另一脚向侧方跨出。

预备姿势：开立，两臂侧平举。

第一步：右脚向侧出步。拍数 1 / 2。

第二步：左脚向右脚并靠，双膝略弯曲，脚跟稍提起。拍数 1 / 2。

第三步：用左脚的力量将右脚向侧推出，伸直膝盖。拍数 1。

第四至第六步：同前三步，但方向相反。

图 15-2-49

2. 向后锁步（图 15-2-50）

预备姿势：直立，两臂侧平举。

第一步：右脚向前，右膝伸直。拍数 1 / 2。

第二步：左脚交叉到右脚后面，右脚直膝，后腿略弯。拍数 1 / 2。

第三步：左脚将右脚"推"向前，两膝伸直。拍数 1。

第四至第六步：同第一至第三步，但脚的方向相反。

第一步：直立开始，左脚向后，膝伸直，拍数 1 / 2。

第二步：右脚后移，并交叉在左脚前面，双膝稍弯曲。拍数 1 / 2。

第三步：左脚向后，双膝伸直，重心在左脚。拍数 1。

图 15-2-50

3. 闭式基本步（图 15-2-51）

预备姿势：闭式相握。

第一步：男士左脚向前做切克步，女士右脚向后。拍数 2。

第二步：男士重心回到右脚，女士重心回到左脚。拍数 3。

第三步至第五步：男士左脚向侧做并合步，女士右脚向侧做并合步。拍数 4&1。

第六至第十步：男士、女士脚步动作方向相反。

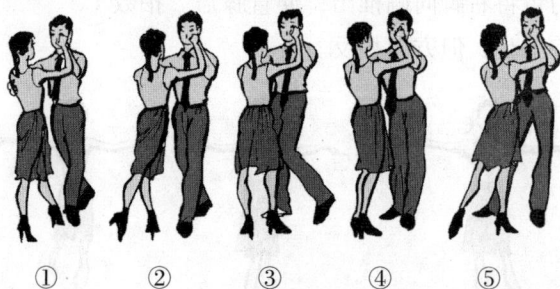

① ② ③ ④ ⑤

图 15-2-51

4. 郎得追步与扭臀步（图 15-2-52）

预备姿势：开立姿势。

第一步：右脚向后。拍数 2。

第二步：重心回到左脚，拍数 3。

第三至第五步：右脚在地板上向前做画半圆的动作，然后交叉到左脚的前面。左脚并右脚，右脚向侧，重心在右脚。拍数 4&1。

第六步：左脚向前做切克步。拍数 2。

第七步：重心回到右脚。拍数 3。

第八至第十步，左脚在地板上向后做画半圆的动作，然后交叉到右脚的后面，接着，右脚并左脚，左脚向侧，重心在左脚。拍数 4&1。

① ② ③ ④ ⑤
⑥ ⑦ ⑧ ⑨ ⑩

图 15-2-52

（二）基本组合介绍（铜牌级）

1. 基本动作，扇形（图 15-2-53）

预备姿势：男士重心在右脚，女士重心在左脚，开式相握。

第一步：男士左脚向前做切克步，女士右脚向后。拍数 2。

第二步：男士重心回到右脚，女士重心回到左脚。拍数 3。

第三至第五步：男士左脚向侧做一个并合步，女士右脚向侧做一个并合步。拍数 4&1。

第六步：男士右脚向后，女士左脚向前。拍数 2。

第七步：男士重心回左脚，女士右脚向后偏右，左转 1／4，拍数 3。

第八至第十步：男士向右做并合步，女士向后锁步。拍数 4&1。

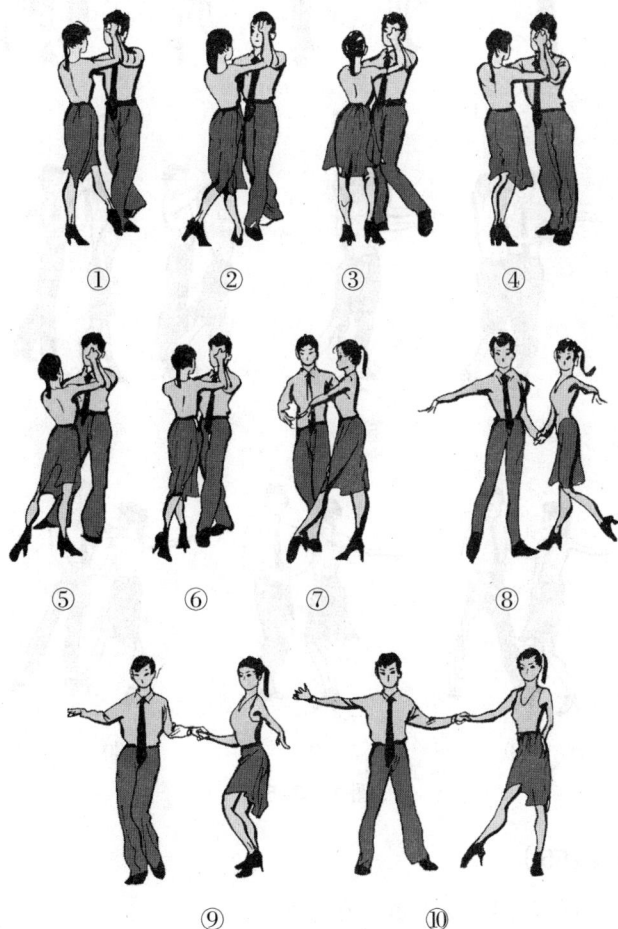

图 15-2-53

2. 曲棍步（图 15-2-54）

预备姿势：扇形。

第一步：男士左脚向前做切克步，女士右脚并向左脚。拍数2。

第二步：男士重心回到右脚，女士左脚向前。拍数3。

第三至第五步：男士原地做一个小幅度的并合步，女士右脚向前做一锁步。4&1。

第六步：男士右脚小步向后，女士左脚向前，女士左转1/8。拍数2。

第七步：男士重心回到左脚，女士右脚向前走步转，左转1/2。拍数3。

第八至第十步：男士右脚向侧做一个并合步，女士左脚向侧做一个并合步。拍数4&1。

图 15-2-54

3. 纽约步（图15-2-55）

预备姿势：男士重心在右脚，女士重心在左脚。

第一步：男士左脚向前做切克步，女士右脚向前做切克步。男士右转1/4并肩位，女士左转1/4肩位。拍数2。

第二步：男士重心回到右脚，女士重心回到左脚。拍数3。

第三至第五步：男士向左做并合步，女士向右做并合步，男士左转1/4，女士右转1/4。

拍数4&1。

第六至第十步：动作同第一至第五步，但方向相反。

注：在步序1时，男士放开右手，用左手带女士左转。在步序5时恢复相握，1～5步序再做一次，接下面的定点转。

① ② ③ ④ ⑤

图 15-2-55

4. 定点转（图 15-2-56）

预备姿势：男士重心在左脚，女士重心在右脚。

第一步：男士右脚向前，女士左脚向前。男士左转1/2，女士右转1/2。拍数2。

第二步：男士左脚向前，女士右脚向前。男士左转1/4，女士右转1/4。拍数3。

第三步：男士向右做并合步，女士向左做并合步。男士左转1/4，女士右转1/4。拍数4&1。

① ② ③

图 15-2-56

5. 画圆的基本步（图 15-2-57）

预备姿势：男士重心在右脚，女士重心在左脚。

第一步；男士左脚向前，女士右脚向前。拍数2。

第二步：男士重心回左脚，女士重心回右脚。拍数3。

第三至第五步：男士左脚在地板上画半个圆圈动作，然后交叉到右脚的后面，接着右脚并左脚，左脚向侧，重心在左脚，女士右脚在地板上画半个圆圈动作，然后交叉到左脚的前面，接着左脚并右脚，右脚向侧，重心在右脚。拍数4&1。

第六至第十步：动作同第一至第五步，但男士做女士动作，女士做男士动作。

图 15-2-57

6. 锁步（图 15-2-58）

连续两个女士向前、男士向后的锁步。

预备姿势：男士重心在右脚，女士重心在左脚。

第一步：男士左脚向前，女士右脚向后。拍数 2。

第二步：男士重心回到右脚，女士重心回到左脚。拍数 3。

第三至第五步：男士左脚向后做一个锁步，女士右脚向前做一个锁步。拍数 4&1。

第六至第八步：男士动作同第一至第五步，但换脚。

① ② ③ ④

⑤ ⑥ ⑦ ⑧

图 15-2-58

第三节 体育舞蹈的学习与创编

一、体育舞蹈学习的重点与难点

（一）学习重点

在基本技术学习方面，应注意动作的节奏感。初学阶段应在较慢口令节拍的配合下强调单侧动作的节奏；同时，在动作学习过程中，应注重前后动作的衔接点和转换点，明晰前一动作的结束位置和后一动作的起始位置；还应注意动作学习过程中的姿态控制和上肢的握抱姿势。此外，动作的路线、方向的改变也是应重点掌握的内容。

在身体素质练习方面，应着重发展协调性、灵敏性、柔韧性及肢体的控制能力，如男士的上肢肌肉力量、女士的下肢柔韧性以及男士、女士的腰腹力量等。

在艺术修养方面，由于体育舞蹈集观赏性、艺术性于一体，舞者可在优美动听的音乐伴奏下，自由发挥想象力、创造力和表现力。因此，应注重培养学生的乐感和动作律动性，努力提高其艺术鉴赏力，使舞蹈者的动作能够表现出音乐的情感和意境，从而展现出更大的艺术感染力。

（二）学习难点

由于体育舞蹈是双人项目，涉及舞伴之间的配合和默契程度。因此，舞伴间的配合熟练程度就成为体育舞蹈学习过程中的难点。在动作学习过程中，舞者可先在较慢的口令下进行单人、单侧动作学习，然后进行两人组合练习，最后可在音乐伴奏下进行成套动作的重复练习。同时，男士应多注意手臂动作对舞伴的提示作用，做到配合默契。

二、体育舞蹈的学习方法

体育舞蹈教学中的学习方法是指根据教学任务，学生有目的地反复练习某一动作，以达到提高身体素质和掌握技术动作的目的。

（1）基本舞步学习方法：在掌握动作的初级阶段，练习者可在较慢速度、较短距离、较低要求的情况下进行数量少、持续时间短的单个舞步的重复练习。当动作难度较大时，可进行重复次数较多、持续时间较长的单一舞步的重复练习。

（2）组合动作学习方法：男女单人分别练习不同的舞步，基本熟练后，可在较慢的节拍下进行组合练习，然后可随音乐节拍进行组合练习。组合练习中，男士应注意握抱动作的力度、方向等因素对舞伴的提示作用。

（3）变换条件学习法：在动作学习和改进运动技术水平时，可变换动作技术的某些要素，如速度、幅度和节奏等，变换动作的形式和动作的组合方法以及变换练习的环境等。

（4）表演与比赛法：在动作学习过程中，学生应综合运用所学的知识和技术、技能，在规定的情景下，充分发挥个人的主动性和创造性。学生通过表演与比赛进行动作学习，可达到最大限度地促进学生个体能力展现的目的，进而提高动作质量。

（5）资料收集法：充分利用网络、多媒体资源，广泛收集体育舞蹈的视、音频资料，培养艺术素养和视觉感受力；并可在俱乐部、辅导班等课外学习场所，实践体会动作技术要领。

三、体育舞蹈的创编方法

体育舞蹈的创编就是将单个动作，按照一定的时间顺序、场地的设置要求、运动的范围和动作的方向、路线，合理地连贯起来，组成一套动作的编排过程。

（一）体育舞蹈的创编原则

（1）目的性原则：要针对不同的目的、练习者的具体情况、特点，使创编的内容更切合实际，有所侧重，做到有的放矢，以便取得实效。

（2）科学性原则：体育舞蹈的动作创编应涉及身体各部位的活动，动作的时空变化应丰富、全面；同时应在创编过程中体现出动作选编、动作顺序设计的合理性。

（3）艺术性原则：对节奏的处理，应运用刚柔力度、高低起伏和幅度大小等对比手法，进一步表现出每一个动作的特色，注重动作的多样化和生动性，音乐与动作的配合、身体动作与手臂动作之间的配合均应和谐一致，使整套动作更加协调、优美、流畅。

（二）体育舞蹈的创编步骤

（1）前期准备：创编前应明确创编的目的、练习对象及特定要求；了解练习者多方面的情况和安排锻炼的时间及场地、器材等方面的条件；还可对有关体育舞蹈创编的文字和录像资料进行学习。

（2）制订总体方案：确定所编体育舞蹈的风格、难易程度等因素，根据音乐特点设计动作结构顺序及主要动作类型。在形成基本构思的前提下选配并剪接音乐。最后，总体归纳构思，整体检查构思的完备性和合理性。

（3）音乐选择与剪接：音乐选择应与所创编的体育舞蹈特点相符合。要根据创编的目的选择相应风格的音乐，突出个性特点；同时，可根据成套动作结构或具体要求来确定音乐的长短起伏，或根据音乐的长短起伏来确定成套动作结构。

（4）进行动作创编：在按照方案创编动作时，可根据实际情况对单个动作进行修改或增减，如动作的方向、路线、转法等因素，团体舞还可增加队形变化，以体会动作创编的适宜性。

（5）练习与调整：按设计好的动作进行练习时，应进行多方面检查，如整套动作结构顺序的合理性和艺术性的检查等；也可根据练习者的反馈信息及创编者的观察情况，对成套动作进行适当的修改、调整。

（6）撰写文字说明与绘图：为教学、研究及今后的长期保留等需要，可通过简明扼要的文字说明和形象逼真的绘图对创编的体育舞蹈动作进行保存，做到图文并茂。图解可根据实际情况绘成详细图或单线条简图。

第十六章

瑜　伽

第一节　瑜伽运动简介

一、瑜伽的起源及现状

瑜伽（YOGA）起源于印度，距今已经有 5 000 多年的历史，这个词源自于梵文，意为"联结""和谐"。换句话说，瑜伽意味着通过练习，使身体与心灵活动能够相互联结，进而达到身心合一。瑜伽的修炼方法，能把杂乱的精神集中并使之平静下来。

瑜伽意味着与某种更高甚或神圣境界的结合。瑜伽最主要的目的是协助练习者通过这些古老的技巧，去开发自己内在最大的潜能，以及最高意识。这些古老的技巧能对练习者的身、心、灵进行全方位的锻炼。

练习瑜伽时，身体、动作、思想和呼吸相互联系，能产生一种平衡、放松、和谐的感觉。练习者利用自己的身体来净化思想。通过这种彻底的身心训练，肉体和灵魂的每一个细胞都会被唤醒。

近年来，瑜伽风靡全球，尤其是西方国家。无数的瑜伽爱好者通过练习瑜伽姿势保持和塑造青春体形、消除精神紧张。瑜伽的神奇作用使得瑜伽在中国的健身俱乐部也很受欢迎，瑜伽作为一项热门的运动项目正在走入人们的生活当中。

二、高职院校学生练习瑜伽的益处

瑜伽练习首先着眼于身体的强健，然后要求身心融合为一，长期练习瑜伽可使人的身心达到平衡，使心灵和身体得到放松，从而消除疲劳、减轻压力。瑜伽练习舒缓、温和，不透支心肺功能和体力，从塑形、健身、意识形态、生活方式等方面给练习者带来了很多益处，它是一项有着高效锻炼价值的运动项目，是所有健身项目中最适合终身体育的运动方式。随着"健康第一""以人为本"的教育发展理念的日益深入，高校体育教育教学的改革已普遍展开，《全国普通高等学校体育课程教学指导纲要》的颁布，为学校体育教学改革提供了依据。健身瑜伽作为一项新兴的运动项目，以其独特的健身功效吸引着越来越多的健身爱好者；它正逐步走入大学校园，成为一项深受高职院校学生喜爱的体育项目之一。

（一）瑜伽练习有助于培养高职院校学生身心的健康发展

瑜伽练习时，通过瑜伽呼吸法、体位法、冥想和放松的练习，可达到舒展筋骨、轻松身心、塑造形体、通畅经络的效果，从而使练习者在健身的同时消除疲劳、缓解压力。在健身瑜伽课上，学生在安静的环境中，聆听着柔和的音乐和教师轻柔的语音来进行瑜伽姿势和瑜伽冥想练习，慢慢集中注意力，调整呼吸，使呼吸变得均匀缓慢，排除杂念，敞开心扉，释放生活学习中的压力，从而养成一种积极乐观、良好健康的生活态度，最终达到身体和精神两方面的健康，这对于大学生来说是尤为重要的。瑜伽最大的功效在于调心，练习瑜伽可以使大脑得到充分休息，自主神经产生的不快同时会消失无踪，而且原先急躁的性格也会有所改善，从而促进身心平衡发展。社会竞争日益加强，科学文化高速发展，当今的高校大学生学业压力、人际交往压力、就业压力等越来越大，这严重影响了他们的身心健康，因此，建立科学文明健康的现代生活方式，追求健康的学习生活，已经成为当今大学生的一种重要的需求。有相关研究表明，学生由于在大学里缺乏经验，加之高校课程设置的局限，以及心理问题的封闭性，所引发的各种困惑和烦恼不能及时排解，从而影响他们的身心健康。健身瑜伽针对学生的生理特征，通过练习可分解压力，使身心平衡发展。

（二）健身瑜伽有助于培养高职院校学生终身体育观

瑜伽是一项很好的健身运动项目，它不但可以强身健体，还可以养生、治病、消除疲劳及紧张情绪等，它简单易学，练习时不受场地、时间和人数的限制，既适宜集体练习，也适宜个体的自我练习；既适宜在课堂上练习，也适宜在宿舍、家中、办公室、以及室外练习等，练习者可根据自己的情况来选择练习内容、练习方式和练习难度。瑜伽从塑形、健身、意识形态、生活方式等方面给练习者带来了很多益处，它是一项有着高效锻炼价值的运动项目，是所有健身项目中最适合终身锻炼的运动方式，这为学生养成终身体育观奠定了良好的基础。

三、瑜伽的分类

瑜伽是门博大精深的学问，其流派分支甚多，每个分支都以不同的方式来协助练习者进行潜能开发。各种分支适合各类型不同的人，以下介绍一些较为主要的流派。

（一）哈达瑜伽

在哈达这个词中，"哈"的意思是太阳，"达"的意思是月亮。因此，哈达意味着平衡，无论是男与女、日与夜、正与负、阴与阳、冷与热，或者任何其他对立两者的平衡。

哈达瑜伽主要是控制身体和呼吸。这是所有瑜伽分支中最实用，也是最为西方所熟悉的一个分支，这个系统的训练包括身体的姿势、呼吸和放松技巧，而这些技巧对神经系统、各种腺体和维持生命的内脏器官，都大有帮助，其目的在于提升身体的活力，以及唤醒蛰伏的能量。

尽管哈达瑜伽本身就具备使身心合一和大脑平静的作用，但也有人认为，哈达瑜伽主要是让身体做好准备，以作为练习锻炼大脑意识的王者瑜伽的先导练习。

（二）王者瑜伽

该类瑜伽主要是在对自我意识的控制。这个分支透过心智规范，来达到对意识的控制，以及让思考静默下来的目的。王者瑜伽被视为瑜伽中的最高境界，Raja这个词，在梵文中的意思即为"国王"或"最高权力"。所以，王者瑜伽亦被译为胜王瑜伽。

（三）智者瑜伽

透过研习知识以及自己感兴趣的经文，同时进行冥想，进而达到自知之明。

（四）善者瑜伽

善者瑜伽是透过爱与奉献来进行的瑜伽系统，此瑜伽又被称为虔诚瑜伽。这个分支常会经由对所喜爱的神、上师，以及先知等的奉献来进行，而其规范往往包含了宗教、仪式，以及歌诵和赞美，以表达修炼者的全心奉献。

（五）业瑜伽

业瑜伽是通过无私活动和服务来实践，业瑜伽有时也被称为"行为瑜伽"。

（六）梵咒瑜伽

透过发音，或在大脑里不断重复"神"的声音，来达到练习的目的。修炼者相信当不断重复某些音节、词汇或短语时，大脑的意识状态将会被改变，这被称为Japa。

（七）密宗瑜伽

最常见的修炼方法就是对性能量的驾驭。就算是一个人单独修炼，它依然要求修炼者控制性能量，且透过男女的两性合一，来达到天人合一的境界。

在西方，瑜伽已成为男士的健康必修课。而在目前国内的瑜伽馆或健身俱乐部里的瑜伽课程中，几乎很少看到男性的身影，差不多99％是女性朋友。对瑜伽的误解让许多男性裹足不前，但事实上，瑜伽并非女性的专项，男性练瑜伽的益处也非常多。任何形式的放纵都不可能让身心得到真正的放松，反而常常连放松都不会了。瑜伽可以改善身体的柔韧性，增强协调性，提高敏捷性，塑造刚柔并济的身体线条，培养儒雅高贵的男性气质，瑜伽是一种非常好的减压方法。在现代快节奏的工作和生活，尤其是社会赋予男人更多的责任和要求，男人习惯承担压力，缺少减压的途径。瑜伽可帮助改变浮躁的性格，提高自控能力，修正不良的生活习惯；同时对男性性功能障碍有一定的预防和治疗作用。瑜伽在初级阶段时柔韧性很重要，可是越到难度大的动作时，对力量的要求越高，很多动作对女性而言几乎是不可能完成的任务，所以印度的瑜伽大师及西方瑜伽实践者有许多都是男性。男性朋友刚开始入门时也许不是很快，可是随着练习的深入就会发现，由于身体柔韧性的增加，男性从瑜伽中获得的好处可能更多，他们的体力会变得更好，心态会更平和。

第二节　瑜伽呼吸法

一、呼吸的分类

（一）从呼吸的部位来分

基本而言，呼吸分为腹式呼吸、胸式呼吸和腹胸式完全呼吸。腹式呼吸——以肺的底部进行呼吸，感觉只是腹部在鼓动，胸部相对不动。胸式呼吸——以肺的中上部分进行呼吸，感觉是胸部在张缩鼓动，腹部相对不动。腹胸式完全呼吸——肺的上、中、下三部分都参与呼吸的运动，腹部、胸部乃至感觉全身都在起伏张缩。唯有第三种呼吸才是瑜伽的呼吸要求。

（二）从呼吸的过程来分

瑜伽呼吸法有屏息与不屏息二种。而屏息又分为呼气后的屏息与吸气后的屏息两种。

（三）从呼吸的功用来分

有左鼻孔呼吸、右鼻孔呼吸、左右鼻孔交替呼吸等三种。

二、呼吸法的配合

练习瑜伽的呼吸法，一定要配合上相应的收束法（庞达）来进行。不然，呼吸带来的身体内的能量会变得混乱无序而伤害神经系统。而瑜伽呼吸法的选择也一定要针对练习者个体的实际情况（身体状况、性格情绪状况），这就需要瑜伽老师有丰富的瑜伽经验和洞察能力。收束法的目的：一是避免能量混乱而耗散；二是将能量运送到需要的部位；三是刺激特殊的腺体与唤醒相关脉轮。呼吸的收束法主要有以下三种。

（一）下巴收束法

在呼吸的过程中始终以下巴抵住胸骨（与其说是下巴向下抵胸部，不如说是提起胸部，使其与下落的下巴相结合）。肋骨要抬起，头、胸骨、肚脐和两大腿之间要处于一正中线上。

（二）会阴收束法

垂直收缩肛门与生殖器之间的中心部位，与此同时将下腹部前和肚脐下部压向后上方的背部。

（三）腹部收束法

一般是配合呼气时进行。通过横膈膜一边将内脏向后上方的背脊牵拉，一边向上移。感觉腹部完全凹扁下去。

三、呼吸法简介

（一）腹式呼吸

健身功效：一种基本的呼吸法。缓慢有意识地用腹肌呼吸，把手放在腹部，可以感觉到腹部的运动，集中意识，手中能量可传达到腹部。

动作要领：① 两手的拇指和食指做出三角状，放在肚脐中心位置。② 把手放在腹部上，两鼻孔慢慢地吸气，放松腹部，感觉空气被吸向腹部，手能感觉到腹部越抬越高，实际上横膈膜下降，将空气压入腹部底层。吐气时，慢慢收缩腹部肌肉，横膈膜上升，将空气排出肺部。吐气的时间是吸气的 1 倍时间。

（二）横膈膜呼吸

健身功效：是使头部清晰，使身体活性化的一种呼吸法。虽然用单鼻孔来呼吸的，但是也要按照规定的速度呼吸。

动作要领：闭嘴，从两鼻孔中有力而短促地呼出气体。就如从蒸汽机里发出声音一样，自然地吸气，以 1 秒 1 次来呼气。

（三）净化呼吸道呼吸

健身功效：用每一个单鼻孔来呼吸。右鼻通阳、交感神经、活动等，左鼻通阴、副交感神经、静稳等。

动作要领：① 弯曲右手的食指和中指。用拇指按住右鼻，从左鼻中呼出残留气体，然后再从左鼻吸入气体。② 拇指放开，用无名指和小指按住左鼻，从右鼻呼气，再从右鼻吸入气体，然后再用拇指按住右鼻，从左鼻呼气。呼气时间是吸气时间的1倍。

（四）完全放松呼吸

健身功效：使腹部、胸、肩到喉咙有意识地运用这种方式以及肺的下部、中部、上部全部运用这种方式的呼吸法。练习中会感觉到把滞留在肺部的能量放出去，同时会有新鲜的能量充满肺部。

动作要领：① 吐净气。慢慢地往腹部吸气，像要把腹部胀起一样。把腹部充满的空气提升到胸部。接下来，一边吸气一边提肩，使空气提到喉咙里。② 使腹部慢慢地瘪下去，缩胸，放下肩部，吐气。

第三节　瑜伽体位法

一、瑜伽姿势

瑜伽姿势是指一个人能够在身体上和精神上保持稳定、平静、超脱和舒服的姿势。一种稳定和愉快的瑜伽姿势能够带来精神上的平衡，并能防止思想变得浮躁。在瑜伽圣典中总共有800余万种不同的瑜伽姿势，其中有8 400种是最卓越的。瑜伽姿势不同于其他健身运动，它是一种姿势，不需要一个较大的活动空间或是昂贵的设备器材，因为身体的四肢就能提供必要的重力和平衡力。

当完成了瑜伽姿势以后，人的身躯和思想就能获得稳定，四肢会感到很轻松。如果没有瑜伽姿势就不能称为瑜伽，一旦掌握了瑜伽姿势，身体就会很少出现混乱的情况，会很健康，而只有这样，才是真正地理解瑜伽。

二、热身姿势

（一）颈部转动功

动作要领：

（1）屈膝坐好，两手放于两膝上，伸直脊柱，两眼看前方。

（2）呼气，慢慢低头，伸展颈椎，眼看胸部。

（3）吸气，慢慢抬头，伸展颈部前侧，眼看上方。

（4）呼气，回到中间。

（5）重复 1 次后调整呼吸。

（6）呼气，头转向左，以脊柱为轴，上体转向左，眼看左后方，伸展右侧颈部和腰部。

（7）吸气，头转回中间。

（8）呼气，头转向右，以脊柱为轴，上体转向右，眼看右后方，伸展左侧颈部和腰部。

（9）吸气，头转回中间。

（10）自然呼吸，顺时针方向转动颈部 5 ~ 6 次，再逆时针转动颈部 5 ~ 6 次，然后头回到中间。

（二）双肩转动功

动作要领：

（1）屈膝坐好，两手放于体侧。

（2）肩关节从前向后做 360°绕环 3 ~ 6 次，然后从后向前做 360°绕环 3 ~ 6 次。

（3）吸气，向上提肩，紧靠颈部耸起。

（4）呼气，向下沉肩展胸。

（5）放松两臂、两肩。

（6）吸气，两手侧平举；呼气，两手向两侧延伸。

（7）吸气，两手上举，在头上方手心交错相对。（图 16-3-1）

（8）呼气，低头，眼看胸部，自然呼吸数秒。

（9）吸气，抬头，呼气，放下两臂。

图 16-3-1

（三）胸、背的运动

动作要领：

（1）屈膝盘坐，两手放于体侧。

（2）吸气，两手前平举。

（3）呼气，两手经侧平举在背后十指交叉，两肩后收夹紧背部，同时向后仰头伸展颈部前侧。

（4）两肩关节，两手臂胸前相抱，低头伸展颈椎。

（四）腰腿运动

动作要领：

（1）屈膝坐好，两手放于两膝上。

（2）左腿向左方伸出，绷脚尖，伸直膝盖，右脚跟贴近会阴。

（3）呼气，上身躯干缓缓向左侧下压，使左肩尽量向下贴于左膝，伸出右手，抓住左脚尖，眼向上看。（图 16-3-2）

（4）吸气，抬起上身躯干。

图 16-3-2

（5）交换两腿，动作相同，方向相反。

注：每次练习瑜伽动作时，尽量先做一遍热身姿势，以防止关节和韧带的拉伤。

三、瑜伽体位

（一）敬礼式

动作要领：

（1）蹲下，两脚平放地上，双膝分开。

（2）双掌合十，用两肘推两膝的内侧。吸气，向后伸展颈项，两眼向上看，把两肘再向外推，借此尽量将两膝向外伸展。（图16-3-3）

图16-3-3

（3）保持这个姿势6秒钟。

（4）呼气，两臂向前伸直，两掌仍合十。

（5）把两膝尽量向内侧收，相互靠拢。

（6）上身躯干向前下方弯下去。

（7）保持这个姿势几秒钟。在做这个姿势练习的全过程中，臀部不应着地。

（8）把以上顺序反过来做，恢复蹲下的姿势。

（9）至少重复做12次。

健身功效：这个姿势能改进练习者的体态和平衡感，它使颈部得到伸展，对双肩、双臂、两腿和两膝等处的神经有益。

（二）腰侧弯式

动作要领：

（1）自然盘坐准备，腰背保持挺直，双手自然放于体侧，指尖向外。（图16-3-4）

（2）吸气，抬起左臂贴靠左耳。（图16-3-5）

（3）呼气，弯曲右肘，左手牵引身体向右、向下侧弯，扭转头部眼睛看向左上方。（图16-3-6）

（4）吸气时左手牵引身体向远处伸展。

（5）呼气时身体再向右侧弯，收紧腰部，不要让在下的右手臂承受太大的压力。

（6）吸气，还原身体。

（7）呼气，还原左手向下。

（8）方向相反，动作相同，可重复3~6次。

健身功效：减少腰部脂肪，美化腰部曲线。

图 16-3-4　　　　　　图 16-3-5　　　　　　图 16-3-6

（三）简化脊柱扭动式

动作要领：

（1）两腿向前伸直坐好。两手平放地上，略微在臀部的后方，两手手指向外。

（2）把左手移过两腿，然后把它放在右手之前。（图 16-3-7）

（3）把左脚放置在右膝的外侧，并把右手掌进一步伸向背后。

（4）吸气，尽量把头转向右方，从而扭动脊柱。（图 16-3-8）

（5）蓄气不呼，保持这个姿势若干秒钟。

（6）呼气，把躯干转回原位。这是一次扭动。

（7）每边约做 6 次扭动动作。

健身功效：伸展脊柱，有助于消除较轻的背痛。

图 16-3-7　　　　　　　　图 16-3-8

（四）鸭行式

动作要领：

（1）蹲下，两手放在两膝上。

（2）一面保持蹲下的姿势，一面向前步行。（图 16-3-9）

（3）开始时用脚趾着地来步行。

（4）在 20～30 秒钟之后，开始用平板脚走路。

（5）再过 20～30 秒钟，每行一步就用膝盖触碰地面一次。

图 16-3-9

（6）这个练习可根据个人条件喜好决定练习时间，但要小心不要过于费力劳累。

健身功效：这个练习能增强两腿肌肉力量，增进两腿血液循环，兴奋消化过程。

（五）船　式

动作要领：

（1）仰卧，两腿伸直。

（2）两臂平放体侧，掌心向下。

（3）吸气，同时将头部、躯干、两腿和双臂抬起，离开地面。

图 16-3-10

（4）脚趾和头部离开地面 30 ~ 60 厘米。

（5）双臂应向前伸直并与地面平行。（图 16-3-10）

（6）一边蓄气不呼，一边尽量长时间保持这个姿势，但以不勉强费力为限。

（7）一边渐渐地把双腿和躯干放回地面，一边慢慢呼气。

（8）放松全身。

（9）重复做这个练习 6 次。

（10）休息几秒钟，然后按略有变化的做法再做 6 次。

（11）当保持躯体从地面抬起的姿势时，握紧双拳，把全身的肌肉紧张起来。

（12）然后呼气，小心地把各部位放回地面上，把全身完全放松。

健身功效：这个姿势能促进肠道蠕动，改善消化系统的功能，促进肠胃蠕动；也有放松身体肌肉和关节的功效，对神经紧张的人特别有益。

（六）摇摆式

动作要领：

（1）仰卧，两腿向前伸直。

（2）两腿屈膝，将两大腿收近胸部。（图 16-3-11）

（3）两臂抱住两腿，十指相交。

（4）抬起头，让身体前后摇摆。（图 16-3-12）

（5）小心不要让头猛碰地板。

（6）前后摇摆 5 次，到第 5 次完成时，顺势做出蹲着的姿势，这是一个回合。（图 16-3-13）

（7）重复做 8 ~ 10 个回合。

健身功效：这个练习能按摩双髋、双臂和背部，放松僵直的背部，促进血液循环。

图 16-3-11

图 16-3-12

图 16-3-13

（七）幻椅式

动作要领：

（1）站立，将两臂伸直高举头上，双掌合十。（图16-3-14）

（2）呼气，屈膝，放低躯干，就像准备要坐在一张椅子上似的。（图16-3-15）

图16-3-14　　　　　　　　　图16-3-15

（3）两条大腿应与地面几乎平行，胸部尽量向后收。

（4）正常地呼吸，保持这个姿势30秒钟。

（5）然后，吸气，放下两臂，恢复基本站立式。

健身功效：强健两腿，增进体态平衡稳定，矫正不良姿势，强化脊柱、强壮背部肌肉群，消除肩膊酸痛、僵硬不灵，给心脏柔和的按摩。

（八）虎　式

动作要领：

（1）跪下，臀部坐在两脚跟上，脊柱伸直。

（2）两手放在地板上，抬高臀部，做出爬行的姿势。（图16-3-16）

（3）吸气，把右腿向后伸直，同时两眼向上凝视。（图16-3-17）

（4）呼气，然后把腿放回髋部下面，贴近胸部。保持脚面略高于地面，两眼向下看，用鼻子触膝部，把脊柱形成拱形。（图16-3-18）

再把右腿向后方伸展，重做这个练习，每条腿做6次。

健身功效：有助于使脊柱得到伸展和运动，强壮脊神经和坐骨神经，减少髋部和大腿区域的脂肪。

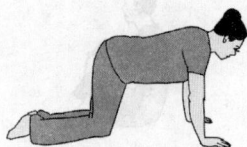  

图16-3-16　　　　　　　　图16-3-17　　　　　　　　　图16-3-18

（九）战士（一）式

动作要领：

（1）站立，两脚并拢，两臂靠着躯体两侧。

（2）双掌合十，高举过头并尽量伸展。然后吸气，双腿分开。（图16-3-19）

（3）呼气，将右脚和上身躯体向右方转90°。左脚只须向同样方向（即右方）小幅转动。（图16-3-20）

（4）屈右膝，直到大腿与地面平行，而小腿则与地板及大腿成垂直角度。将左腿向后伸，膝部挺直。头向上方仰起，两眼注视合十的双掌，尽量伸展脊柱。（图16-3-21）

（5）有规律地呼吸。

（6）保持这个姿势20～30秒钟。

（7）恢复到基本站立式，按相反方向做同样练习。

健身功效：加强双踝、双膝、双髋和双肩的力量，放松颈项和下背部，扩展胸腔、增进深呼吸，对肺部有益，减少髋部区域的脂肪，增强练习者的平衡感和注意力。

警告：这是一个强度很大的姿势，心脏衰弱的人不要尝试做这个动作。

图16-3-19　　　　　　图16-3-20　　　　　　图16-3-21

（十）蹬自行车式

动作要领：

（1）仰卧，两腿伸直。

（2）将两腿抬高并做用脚蹬自行车的动作。想象自己正在蹬自行车（图16-3-22）。至少做12次旋转动作。

（3）停止，然后开始向后蹬。至少再做12次旋转动作。

（4）两腿并拢，两脚同时向同一方向做蹬车动作。向前蹬12次，然后反过来再蹬12次。

图16-3-22

（5）以躺着的姿势休息，直到你已经彻底放松、呼吸恢复正常为止。

健身功效：加强两大腿和两膝力量，增加血液循环，对腹部器官和双膝有温和的强壮作用。

（十一）蝴蝶式

动作要领：

（1）坐着，两脚脚底相互合拢，在整个练习过程中都要两手相合，抱着脚趾尖以保持两脚合拢。逐步收合两脚脚跟，尽可能移近两腿分叉处。（图16-3-23）

（2）身体向前倾，同时用两肘使双膝尽量触及地面。（图16-3-24）

（3）保持这个姿势30秒到1分钟。

（4）可替代的做法：把两手放在两膝上。将两膝推到触及地面，让两膝再抬起来。（图16-3-25、图16-3-26）

（5）至少重复12次。

健身功效：经常练习对骨盆有益，促进血液流入背部和腹部；有助于消除泌尿功能失调和坐骨神经痛；有助于预防疝气；纠正月经周期不规律现象。如果在怀孕期经常练习此式，分娩将会更容易顺利，痛苦也更少。

警告：小心不要让肌肉过于用力而疲惫，循序渐进地伸展这些肌肉。

图16-3-23　　　　图16-3-24　　　　图16-3-25　　　　图16-3-26

（十二）单腿交换伸展式

动作要领：

（1）坐在地上，两腿伸直，双手放于臀部两侧，指尖向前。

（2）屈左膝，左脚脚掌贴在右大腿内侧，膝关节自然向外展开，身体正对前方，双臂向上伸展举过头顶。（图16-3-27）

（3）从腰部开始身体向前向下俯身，背部保持伸直。双手抓住右脚脚掌，稍屈肘，拉动身体贴近右腿，脚尖后勾，放松颈部。保持这个姿势10秒钟（图16-3-28）。10秒钟后，身体逐渐回到正直，休息20秒钟，换另一侧练习。每条腿可以做两次这个动作。

图16-3-27　　　　图16-3-28

健身功效：有助于消除腰部的脂肪，强壮肝脏和脾脏，使双肾、胰脏和肾上腺活动旺盛，并减少或消除胃气胀和其他胃肠问题，具有促进正常的消化与排泄作用。

（十三）侧角伸展式

动作要领：

（1）两腿分开站立，至少 1~2 倍肩宽，伸直膝关节，同时两手侧平举，伸直脊柱、颈椎，保持上体的直立。（图 16-3-29）

（2）屈右膝，保持上体不动，眼看右手。（图 16-3-30）

（3）呼气，以脊柱为轴，上体慢慢向右侧倾斜，右手尽量触及右脚内侧的地面，左手向右侧伸展。（图 16-3-31）

（4）保持姿势 30 ~ 60 秒钟。

（5）吸气，慢慢抬起上体，回到中间。

（6）呼气，在左边做同样的动作。

健身功效：有助于胸部的发展，帮助发展两踝、两小腿肌肉、双膝、两大腿的力量，可以减轻关节疼痛和坐骨神经痛，有效刺激肠胃系统的蠕动，帮助消化过程。它还帮助减少腰部的脂肪。

图 16-3-29　　　　　图 16-3-30　　　　　图 16-3-31

（十四）树　式

动作要领：

（1）直立，两脚并拢，两手掌心向内，两臂靠近左右大腿的外侧。

（2）把右脚跟提到腹股沟和大腿上半部区域，右脚尖向下，把右脚放稳在左大腿上。

（3）一边用左脚平衡全身站立姿势，一边双手合十。（图 16-3-32）

（4）两臂伸直高举过头。（图 16-3-33）

（5）深深吸气，保持这个姿势 30 ~ 60 秒钟。

（6）将合十的双掌收至胸部分开。

（7）伸直右腿，恢复"基本站立式"。

（8）换左脚练习。

健身功效：加强腿部、背部和胸部的肌肉，增强两踝的力量，改善人体体态的稳定与平衡，增强集中注意的能力，放松两髋部位，并对胸腔区域有益。

图 16-3-32   图 16-3-33

（十五）犁　式

动作要领：

（1）平直仰卧，两腿伸直放松，两脚并拢。两手平靠体侧，掌心向下。以这个姿势放松保持 15~20 秒钟。

（2）吸气，一边保持两腿并拢，两膝伸直，一边两掌轻轻用力向下按，收缩腹部肌肉使两腿离开地面举起，升到躯干上方成垂直角度。（图 16-3-34）

（3）呼气，继续将两腿向后摆至两脚伸过头后，脚趾碰到地面。臀部和下背部离开地面。（图 16-3-35）

（4）保持这个姿势 10~15 秒钟，缓慢而有规律地呼吸。

（5）恢复时膝部弯曲，一节脊椎接一节脊椎地展开卷曲的身躯，直到臀部再次贴在地面上。然后，双腿伸直顺势放下来。回到开始的姿势。

（6）休息 20 秒钟，然后再做 2 次。

健身功效：减轻背痛；消除肩膀和两肘的僵硬感；消除腰部、髋部和腿部的脂肪；有助于治好手部的痉挛；促进消化功能，消除便秘；有助于调治月经失调。

警告：年老体弱者应向医生咨询之后再做。坐骨神经痛的人不应该练习这个姿势。

图 16-3-34   图 16-3-35

（十六）向太阳致敬式

动作要领：

（1）挺身站立，但要放松，两脚靠拢，两掌在胸前合十，正常地呼吸。（图 16-3-36）

（2）两脚保持平衡在地上站稳。双臂高举头上（举臂时，两手食指相触，掌心向前），缓

慢而深长地吸气,上身自腰部起向后方弯下。(图 16-3-37)

(3)在这样做的过程中,两腿、两臂都伸直;上身向后弯以帮助增加脊柱的弯度。

(4)一面呼气,一面慢慢向前俯身,用双掌或两手手指触及地板(不要弯曲双膝)。以不感到太费力为限,尽量使头部靠近双膝。(图 16-3-38)

(5)一面保持两掌和右脚在地板上稳定不动,慢慢吸气,同时把左脚向后伸展。

(6)在做上述动作的过程中,慢慢把头向后弯,胸部向前方挺出,背部则成凹拱形。(图 16-3-39)

(7)一面慢慢呼气,一面把右脚向后移,使两脚靠拢,两脚脚跟向上,臀部向后方和上方收起,两臂和两腿伸直,身体像一座桥的样子。(图 16-3-40)

(8)一边呼气,一边让臀部微微向前方摇动,一直到两小臂垂直于地面为止。然后蓄气不呼,弯曲两肘,把胸腔朝着地板方向放低(臀部和腹部比胸部离开地面还高少许)。(图 16-3-41)

(9)一边保持胸部略高于地面,一边慢慢呼气,把胸部向前移,直到腹部、两条大腿接触地面。(图 16-3-42)

(10)吸气,同时慢慢伸直两臂(或者以不过度劳累背部为限,尽量伸直两臂),上身从腰部向上升起,背部应成凹拱形,头部像眼镜蛇式那样向后仰起。(图 16-3-43)

(11)呼气,同时把臀部升高。(同图 16-3-40)

(12)一边吸气(双掌和右脚稳定地放落在地面上),一边弯曲左腿并将左脚伸向前边。向上看,胸腔向前挺,脊柱成凹拱形。试把这个动作做得连贯不断,一气呵成。(图 16-3-44)

(13)一边保持两掌放在地板上,一边慢慢呼气,把右脚放在左脚旁边。低下头,伸直双膝。(同图 16-3-38)

(14)一边吸气,一边慢慢抬高身躯,两臂和背部向后弯。(同图 16-3-37)

(15)一边呼气,一边恢复到开始的姿势,两掌在胸前合十。(同图 16-3-36)

健身功效:这个练习对身体各个不同系统产生良好影响,有助于使各系统互相达致和谐状态。

图 16-3-36

图 16-3-37

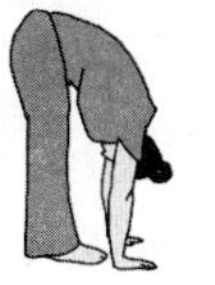

图 16-3-38

图 16-3-39

图 16-3-40

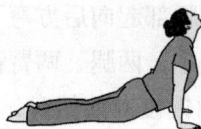

图 16-3-41   图 16-3-42   图 16-3-43   图 16-3-44

（十七）简鱼式

动作要领：

（1）仰卧，双脚并拢伸直，双手掌心向下，放在臀部两侧，全身放松。

图 16-3-45

（2）吸气，同时双肘撑地，把上身支撑起来，头顶触地，使背部尽量向上弓起，双手放在大腿根部。（图 16-3-45）

（3）用鼻子做深呼吸，保持2分钟。

健身功效：伸展颈项，调整甲状腺。纠正圆形或驼起的背部形态姿势。

（十八）金鸡独立式

动作要领：

（1）两脚并拢站立，同时两手上举，手心相对。

（2）慢慢抬起左脚，左手抓住左脚背，重心移至右脚。（图 16-3-46）

（3）上体向右前方倾斜，右手指向右前方，同时，左脚在左手的帮助下尽量向后上方伸展。（图 16-3-47）

（4）慢慢放下左脚，放下两手，还原到基本站立姿势。

（5）换右侧做同样的练习。

健身功效：增加练习者的平衡感和腿部力量，对腹部有很好的按摩作用。

图 16-3-46   图 16-3-47

（十九）三角伸展式

动作要领：

（1）直立，两腿伸直，两脚大幅度地分开，脚尖微微向外。

（2）两臂向两侧平伸，与地面平行。（图 16-3-48）

（3）呼气，慢慢向右侧弯腰，在弯腰过程中要保持两臂与躯干成 90° 角。

（4）尽量向侧边弯曲，然后保持这个姿势，舒适地呼吸。

（5）如果身体变得很柔软的话，做到右手碰触右脚踝或右脚、双臂垂直于地面的程度。保持姿势 10 秒钟。（图 16-3-49）

（6）吸气，慢慢回到基本三角式。然后在左边做同样的步骤。

（7）左右每边各做 5 次这个练习。

健身功效：增强脊柱柔软和灵活性，消除腰部赘肉。对治疗多种皮肤病有好处。

图 16-3-48　　　　　　　　　图 16-3-49

（二十）骆驼式

动作要领：

（1）跪在地上，两大腿与双脚略分开，脚趾指向后方。（图 16-3-50）

（2）吸气，两手放在两髋部，轻轻将脊柱向后弯曲，伸展大腿的肌肉。

（3）在呼气的同时，把双掌放在脚底上，保持两大腿垂直于地面，将头向后仰，用双掌压住两脚底，借此轻轻将脊柱向大腿方向推。（图 16-3-51）

（4）一边保持此式，一边把颈项向后方伸展，收缩臀部的肌肉，伸展下脊柱区域。

（5）保持 30 秒钟之后，将两手放回两髋部，慢慢恢复预备式。

（6）坐下来休息。

健身功效：伸展和强壮脊柱，促进血液循环，纠正驼背和肩下垂的不良体态。

图 16-3-50　　　　　　　　　图 16-3-51

（二十一）肩倒立式

动作要领：

（1）开始练这个姿势时先像做犁式练习那样仰卧。

（2）两臂轻轻向下按以求平稳，慢慢将腿举离地面。

（3）当两腿垂直地面时，升起髋部，使腿在头部上方，超过头部。（图16-3-52）

（4）用两手托起下腰部的两边，撑起躯干。（图16-3-53）

（5）将腿慢慢尽量伸直，不要过于紧张或做无谓的用力。（图16-3-54）

（6）舒适地呼吸，保持这个姿势1分钟，最好是3分钟。

（7）慢慢放平髋部，伸直双腿，慢慢放到地面上。

健身功效：这个姿势能使血液中血红蛋白含量得到提高。

警告：患有高血压病的人除非能够做犁式姿势4分钟或更久些，否则不宜做肩倒立练习。

图16-3-52

图16-3-53

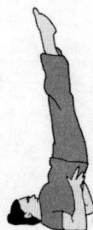

图16-3-54

第四节　瑜伽冥想及休息术

一、瑜伽冥想坐姿

瑜伽所有冥想坐姿都具有减少下肢的血流量、减缓血液流速、消除下肢的僵硬和疲劳、给予脊柱下半部分滋养的作用，对腹脏器官有益。

（一）简易坐

坐于地面，双腿自然弯曲盘起；双手轻放于膝关节上。（图16-4-1）

特点：可以减轻风湿疼痛，消除关节炎。

（二）雷电坐

跪立，双膝并拢，大脚趾交叠，足跟、脚踝像括号一样，向左右两边分开；背部垂直于地面，臀部坐于两脚内侧。（图16-4-2）

特点：适于患有坐骨神经痛、尾骨感染及胃病的人练习。

（三）达仁坐

直角坐姿准备，背部自然伸直，将右脚跟顶住会阴部，右脚脚底紧贴大腿；将左脚置于右脚下，左脚脚跟靠近耻骨，前脚掌和脚趾插进大腿和小腿之间。（图16-4-3）

特点：可镇静神经，保持并提高心灵的敏锐与清晰。但患有坐骨神经痛、尾骨感染的人应避免做这个姿势。

（四）莲花坐

直角坐姿准备，将右脚脚背置于左大腿根上；再将左脚脚背置于右大腿根上，两只脚的脚心朝上；两膝向下，贴近地面；伸直背部，端正头部。（图16-4-4）

特点：有益于呼吸系统和消化系统的健康，使神经系统充满活力，消除紧张情绪；使下肢的肌肉富有弹性，各个关节柔韧性增强，虽然久坐，也不会出现充血。

图 16-4-1

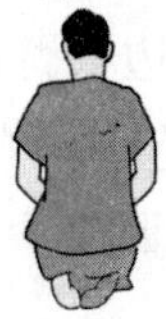

图 16-4-2

图 16-4-3

图 16-4-4

坐姿提示：

（1）双手帮助将脚盘放到准确的位置上。

（2）每一种坐姿都要左右换腿练习。

（3）一旦有不适感觉，一定要按摩放松腿部，或交换腿再练习。

（4）练习时注意保持腰部、背部、颈部、头部成一条向上的直线。

（5）刚开始练习，尤其是练习难度较大的坐姿时，时间长了脚背、脚踝、膝关节、髋部甚至是腰部都容易出现不适的现象，对于初学者来说这是很正常的现象，只要及时地按摩放松，不会有任何的负面影响，坚持一两个月这种不适的感觉就会消失。

二、瑜伽休息术

（一）休息术

瑜伽休息术是一帖简单而有效地放松身心的良方，任何人都可以做。它包括：瑜伽语音冥想、放松身体各部位、瑜伽场景冥想和精力充沛后起身。

准备好瑜伽垫，开始瑜伽休息术。仰躺于垫子上，端正全身，使脊柱伸直、放平。伸直双臂，置于体侧15°的位置，双手手心向上，两脚分开约一尺的距离，全身以最舒适的状态保持不动，闭上眼睛。

1. 语音冥想休息术

静心关注自己的一呼一吸，开始瑜伽语音冥想：

选择好任意一个自己喜爱的语音，如：马丹那—末汉那。

每次吸气时，心里默念马丹那—末汉那。

每次呼气时，嘴巴轻轻地出声念马丹那—末汉那。

让这柔和、宁静的声音发自肺腑，由气息带出，感觉这声音飘得很远很远，每一个音节之间可以加大间隔，根据自己气息的长短合理安排，吸气与呼气的时间一样长。将语音反复10次左右，不要着急。

放松意识，不要思考，开始单纯地放松身体各部位。

意识在每一个需要放松的部位注意一会儿，再转到下一个需要放松的位置。

放松右脚的五个脚趾，放松右脚心、脚跟、脚背、脚踝、右小腿胫骨、小腿腓肠肌和比目鱼肌、膝关节、膝关节窝、大腿前侧、大腿后侧。

继续放松右髋、右侧腰、右侧腋窝、右侧肩膀、右边大臂的内侧和外侧、右边小臂的内侧和外侧、右手腕、右手心、右手背、右手的五个手指，包括手指尖都完全放松了。

放松左脚的五个脚趾，放松左脚心、脚跟、脚背、脚踝、左小腿胫骨、小腿腓肠肌和比目鱼肌、膝关节、膝关节窝、大腿前侧、大腿后侧。

继续放松左髋、左侧腰、左侧腋窝、左侧肩、左侧大臂的内侧和外侧、左边小臂的内侧和外侧、左手腕、左手心、左手背、左手的五个手指，包括手指尖都完全放松了。

放松整个臀部、骨盆、所有的肋骨，每一根都放松了，放松后腰及整个背部。

放松尾骨、骶骨、腰椎、胸椎、颈椎，整条脊柱全部放松了。

放松腹部、腹部的内脏器官，放松肾脏、胃部、肝脏、肺部、心脏，所有的内脏器官都放得很轻松、很轻松。

放松肩胛骨，放松颈部的两侧、前侧和后侧。

放松后脑勺、头顶和头的两侧，整个头部完全放松了，头皮和每一根头发全都放松了。

放松前额、面颊、下巴，放松眉目、眼球、眼眶、眼睑、睫毛。

放松耳朵、鼻子、上唇、下唇、牙齿、舌头、喉咙。

放松身体的每一个毛孔，每一寸皮肤，放松全身的肌肉。

感觉整个身体很重、很重，沉到海底，沉到地底，随后感觉身体很轻、很轻，轻得像一片羽毛，漂浮到空中，身体似羽毛飘落到地上。

2. 场景冥想休息术

随后，开始瑜伽场景冥想：用自己的心灵观看每一个场景，这些场景都是自己最想看的简单而美好的场景。它们在眼前一一展现。

湛蓝的天空，白云飘过。

白色的浪花，金色的海岸。

椰树在风中幸福地摆动着枝叶。

和风煦日，全身暖洋洋的，舒服极了。

山上奇松被雪覆盖着，毅然挺立。

优雅的白天鹅和高贵的黑天鹅在绿色湖面上舞蹈。

嫩绿、柔软的草地，晨雾皑皑的森林，透进缕缕晨光……

3. 瑜伽休息术注意事项

（1）放松身体各部位，可以按照不同的顺序，反复进行，直到彻底放松为止。

（2）注意保暖，不要躺在冰凉的地面上；在寒冷处休息需要盖上保暖的毯子。

（3）不习惯平躺的人，可以在后脑处放个小枕头或其他柔软的东西，甚至可以坐着进行。

（4）不要饱餐后做休息术，尤其是在晚上。

（二）休息术结束起身

（1）动一动脚趾、手指，捏一捏拳，感觉到身体慢慢地变暖了。

（2）用力搓热双手，掌心轻轻覆盖在面颊、前额，轻轻地按摩太阳穴，按摩鼻子的两侧。

（3）用手掌向上推送下颌，用手指尖轻轻敲击眼眶四周，搓揉耳郭、耳垂。

（4）将身体右侧卧，右手支撑头部，左手轻轻按摩并敲打百会穴，使头脑清醒。

（5）闭着眼睛，盘腿坐起，调息三次后，睁开眼睛，感觉到明亮的视线。

（6）缓缓起身，直立，完成整套瑜伽休息术。

第十七章

武术运动

第一节　武术运动简介

一、武术运动的起源与发展

武术萌芽于原始社会时期，起源于我国远古祖先的生产劳动。人们在狩猎的过程中，创制了石刀、石锤、木棍等武器，逐渐学会了躲闪、跳远、滚翻，以及运用石器、木棒劈、砍、刺等技能。氏族公社时代，部落战争经常发生，因此在战场上搏斗的经验也不断得到总结，击、刺等进攻技能不断被模仿、传授与习练。这些都促进了武术的萌芽。武术成形于奴隶社会时期。夏朝建立，经过连绵不断的战火，武术为了适应实战需要进一步向实用化、规范化发展。这主要体现在军队的武术活动和以武术为主的学校教育。商周时期，出现了武术训练的重要手段——田猎，并利用"武舞"来训练士兵、鼓舞士气。周代设的"序"等学校也把射御、习舞等列为教育的内容之一。进入春秋战国以后，诸侯争霸，都很重视技击在战场上的运用。秦汉以来，盛行角力、击剑等武术活动。随着"宴乐兴舞"的习俗，手持器械的舞练时常在乐饮酒酣时出现。此外，还有"刀舞""力舞"等，虽具娱乐性，但从技术上更近似于今天的套路形式的运动。唐朝以来开始实行武举制，并对有一技之长的士兵授予荣誉称号。这对武术的发展起到了促进作用。宋元时期，以民间结社的武艺组织为主体的民间练武活动蓬勃兴起，如习枪弄棒的"英略社"等。由于商业经济活跃，出现了浪迹江湖、习武卖艺为生的"路歧人"，不仅有单练，而且有对练。明清时期是武术的大发展时期，流派林立，拳种众多。拳术有长拳、猴拳、少林拳、内家拳等几十种之多，同时形成了太极拳、形意拳、八卦拳等主要的拳种体系。

民国时期，民间出现了许多拳社、武士会等武术组织，如中央国术馆。中华人民共和国成立后，武术得到了蓬勃的发展。1956 年，中国武术协会建立了武术协会、武术队等，形成了空前广泛的群众性武术活动，为武术的发展开拓了广阔的道路。1985 年，在西安举行了首届国际武术邀请赛，并成立了国际武术联合会筹委会。这是武术发展历史性的突破。1990 年，武术首次被列入第 11 届亚运会竞赛项目，标志着武术开始走进亚运会。1999 年，国际武术联合被吸收为国际奥委会的正式国际体育单项联合会成员。这是武术发展中的又一历史性突破。由此可见，中华武术起源于远古，源远流长，是世界古老文化之一，是中华民族所独有的文化艺术瑰宝。

二、武术运动的锻炼价值

（一）提高素质，健体强身

武术套路运动其动作包含着屈伸、回环、平衡、跳跃、翻腾、跌扑等。人体各部位几乎都要参与运动。系统地进行武术训练可提高人体速度、力量、灵敏、耐力、柔韧等身体素质。武术运动讲究调息行气和意念活动，对改善人体机能，健体强身十分有益。

（二）锻炼意志，培养品德

练武对意志品质考验是多面的：练习基本功，要不断克服疼痛关，冬练三九，夏练三伏，常年有恒，坚持不懈；套路练习，要克服枯燥关，培养吃苦耐劳、砥砺精进、永不自满的品质。遇到强手，克服消极逃避关，锻炼勇敢无畏、坚韧不屈的战斗意志。经过长期锻炼，可以培养人们勤奋、刻苦、果敢、顽强、虚心好学、勇于进取的意志品德。

（三）竞技观赏，丰富生活

武术运动具有很高的观赏价值，无论是套路表演，还是散打比赛，历来为人们喜闻乐见。无论是显现武术功力与技巧的竞赛表演套路，还是斗智较勇的对抗性散打比赛，都会引人入胜，给人以美的享受，都具有很高的观赏价值。通过观赏，给人以教育和乐趣。

（四）交流技艺，增进友谊

武术运动蕴涵丰富，技理相通，入门之后会有"艺无止境"之感。群众性的武术活动，是人们切磋技艺、交流思想、增进友谊的良好手段。随着武术的广泛传播，还可促进与国外武术爱好者的交流，在与世界各国人民友好交往中发挥着越来越大的作用。

第二节　武术基本功

通过练习基本功，不仅可以掌握武术的基本动作、基本技术、基本方法，还能全面有效地提高身体素质，减少损伤，为学习拳术和器械套路，提高武术的技术水平打下良好的基础。

一、肩臂练习

肩臂练习主要是增进肩关节的柔韧性和灵活性以加大肩关节的活动范围，发展臂部力量。

（一）压　肩

练习者面对肋木或一定高度的物体两脚开立。两手抓握肋木，手臂伸直，上体前俯并做下振动作；背对肋木，两臂内旋后伸，手心向上抓握肋木，然后屈膝向下，向前拉压；也可以由同伴做搬压练习。（图17-2-1）

要点：挺胸、塌腰、直臂。压点集中在肩部，力量适中。

图 17-2-1

（二）握棍转肩

两脚开立，两手上握木棍，相距与肩同宽或稍宽的距离。（图17-2-2）
要点：两臂伸直，两手横向距离根据自己的情况而定。

（三）绕　环

（1）单臂绕环：右（左）臂向前、向上、向后、向前连续立圆绕环。（图17-2-3）
要点：臂要直，肩要松，绕立圆要如轮转。

图 17-2-2　　　　　　　　　　　　　图 17-2-3

（2）双臂顺向绕环：左、右两臂依次向前、向上、向后、向前绕环。（图 17-2-4）

要点：臂要直，肩要松，抡臂时上臂贴耳朵，下臂贴裤腿，要成立圆。

（3）双臂反向绕环：右臂向前，左臂向后同时于体侧画立圆绕环。数次后，再做反方向练习。（图 17-2-5）

要点：同 2.。

图 17-2-4　　　　　　　　　　　　　图 17-2-5

（四）俯卧撑

两腿并拢伸直，两手与肩同宽，手指朝前直臂撑地成俯卧；上体向后移动，臀部凸起，随即两臂屈肘，上体从后向下、向前移动、再向后移动还原。（图 17-2-6）

要点：两腿须伸直，上体贴近地面前移。

（五）倒　立

两臂伸直，两手与肩同宽撑地，靠墙做手倒立。（图 17-2-7）

要点：抬头、挺胸、立腰，两腿并拢伸直。

图 17-2-6　　　　　　　　　　　　　图 17-2-7

二、腰部练习

腰部练习主要是增强脊椎和腰部各肌肉群的力量与柔韧性。腰是贯通上、下肢的枢纽，又是集中反映武术身法技巧的关键。

（一）俯 腰

两手手指交叉，上体前俯，两手抱住脚踝处，逐渐使胸部贴近腿部。（图17-2-8）

要点：两腿伸直，上体下俯。

（二）甩 腰

两脚开步站立，两臂上举，以腰、髋关节为轴，上体向前、向后做屈伸动作，两臂随上体屈伸摆动。（图17-2-9）

要点：两腿伸直，上体前、后屈伸要富有弹性。

（三）晃 腰

两脚开步站立，两臂侧平举，上体后仰向左、右转动，两臂跟随摆动。（图17-2-10）

要点：腰要松，上体尽量后仰，转动幅度要大。

图17-2-8 　　　　　　 图17-2-9 　　　　　　　 图17-2-10

（四）涮 腰

两脚开立宽于肩，以髋关节为轴，上体前俯，然后向左、向后、向右、向前翻转绕环，两臂随腰摆动。左、右交替进行。（图17-2-11）

（五）下 腰

两脚开立与肩同宽，两臂伸直上举，上体后倒，两手向后下撑地成"桥"形。（图17-2-12）

要点：抬头、挺胸、挺髋、"桥拱"要大，脚跟不得离地。

图 17-2-11　　　　　　　　　　　　　　图 17-2-12

三、腿部练习

长拳对腿部柔韧、灵敏、力量等素质的要求较高。其主要练习方法有压腿、搬腿、劈腿、踢腿等。

（一）压　腿

（1）正压腿：面对肋木或有一定高度的物体，并步站立，左脚提起，脚跟放在肋木上，脚尖勾紧，两手按在膝上；上体前屈，向前、向下做压伸动作。（图 17-2-13）

要点：先耗腿，再压腿，两手抱紧脚尖，挺胸立腰，头部向脚尖方向伸出，逐渐由额、鼻过渡到下颌触及脚尖。练习时，一定要循序渐进，由轻到重，左、右腿反复练习。

（2）侧压腿：身体侧向肋木，右脚跟搁在肋木上，上体侧压。左、右腿交替练习。（图 17-2-14）

要点：同正压腿。

（3）后压腿：身体背向肋木，右腿后举，脚背搁在肋木上，脚面绷直，上体向后做压振动作。（图 17-2-15）

要点：两腿均伸直，要抬头、挺胸、展髋、上体后仰。

图 17-2-13　　　　　　　　　图 17-2-14　　　　　　图 17-2-15

（4）仆步压腿：右（左）腿屈膝全蹲，左（右）腿伸直平铺成仆步。（图 17-2-16）

要点：全蹲，膝关节外展，左（右）腿伸直贴地，充分展髋。

（二）搬　腿

（1）正搬腿：右腿伸直站立，左腿屈膝提起，右手抱住踝关节，左手抱住膝关节，然后将左脚向上方搬起，挺膝，脚勾紧；也可由同伴帮助向上搬。（图17-2-17）

要点：由轻到重，循序渐进。

图17-2-16

图17-2-17

（2）侧搬腿：右腿提起，右手经小腿内侧托住脚跟，然后将右脚向右侧上方搬起，也可由同伴帮助向侧上方搬起。（图17-2-18）

要点：支撑腿挺直，挺胸、收腹、开髋。

（3）后搬腿：手扶肋木，由同伴托起左腿从身后向上搬起。（图17-2-19）

要点：两腿均要伸直，上体前倾。搬腿时用力不可太猛。

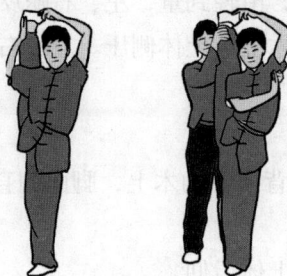
图17-2-18

图17-2-19

（三）劈　腿

（1）竖劈腿：两腿前、后成直线，前脚勾脚尖，脚后跟着地，后脚背或内侧着地。（图17-2-20）

要点：髋关节放松，两腿要直，上体要正。

（2）横劈腿：两腿左右分开成直线，脚内侧或脚跟着地，两脚勾脚尖。（图17-2-21）

要点：两腿伸直与地面平行，上体要正。

图 17-2-20　　　　　　　图 17-2-21

（四）踢　腿

（1）正踢腿：右手扶肋木，左手叉腰或侧平举，身体侧向站立，一腿支撑，另一腿向前额上方踢起，左、右腿交替练习。（图 17-2-22）

要点：踢腿时要做到"三直一勾"，即上体直，支撑腿直，摆动腿直；摆动腿脚尖要勾紧。

（2）侧踢腿：面对肋木，双手抓扶肋木。一腿支撑，另一腿由体侧向耳上方踢起。（图 17-2-23）

要点：上体、支撑腿、摆动腿均要挺直，摆动腿脚尖勾紧。

（3）里合腿：支撑腿自然伸直，全脚着地，另一腿由体侧踢起，向异侧做扇面摆动落下。（图 17-2-24）

要点：做到三直一勾。摆动腿的幅度要大，速度要快。

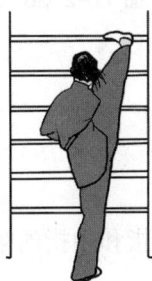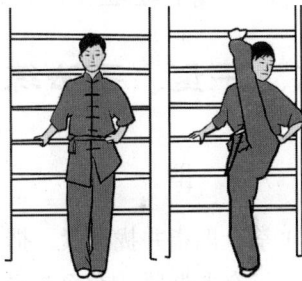

图 17-2-22　　　　　　图 17-2-23　　　　　　图 17-2-24

（4）外摆腿：动作与里合腿同，唯摆腿方向相反。（图 17-2-25）

要点：同里合腿。

（5）后踢腿：面对肋木，双手扶握肋木，一腿伸直站立，另一腿绷脚挺膝向后上踢起；也可以屈膝，用脚掌触头部。（图 17-2-26）

要点：挺胸、展髋、上体前倾，伸直腿挺直，后踢腿脚尖绷展。

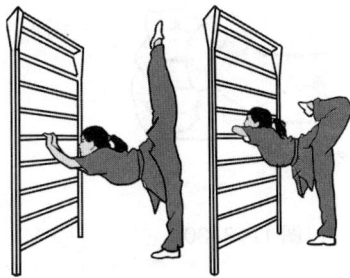

图 17-2-25　　　　　　　图 17-2-26

（6）弹腿：两腿并立，一腿屈膝提起，当大腿接近水平时，小腿迅速弹踢，力达脚尖。（图17-2-27）

要点：小腿弹击要快速，膝部要挺直，脚面要绷紧。

（7）蹬腿：动作与弹腿同，唯脚尖勾起，力达脚跟。（图17-2-28）

要点：同弹腿，唯绷脚尖与勾脚尖不同。

（8）侧踹：一腿伸直支撑，另一腿屈膝提起，脚尖勾紧，脚跟用力向侧上方踹出。（图17-2-29）

要点：膝部挺直，脚尖勾紧，踹出的一瞬间展髋。

| 图17-2-27 | 图17-2-28 | 图17-2-29 |

四、手型、手法练习

（一）手　型

（1）拳：四指并拢握紧，拇指扣在食指和中指的第二指关节上。（图17-2-30）

要点：拳要握紧，拳面要平。

（2）掌：四指并拢伸直，拇指弯曲紧扣于虎口处。（图17-2-31）

要点：掌心要外撑。

（3）勾：五指第一指关节撮拢、屈腕。（图17-2-32）

要点：五指撮紧，尽量勾腕。

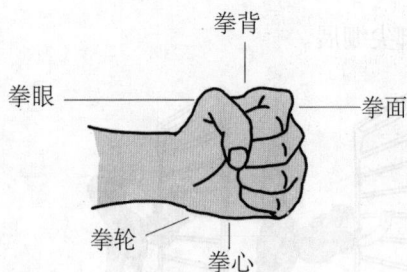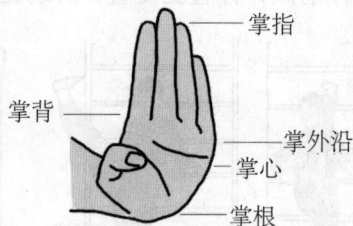

| 图17-2-30 | 图17-2-31 | 图17-2-32 |

（二）手　法

（1）冲拳：两拳收抱于腰间，右（左）拳由屈到伸，迅速向前冲出，高与肩平，拳眼朝上为立拳，拳背朝上为俯拳。（图17-2-33）

要点：冲拳一瞬间要拧腰、送肩、急旋臂。两臂一冲一拉形成合力。

（2）架拳：右拳向左经体前向头上方架起，拳轮朝上，臂成弧形。（图17-2-34）

要点：松肩、屈肘、旋臂，力达前臂外侧。

（3）劈拳：右拳向左、向上经头前向右下快速劈击，臂伸直与肩同高。（图17-2-35）

要点：肩要松，拳要握紧，力达拳轮。

（4）推掌：右拳变掌，向前猛力推击，高与肩平，成侧立掌，同时左肘向后拉紧。（图17-2-36）

要点：拧腰、送肩、沉腕、侧立掌，快速有力，力达掌外沿。

（5）亮掌：右拳变掌，经体侧向右、向上画弧，至头部右前上方时，抖腕亮掌。臂微屈，掌心斜向上。（图17-2-37）

（6）格肘：右臂弯曲，从右腰间向左斜上方横格，前臂外旋。力达小臂外沿。（图17-2-38）

要点：手臂外旋时，上体可同时稍向左转，拧腰送肩。

图17-2-33　　　　　图17-2-34　　　　　图17-2-35

图17-2-36　　　　图17-2-37　　　　图17-2-38

五、步型练习

（一）弓 步

前脚微内扣，全脚着地，屈膝使大腿接近水平；后腿挺膝伸直，脚跟后蹬，脚尖内扣，挺胸立腰。（图 17-2-39）

要点：前腿弓平，后腿蹬直。

（二）马 步

两脚左右开立为脚长的 3～3.5 倍，脚尖正对前方，屈膝使大腿接近水平。（图 17-2-40）

要点：顶平、肩平、腿平；挺腰、立腰、裹膝、扣足。

（三）仆 步

一腿全蹲，全脚着地，膝和脚尖向外展；另一腿伸直，全脚着地，脚尖内扣。（图 17-2-41）

要点：挺胸、立腰、开髋、全蹲。

（四）虚 步

后腿屈膝半蹲，大腿接近水平，脚尖外展；前腿微屈，脚面绷直，用脚尖虚点地面。（图 17-2-42）

要点：挺胸、立腰，两脚虚实分明。

（五）歇 步

两腿交叉屈膝全蹲，前脚全脚着地，脚尖外展；后脚跟离地，臀部坐于小腿上。（图 17-2-43）

要点：两腿交叉叠紧，挺胸立腰。

图 17-2-39　　　图 17-2-40　　　图 17-2-41　　　图 17-2-42　　图 17-2-43

六、平衡练习

（一）提膝平衡

右腿伸直支撑，左腿屈膝提起（高度要过腰），脚面绷直，并垂扣于右腿前侧。右臂上举于头上亮掌，左臂反臂后举成勾手。（图 17-2-44）

要点：挺胸、塌腰、收腹。平衡要站稳，提膝过腰，脚内扣。

（二）扣腿平衡

右腿屈膝全蹲，左腿屈膝勾脚贴于右膝窝处，脚背朝里。左臂上举于头上架掌，右手向侧立拳冲出。（图 17-2-45）

要点：挺胸、塌腰、扣腿、平稳。

（三）燕式平衡

左腿屈膝提起，两掌在身前交叉，掌心向内。然后，两掌向两侧直臂分开平举，上体前俯，左脚绷平向后上蹬伸。（图 17-2-46）

要点：挺胸、抬头、弓腰、两腿伸直、静止。

图 17-2-44　　　　　　图 17-2-45　　　　　　图 17-2-46

七、跳跃练习

（一）腾空飞脚

右腿向前上摆踢，左脚蹬地跃起，身体腾空，左腿向前上方弹（摆）踢，脚面绷直，右手迎击右脚面。同时左腿屈膝收控于右腿侧，右腿脚面绷直，脚尖向下。（图 17-2-47）

要点：① 右腿在空中摆踢时，脚必须过腰，在击响的一瞬间，左腿屈膝收控于右腿侧。② 在腾空最高点完成击响动作。拍击动作必须连续、准确、响亮。

（二）旋风脚

左脚向左上步，同时左掌前推（图 17-2-48 ①）。右脚随即上步，脚尖内扣，准备蹬地踏跳。左臂随上步向下摆动并屈肘收至右胸前，同时右臂向上、向前抡摆，上体向右旋转前俯（图 17-2-48 ②）。重心右移，右腿屈膝蹬地跳起，左腿提起向左上方摆动，上体向左上方翻转，同时两臂向下、向左上方抡摆。身体旋转一周，右腿做里合腿，左手在面前迎击右脚掌，左腿自然下垂。（图 17-2-48 ③）

要点：右腿做里合腿时，要贴近身体；摆动时，膝挺直，由外向里成扇形。

图 17-2-47　　　　　　　　　　　　　　　　　图 17-2-48

八、五步拳

（一）并步抱拳

两脚并步站立，两眼平视前方，两手抱拳收于腰间，拳心朝上。（图 17-2-49）

（二）弓步冲拳

左脚向左迈出一步，成左弓步。同时左手向左平搂并收回腰间抱拳，拳心朝上；右拳向前直冲成平拳。目视前方。（图 17-2-50）

（三）弹踢冲拳

重心前移，右腿向前弹出，高度齐腰。同时左拳由腰间向前直冲成平拳，右拳收回腰间，拳心朝上。目视前方。（图 17-2-51）

（四）马步架打

右脚落地，随即身体左转 90°，两腿下蹲成马步。同时左拳变掌，屈臂上架；右拳由腰间向右前直冲成平拳。头右转，目视右拳方向。（图 17-2-52）

图 17-2-49　　　图 17-2-50　　　　图 17-2-51　　　　图 17-2-52

（五）歇步盖打

左脚向右脚后插一步，同时右拳变掌经头上向左下盖，高与胸齐，掌外沿向前，身体左转90°，左掌收回腰间抱拳。目视右掌（图 17-2-53）。动作不停，两腿屈膝下蹲成歇步，同时左拳向前冲出成平拳，右掌变拳收回腰间。目视左拳。（图 17-2-54）

（六）提膝仆步穿掌

两腿起立，身体左转。随即左拳变掌，手心向下，右拳变掌，手心向上，由左手背上穿出。同时左腿屈膝提起，左手顺势收至右腋下，目视右手（图 17-2-55）。左脚落地成仆步。左手掌指朝前沿左腿内侧穿至左脚面。目视左掌。（图 17-2-56）

图 17-2-53　　　图 17-2-54　　　　图 17-2-55　　　　图 17-2-56

（七）虚步挑掌

左腿屈膝前弓，右脚蹬地向前上步，成右虚步。同时左手向上、向后画弧成勾手，勾顶略高于肩；右手由后向下、向前顺右腿外侧向上挑掌，掌指向上，高与鼻平。目视掌方。（图 17-2-57）

（八）并步抱拳

重心前移，身体左转90°。随即左脚向右脚靠拢，成并步。同时左勾手和右掌变拳，回收抱于腰间，两拳心朝上。目视前方。（图 17-2-58）

继续练习，动作相同，方向相反。

要点：五步拳是由长拳的主要步型、步法和手型、手法编成的组合练习，动作的要求均与前同。

图 17-2-57　　　　　图 17-2-58

第三节　24 式太极拳

一、24 式太极拳动作名称

第一组　（一）起　势　　　（二）左右野马分鬃　　　（三）白鹤亮翅
第二组　（四）左右搂膝拗步　（五）手挥琵琶　　　　　（六）左右倒卷肱
第三组　（七）左揽雀尾　　　（八）右揽雀尾
第四组　（九）单　鞭　　　　（十）云　手　　　　　　（十一）单　鞭
第五组　（十二）高探马　　　（十三）右蹬脚　　　　　（十四）双峰贯耳
　　　　（十五）转身左蹬脚
第六组　（十六）左下势独立　（十七）右下势独立
第七组　（十八）左右穿梭　　（十九）海底针　　　　　（二十）闪通臂
第八组　（二十一）转身搬拦捶（二十二）如封似闭　　　（二十三）十字手
　　　　（二十四）收　势

二、24 式太极拳动作图解

第一组

（一）起　势

（1）身体自然直立，两脚开立，与肩同宽，脚尖向前；两臂自然下垂，两手放在大腿外

侧；眼向前平视。（图17-3-1）

要点：头颈挺直，下颌微向后收，不要故意挺胸或收腹。精神要集中（起势由立正姿势开始，然后左脚向左分开，成开立步）。

（2）两臂慢慢向前平举，两手高与肩平，与肩同宽，手心向下。（图17-3-2、图17-3-3）

（3）上体保持挺直，两腿屈膝下蹲；同时两掌轻轻下按，两肘下垂与两膝相对；眼平视前方。（图17-3-4）

要点：两肩下沉，两肘松垂，手指自然微屈。屈膝松腰，臀部不可凸出，身体重心落于两腿中间。两臂下落和身体下蹲的动作要协调一致。

图17-3-1　　　图17-3-2　　　图17-3-3　　　图17-3-4

（二）左右野马分鬃

（1）上体微向右转，身体重心移至右腿上；同时右臂收在胸前平屈，手心向下，左手经体前向右下画弧放在右手下，手心向上，两手心相对成抱球状；左脚随即收到右脚内侧，脚尖点地；眼看右手。（图17-3-5、图17-3-6）

（2）上体微向左转，左脚向前方迈出，右脚跟后蹬，右腿自然伸直，成左弓步；同时上体继续向左转，左、右手随转体慢慢分别向左上、右下分开，左手高与眼平（手心斜向上），肘微屈；右手落在右胯旁，肘也微屈，手心向下，指尖向前；眼看左手。（图17-3-7～图17-3-9）

图17-3-5　　　图17-3-6　　　图17-3-7　　　图17-3-8　　　图17-3-9

（3）上体慢慢后坐，身体重心移至右腿，左脚尖翘起，微向外撇（45°～60°），随后脚掌慢慢踏实，左腿慢慢前弓，身体左转，身体重心再移至左腿；同时左手翻转向下，左臂收在胸前平屈，右手向左上画弧放在左手下，两手心相对成抱球状；右脚随即收到左脚内侧，脚尖点地；眼看左手。（图17-3-10～图17-3-12）

（4）右腿向右前方迈出，左腿自然伸直，成右弓步；同时上体右转，左、右手随转体分别慢慢向左下、右上分开，右手高与眼平（手心斜向上），肘微屈；左手落在左胯旁，肘也微屈，手心向下，指尖向前；眼看右手。（图 17-3-13、图 17-3-14）

（5）与 3. 解同，只是左右相反。（图 17-3-15 ~ 图 17-3-17）

（6）与 4. 解同，只是左右相反。（图 17-3-18、图 17-3-19）

要点：上体不可前俯后仰，胸部必须宽松舒展。两臂分开时要保持弧形。身体转动时要以腰为轴。弓步动作与分手的速度要均匀一致。做弓步时，迈出的脚先是脚跟着地，然后脚掌慢慢踏实，脚尖向前，膝盖不要超过脚尖；后腿自然伸直；前后脚夹角成 45° ~ 60°（需要时后脚跟可以后蹬调整）。野马分鬃式的弓步，前后脚的脚跟要分在中轴线两侧，它们之间的横向距离（以动作行进的中线为纵轴，其两侧的垂直距离为横向）应该保持在 10 ~ 30 厘米之间。

图 17-3-10 　　图 17-3-11 　　图 17-3-12 　　图 17-3-13 　　图 17-3-14

图 17-3-15 　　图 17-3-16 　　图 17-3-17 　　图 17-3-18 　　图 17-3-19

（三）白鹤亮翅

（1）上体微向左转，左手翻掌向下，左臂平屈胸前，右手向左下画弧，手心转向上，与左手成抱球状；眼看左手。（图 17-3-20）

（2）右脚跟进半步，上体后坐，身体重心移至右腿，上体先向右转，面向右前方，眼看右手；然后左脚稍向前移，脚尖点地，成左虚步；同时上体再微向左转，面向前方，两手随转体慢慢向右上、左下分开，右手上提停于头右侧，手心向左后方，左手落于左胯前，手心向下，指尖向前。（图 17-3-21、图 17-3-22）

要点：胸部不要挺出，两臂上下都要保持半圆形，左膝微屈。身体重心后移与右手上提、左手下按要协调一致。

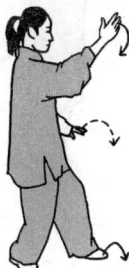

图 17-3-20　　　图 17-3-21　　　图 17-3-22

第二组

（四）左右搂膝拗步

（1）右手从体前下落，由下向后上方画弧至右肩外侧，肘微屈，手与耳同高，手心斜向上；左手由左下向上、向右下方画弧至右胸前，手心斜向下；同时上体先微向左再向右转；左脚收至右脚内侧，脚尖点地，眼看右手。（图 17-3-23 ~ 图 17-3-25）

（2）上体左转，左脚向前（偏左）迈出成左弓步；同时右手收回由耳侧向前推出，高与鼻尖平，左手向下由左膝前搂过落于左胯旁，指尖向前；眼看右手手指。（图 17-3-26、图 17-3-27）

图 17-3-23　　图 17-3-24　　图 17-3-25　　图 17-3-26　　图 17-3-27

（3）右腿慢慢屈膝，上体后坐，身体重心移至右腿，左脚尖翘起微向外撇，随后脚掌慢慢踏实，左腿前弓，身体左转，身体重心移至左腿，右脚收到左脚内侧，脚尖点地；同时左手向外翻掌由左后向上画弧至左肩外侧，肘微屈，手与耳同高，手心斜向上；右手随转体向上、向左下画弧落于左胸前，手心斜向下；眼看左手。（图 17-3-28 ~ 图 17-3-30）

（4）与 2.解同，只是左右相反。（图 17-3-31、图 17-3-32）

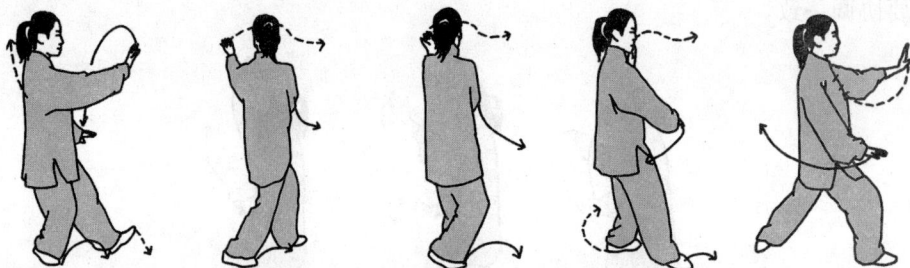

图 17-3-28　　　图 17-3-29　　　图 17-3-30　　　图 17-3-31　　　图 17-3-32

（5）与 3. 解同，只是左右相反。（图 17-3-33、图 17-3-34）

（6）与 2. 解同。（图 17-3-35、图 17-3-36）

要点：前手推出时，身体不可前俯后仰，要松腰松胯。推掌时要沉肩垂肘，坐腕舒掌，同时须与松腰、弓腿上下协调一致。搂膝拗步成弓步时，两脚跟的横向距离保持约 30 厘米。

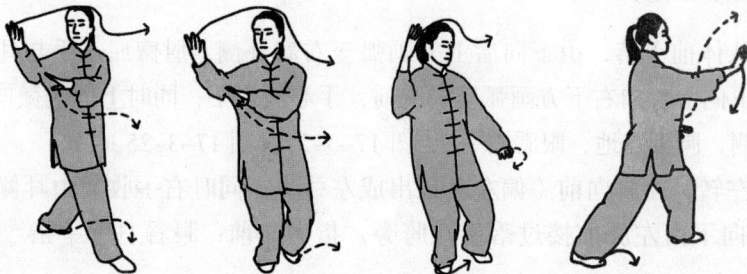

图 17-3-33　　　图 17-3-34　　　图 17-3-35　　　图 17-3-36

（五）手挥琵琶

右脚跟进半步，上体后坐，身体重心转至右腿上，上体半面向右转，左脚略提起稍向前移，变成左虚步，脚跟着地，脚尖翘起，膝部微屈；同时左手由左下向上挑举，高与鼻尖，掌心向右，臂微屈；右手收回放在左臂肘部内侧，掌心向左；眼看左手食指。（图 17-3-37、图 17-3-38）

要点：身体要平稳自然，沉肩垂肘，胸部放松。左手上举时不要直向上挑，要由左向上、向前，微带弧形。右脚跟进时，脚掌先着地，再全脚踏实。身体重心后移和左手上举、右手回收要协调一致。

图 17-3-37　　　图 17-3-38

（六）左右倒卷肱

（1）上体右转，右手翻掌（手心向上）经腹前由下向后上方画弧平举，臂微屈，左手随即翻掌向上，眼的视线随着向右转体先向右看，再转向前方看左手。（图17-3-39、图17-3-40）

（2）右臂屈肘折向前，右手由耳侧向前推出，手心向前，左臂屈肘后撤，手心向上，撤至左肋外侧；同时左腿轻轻提起向后（偏左）退一步，脚掌先着地，然后全脚慢慢踏实，身体重心移至左腿上，成右虚步，右脚随转体以脚掌为轴扭正；眼看右手。（图17-3-41、图17-3-42）

（3）上体微向左转，同时左手随转体向后上方画弧平举，手心向上，右手随即翻掌，掌心向上；眼随转体先向左看，再转向前方看右手。（图17-3-43）

图17-3-39　　　图17-3-40　　　图17-3-41　　　图17-3-42　　　图17-3-43

（4）与2.解同，只是左右相反。（图17-3-44、图17-3-45）

（5）与3.解同，只是左右相反。（图17-3-46）

（6）与2.解同。（图17-3-47、图17-3-48）

图17-3-44　　　图17-3-45　　　图17-3-46　　　图17-3-47　　　图17-3-48

（7）与3.解同。（图17-3-49）

（8）与2.解同，只是左右相反。（图17-3-50、图17-3-51）

要点：前推的手不要伸直，后撤手也不可直向回抽，随转体仍走弧线。前推时，要转腰松胯，两手的速度要一致，避免僵硬。退步时，脚掌先着地，再慢慢全脚踏实，同时前脚随转体以脚掌为轴扭正。退左脚略向左后斜，避免使两脚落在一条直线上。后退时，眼神随转体动作先向左右看，然后再转看前手。最后退右脚时，脚尖外撇的角度略大些，便于接做"左揽雀尾"的动作。

图 17-3-49　　　　　图 17-3-50　　　　　图 17-3-51

第三组

（七）左揽雀尾

（1）上体微向右转，同时右手随转体向后上方画弧平举，手心向上，左手放松，手心向下；眼看左手。（图 17-3-52）

（2）身体继续向右转，左手自然下落逐渐翻掌经腹前画弧至右肋前，手心向上；右臂屈肘，手心转向下，收至右胸前，两手相对成抱球状；同时身体重心落在右腿上，左脚收到右脚内侧，脚尖点地；眼看右手。（图 17-3-53、图 17-3-54）

（3）上体微向左转，左脚向前方迈出，上体继续向左转，右腿自然蹬直，左腿屈膝，成左弓步；同时左臂向左掤出（左臂平屈成弓形，用前臂外侧和手背向前方推出），高与肩平，手心向内；右手向右下落放于右胯旁，手心向下，指尖向前；眼看前臂。（图 17-3-55、图 17-3-56）

   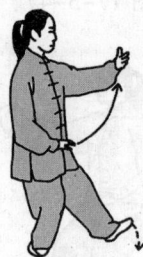 

图 17-3-52　　　图 17-3-53　　　图 17-3-54　　　图 17-3-55　　　图 17-3-56

要点：掤出时，两臂前后均保持弧形。分手、松腰、弓腿三者必须协调一致。揽雀尾弓步时，两脚跟横向距离不超过 30 厘米。

（4）身体微向左转，左手随即前伸翻掌向下，右手翻掌向上，经腹前向上、向前伸至左前臂下方；然后两手下捋，即上体向右转。两手经腹前向右后上方画弧，直至右手手心向上，高与肩齐，左臂平屈于胸前，手心向后；同时身体重心移至右腿；眼看右手。（图 17-3-57、图 17-3-58）

要点：下捋时，上体不可前倾，臀部不要凸出。两臂下捋须随腰旋转，仍走弧线。左脚全掌着地。

（5）上体微向左转，右臂屈肘收回，右手附于左手腕里侧（相距约 5 厘米），上体继续向左转，双手同时向前挤出，左前臂要保持半圆；同时身体重心逐渐移变成左弓步；眼看左手腕部（图17-3-59、图17-3-60）。

图17-3-57　　　图17-3-58　　　图17-3-59　　　　图17-3-60

要点：向前挤时，上体要挺直。挤的动作要与松腰、弓腿相一致。

（6）左手翻掌，手心向下，右手经左腕上方向前，向右伸出，高与左手齐，手心向下，两手左右分开至与肩同宽；然后右腿屈膝，上体慢慢后坐，身体重心移至右腿上，左脚尖翘起；同时两手屈肘回收至腹前，手心均向前下方；眼向前平视。（图17-3-61～图17-3-63）

（7）上式不停，身体重心慢慢前移，同时两手向前、向上按出，掌心向前；左腿成左弓步；眼平视前方。（图17-3-64）

要点：向前按时，两手须走曲线，手腕部高与肩平，两肘微屈。

图17-3-61　　　图17-3-62　　　图17-3-63　　　　图17-3-64

（八）右揽雀尾

（1）上体后坐并向右转，身体重心移至右腿，左脚尖内扣；右手向右平行画弧至右侧，然后由右下经腹前向左上画弧至左肋前，手心向上；左臂平屈胸前，左手掌向下与右手成抱球状；同时身体重心再移至左腿上，右脚收至左脚内侧，脚尖点地；眼看左手。（图17-3-65～图17-3-68）

（2）同"左揽雀尾"3.解，只是左右相反。（图17-3-69、图17-3-70）

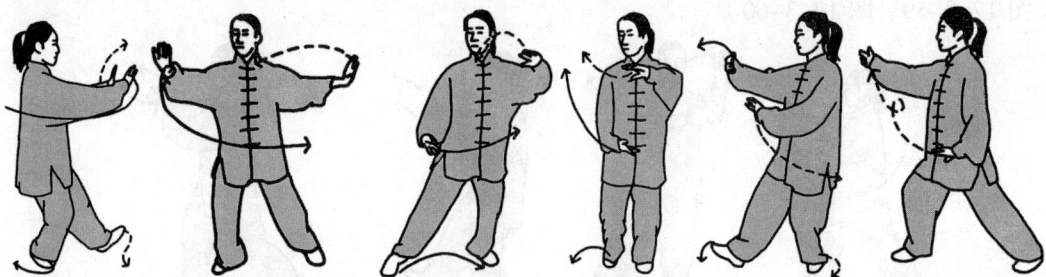

图 17-3-65　　　图 17-3-66　　　图 17-3-67　　　图 17-3-68　　　图 17-3-69　　　图 17-3-70

（3）同"左揽雀尾"4.解，只是左右相反。（图 17-3-71、图 17-3-72）

（4）同"左揽雀尾"5.解，只是左右相反。（图 17-3-73、图 17-3-74）

图 17-3-71　　　　图 17-3-72　　　　图 17-3-73　　　　图 17-3-74

（5）同"左揽雀尾"6.解，只是左右相反。（图 17-3-75～图 17-3-77）

（6）同"左揽雀尾"7.解，只是左右相反。（图 17-3-78）

要点：均与"左揽雀尾"相同，只是左右相反。

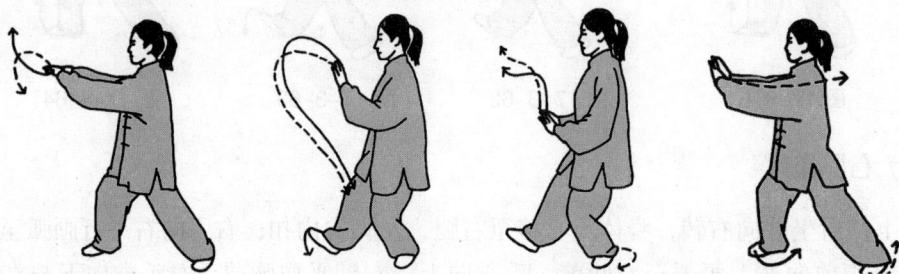

图 17-3-75　　　　图 17-3-76　　　　图 17-3-77　　　　图 17-3-78

第四组

（九）单　鞭

（1）上体后坐，身体重心逐渐移至左腿上，右脚尖内扣；同时上体左转，两手（左高右低）向左弧形运转，直至左臂平举伸于身体左侧，手心向左，右手经腹前运至左肋前，手心向后上方；眼看左手。（图 17-3-79、图 17-3-80）

（2）身体重心再渐渐移至右腿上，上体右转，左脚向右脚靠拢，脚尖点地；同时右手向右上方画弧（手心由里转向外），至右侧方时变勾手，臂与肩平；左手向下经腹前向右上画弧停于右肩前，手心向里；眼看左手。（图17-3-81、图17-3-82）

（3）上体微向左转，左脚向左前侧方迈出，右脚跟后蹬，成左弓步；在身体重心移向左腿的同时，左掌随上体的继续左转慢慢翻转向前推出，手心向前，手指与眼齐平，臂微屈；眼看左手。（图17-3-83）

要点：上体保持挺直、松腰。完成时，右臂肘部稍下垂，左肘与左膝上下相对，两肩下沉。左手向外翻掌前推时，要随转体边翻边推出，不要翻掌太快或最后突然翻掌。全部过渡动作要上下协调一致。如面向南起势，单鞭的方向（左脚尖）应向东偏北（大约为15°）。

图17-3-79　　图17-3-80　　图17-3-81　　图17-3-82　　图17-3-83

（十）云　手

（1）身体重心移至右腿上，身体渐向右转，左脚尖内扣；左手经腹前向右上画弧至右肩前，手心斜向后，同时右手变掌，手心向右前；眼看右手。（图17-3-84～图17-3-86）

（2）上体慢慢左转，身体重心随之逐渐左移；左手由脸前向左侧运转，手心渐渐转向左方；右手由右下经腹前向左上画弧，至左肩前，手心斜向后；同时右脚并向左脚，成小开立步（两脚距离10～20厘米）；眼看左手。（图17-3-87、图17-3-88）

图17-3-84　　图17-3-85　　图17-3-86　　图17-3-87　　图17-3-88

（3）上体再向右转，同时左手经腹前向右上画弧至右肩前，手心斜向后；右手向右侧运转，手心翻转向右；随之左腿向左横跨一步；眼看左手。（图17-3-86）

（4）同2.解。（图17-3-87、图17-3-88）

（5）同3.解。（图17-3-86）

（6）同2.解。（图17-3-87、图17-3-88）

要点：身体转动要以腰为轴，松腰、松胯，不可忽高忽低。两臂随腰的转动而转动，要自然圆活，速度要缓慢、均匀。下肢移动时，身体重心稳定，两脚掌先着地再踏实，脚尖向前。眼的视线随左右手而移动。第三个"云手"，右脚最后跟步时，脚尖微向内扣，便于接"单鞭"动作。

（十一）单 鞭

（1）上体右转，右手随之向右运转，至右侧方时变成勾手；左手经腹前向右上画弧至右肩前，手心向内；身体重心落在右腿上，左脚尖点地；眼看左手。（图17-3-89、图17-3-90）

（2）上体微向左转，左脚向左前侧方迈出，右脚跟后蹬，成左弓步；在身体重心移向左腿的同时，上体继续左转，左掌慢慢翻转向前推出，成"单鞭"式。（图17-3-91、图17-3-92）

要点：与前"单鞭"式相同。

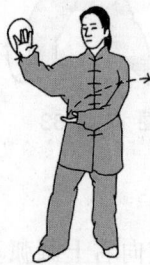 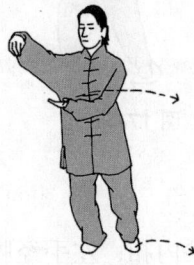  

图17-3-89　　　　图17-3-90　　　　　图17-3-91　　　　　图17-3-92

第五组

（十二）高探马

（1）右脚跟进半步，身体重心逐渐后移至右腿上；右勾手变成掌，两手心翻掌向上，两肘微屈；同时身体微向右转，左脚跟渐渐离地；眼看左前方。（图17-3-93）

（2）上体微向左转，面向前方；右掌经右耳旁向前推出，手心向前，手指与眼同高；左手收至左侧腰前，手心向上；同时左脚微向前移，脚尖点地，成左虚步；眼看右手。（图17-3-94）

要点：上体自然挺直，双肩要下沉，右肘微下垂。跟步移换重心时，身体不要有起伏。

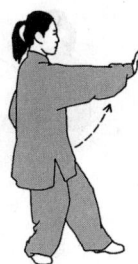

图 17-3-93　　　　　图 17-3-94

（十三）右蹬脚

（1）左手手心向上，前伸至右手腕背面，两手相互交叉，随即向两侧分开并向下画弧，手心斜向下；同时左脚提起向左前侧方进步（脚尖略外撇）；身体重心前移，右腿自然蹬直，成左弓步；眼看前方。（图 17-3-95 ~ 图 17-3-97）

（2）两手由外圈向里圈画弧，两手交叉合抱于胸前，右手在外，手心均向后；同时右脚向左脚靠拢，脚尖点地；眼平看右前方。（图 17-3-98）

（3）两臂左右画弧分开平举，肘部微屈，手心均向外；同时右腿屈膝提起，右脚向右前方慢慢蹬出，眼看右手。（图 17-3-99、图 17-3-100）

要点：身体要稳定，不可前俯后仰。两手分开时，腕部与肩齐平。蹬脚时，左腿微屈，右脚尖回勾，劲使在脚跟。分手和蹬脚须协调一致。右臂和右腿上下相对。如面向南起势，蹬脚方向应为正东偏南（约30°）。

图 17-3-95　　图 17-3-96　　图 17-3-97　　图 17-3-98　　图 17-3-99　图 17-3-100

（十四）双峰贯耳

（1）右腿收回，屈膝平举，左手由后向上，向前下落至体前，两手心均翻转向上，两手同时向下画弧分落于右膝盖两侧；眼看前方。（图 17-3-101、图 17-3-102）

（2）右脚向右前方落下，身体重心渐渐前移，成右弓步，面向右前方；同时两手下落，慢慢变拳，分别从两侧向上、向前画弧至面部前方，成钳形状，两拳相对，高与耳齐，拳眼都斜向内下（两拳中间距离10 ~ 20厘米）；眼看右拳。（图 17-3-103、图 17-3-104）

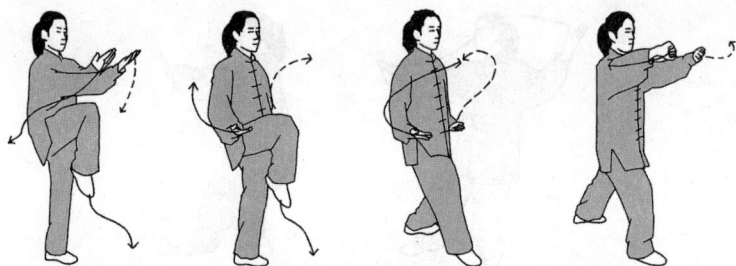

图 17-3-101　　图 17-3-102　　图 17-3-103　　图 17-3-104

要点：完成时，头颈挺直、松腰松胯、两拳松握、沉肩垂肘，两臂均保持弧形。双峰贯耳式的弓步和身体方向与右蹬脚方向相同。弓步的两脚跟横向距离同"揽雀尾"式。

（十五）转身左蹬脚

（1）左腿屈膝后坐，身体重心移至左腿，上体左转，右脚尖内扣；同时两拳变掌，由上向左右画弧分开平举，手心向前；眼看左手。（图 17-3-105、图 17-3-106）

（2）身体重心再移至右腿，左脚收到右脚内侧，脚尖点地；同时两手由外圈画弧合抱于胸前，左手在外，手心均向后；眼平看左方。（图 17-3-107、图 17-3-108）

（3）两臂左右画弧分开平举，肘部微屈，手心均向外；同时左腿屈膝提起，左脚向前方慢慢蹬出；眼看左手。（图 17-3-109、图 17-3-110）

要点：与右蹬脚式相同，只是左右相反。左蹬脚方向与右蹬脚成180°（正西偏北，约30°）。

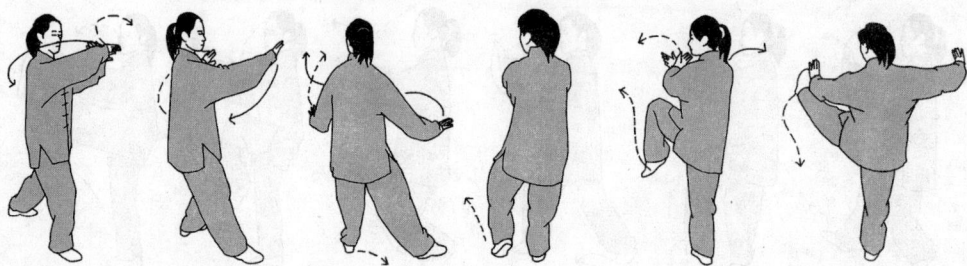

图 17-3-105　　图 17-3-106　　图 17-3-107　　图 17-3-108　　图 17-3-109　　图 17-3-110

第六组

（十六）左下势独立

（1）左腿收回平屈，上体右转；右掌变成勾手，左掌向上、向右画弧下落，立于右肩前，掌心斜向后；眼看右手。（图 17-3-111、图 17-3-112）

（2）右腿慢慢屈膝下蹲，左腿由内向左侧（偏后）伸出，成左仆步；左手下落（掌心向外）向左下顺左腿内侧向前穿出；眼看左手。（图 17-3-113、图 17-3-114）

要点：右腿全蹲时，上体不可过度前倾。左腿伸直，左脚尖须向内扣，两脚脚掌全部着地。左脚尖与右脚跟踏在中轴线上。

图 17-3-111

图 17-3-112

图 17-3-113

图 17-3-114

（3）身体重心前移，左脚跟为轴，脚尖尽量向外撇，左腿前弓，右腿后蹬，右脚尖内扣，上体微向左转并向前起身；同时左臂继续向前伸出（立掌），掌心向右，右勾手下落，勾尖向后；眼看左手。（图 17-3-115）

（4）右腿慢慢提起平屈，成左独立式；同时右勾手变掌，并由后下方顺右腿外侧向前弧形摆出，屈臂立于右腿上方，肘与膝相对，手心向左；左手落于左胯旁，手心向下，指尖向前；眼看右手。（图 17-3-116、图 17-3-117）

要点：上体要挺直，独立的腿要微屈，右腿提起时脚尖自然下垂。

图 17-3-115

图 17-3-116

图 17-3-117

（十七）右下势独立

（1）右脚下落于左脚前，脚掌着地，然后以左脚前掌为轴脚跟转动，身体随之左转；同时左手向后平举变成勾手，右掌随着转体向左侧画弧，立于左肩前，掌心斜向后；眼看左手。（图 17-3-118、图 17-3-119）

（2）同"左下势独立"2.解，只是左右相反。（图 17-3-120、图 17-3-121）

（3）同"左下势独立"3.解，只是左右相反。（图 17-3-122）

图 17-3-118

图 17-3-119

图 17-3-120

图 17-3-121

图 17-3-122

（4）同"左下势独立"4.解，只是左右相反。（图17-3-123、图17-3-124）

要点：左脚尖触地后必须稍微提起，然后再向下仆腿。其他均与"左下势独立"相同，只是左右相反。

第七组

（十八）左右穿梭

（1）身体微向左转，左脚向前落地，脚尖外撇，右脚跟离地，两腿屈膝成半坐盘式；同时两手在左胸前成抱球状（左上右下）；然后右脚收到左脚的内侧，脚尖点地；眼看左臂。（图17-3-125、图17-3-126）

图17-3-123　　图17-3-124

（2）身体右转，右脚向右前方迈出，屈膝弓腿，成右弓步；同时右手由脸前向上举并翻掌停在右额前，手心斜向上；左手先向左下再经体前向前推出，高与鼻尖平，手心向前；眼看左手。（图17-3-127、图17-3-128、图17-3-129）

图17-3-125　　图17-3-126　　图17-3-127　　图17-3-128　　图17-3-129

（3）身体重心略向后移，右脚尖稍向外撇，随即身体重心再移至右腿，左脚跟进，停于右脚内侧，脚尖点地；同时两手在右胸前成抱球状（右上左下）；眼看右前臂。（图17-3-130、图17-3-131）

（4）同2.解，只是左右相反。（图17-3-132～图17-3-134）

图17-3-130　　图17-3-131　　图17-3-132　　图17-3-133　　图17-3-134

要点：完成姿势面向斜前方（如面向南起势，左右穿梭方向分别为正西偏北和正西偏南，均约30°）。手推出后，上体不可前俯。手向上举时，防止引肩上耸。一手上举一手前推，要与弓腿松腰上下协调一致。做弓步时，两脚跟的横向距离同搂膝拗步式，保持在30厘米左右。

（十九）海底针

右脚向前跟进半步，身体重心移至右腿，左脚稍向前移，脚尖点地，成左虚步；同时身体稍向右转，右手从右耳旁斜向下方插出，掌心向左，指尖斜向下；与此同时，左手向前，向下画弧落于左胯旁，手心向下，指尖向前；眼看前下方。（图17-3-135、图17-3-136）

要点：身体要先向右转，再向左转。完成姿势后，面向正西。上体不可太前倾。避免低头和臀部外凸。左腿要微屈。

（二十）闪通臂

上体稍向右转，左脚向前迈出，屈膝弓腿成左弓步；同时右手由体前上提，屈臂上举，停于右额前上方，掌心翻转斜向上，拇指朝下；左手上起经胸前推出，高与鼻尖平，手心向前；眼看左手。（图17-3-137~图17-3-139）

要点：完成姿势上体自然挺直、松腰、松胯；左臂不要完全伸直，背部肌肉要伸展开。推掌、举掌和弓腿动作要协调一致。弓步时，两脚跟横向距离同"揽雀尾"式（不超过30厘米）。

图17-3-135　　图17-3-136　　图17-3-137　　图17-3-138　　图17-3-139

第八组

（二十一）转身搬拦捶

（1）上体后坐，身体重心移至右腿上，左脚尖内扣，身体向右后转，然后身体重心再移至左腿上；与此同时，右手随着转体向右、向下（变拳）经腹前画弧至左肋旁，拳心向下；左掌上举于头前，掌心斜向上；眼看前方。（图17-3-140、图17-3-140附）

（2）向右转体，右拳经胸前向前翻转撇出，拳心向上；左掌落于左胯旁，掌心向下，指尖向前；同时右脚收回后（不要停顿或脚尖点地）即向前迈出，脚尖外撇；眼看右拳。（图17-3-141、图17-3-141附）

图 17-3-140　　图 17-3-140 附　　图 17-3-141　　图 17-3-141 附

（3）身体重心移至右腿上，左脚向前迈一步；左手上起经左侧向前上画弧拦出，掌心向前下方；同时右拳向右画弧收到右腰旁，拳心向上；眼看左手。（图 17-3-142、图 17-3-143）

（4）左腿前弓成左弓步，同时右拳向前打出，拳眼向上，高与胸平，左手附于右前臂里侧；眼看右拳。（图 17-3-144）

要点：右拳不要握得太紧。右拳回收时，前臂要慢慢内旋画弧，然后再外旋停于右腰旁，拳心向上。向前打拳时，右肩随拳略向前引伸，沉肩垂肘，右臂要微屈。弓步时，两脚横向距离同"揽雀尾"式。

图 17-3-142　　　图 17-3-143　　　图 17-3-144

（二十二）如封似闭

（1）左手由右腕下向前伸出，右拳变掌，两手手心逐渐翻转向上慢慢分开回收；同时身体后坐，左脚尖翘起，身体重心移至右腿；眼看前方。（图 17-3-145 ~ 图 17-3-147）

（2）两手在胸前翻掌，向下经腹前再向上、向前推出，腕部与肩平，手心向前；同时左腿前弓成左弓步；眼看前方。（图 17-3-148、图 17-3-149）

要点：身体后坐时，避免后仰，臀部不可凸出。两臂随身体回收时，肩、肘部略向外松开，不要直着抽回。两手推出宽度不要超过肩宽。

图 17-3-145　　图 17-3-146　　图 17-3-147　　图 17-3-148　　图 17-3-149

（二十三）十字手

（1）屈膝后坐，身体重心移向右腿，左脚尖内扣，向右转体；右手随着转体动作向右平摆画弧，与左手成两臂侧平举，掌心向前，肘部微屈；同时右脚尖随着转体稍向外撇，成右侧弓步；眼看右手。（图 17-3-150 ~ 图 17-3-152）

（2）身体重心慢慢移至左腿，右脚尖内扣，随即向左收回，两脚距离与肩同宽，两腿逐渐蹬直，成开立步；同时两手向下经腹前向上画弧交叉合抱于胸前，两臂撑圆，腕略高，与肩平，右手在外，成十字手，手心均向后；眼看前方。（图 17-3-153、图 17-3-154）

图 17-3-150　　　图 17-3-151　　　　图 17-3-152　　　图 17-3-153　　图 17-3-154

要点：两手分开和合抱时，上体不要前俯。站起后，身体自然挺直，头要微微上顶，下颌稍向后收。两臂环抱时须圆满舒适，沉肩垂肘。

（二十四）收　势

两手向外翻掌，手心向下，两臂慢慢下落，停于身体两侧；眼看前方。（图 17-3-155、图 17-3-156）

要点：两手左右分开下落时，要注意全身放松，同时气也徐徐下沉（呼气略加长）。呼吸平稳后，把左脚收到右脚旁再走动休息。

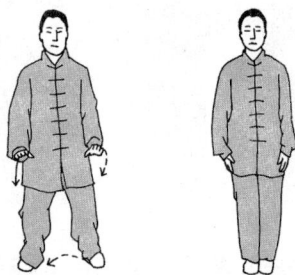

图 17-3-155　　　图 17-3-156

第四节　32 式太极剑

太极剑属于太极拳派系中的一种剑术套路。它具有太极拳和剑术的运动特点及健身价值。本套剑术取材于传统的杨式太极剑套路。全套动作除"准备动作"和"收势"外，共有 32 个动作，共分 4 组，每组 8 个动作，往返两个来回。

【预备式】

两脚开立，身体挺直；两臂自然垂于身体两侧，左手持剑，剑尖向上，右手握成剑指，手心向内；双眼平视前方。（图 17-4-1）

要点：头正身直，含胸拔背，两肩松沉，两肘微屈。剑身贴左前臂后侧，不要使剑刃触及身体。

【起　势】

（1）两臂前举：两臂慢慢向前平举，高与肩平，手心向下。（图 17-4-2）

（2）转体摆臂：上体略向右转，重心移于右腿，屈膝下蹲，随之左腿提起向右腿内侧收拢（左脚尖不点地）；同时右剑指边翻转边由体前下落，经腹前向上举，手心向上，左手持剑经面前屈肘落于右肩前，手心向下，剑平置胸前；眼视剑指。（图 17-4-3）

（3）弓步前指：身体左转，左脚向前迈出，成左弓步；同时左手持剑经体前向左下搂至左胯旁，剑直立于左前臂后，剑尖向上，右臂屈肘，剑指经耳旁随转体向前指出，指尖自然向上，高与眼平。眼视剑指。（图 17-4-4）

（4）盖步穿剑：身体右转，左臂屈肘上提，左手持剑，手心向下经胸前从右手上穿出，剑指翻转（手心向上），两臂左右平展；同时右腿提起向前横落，脚尖外撇，两腿交叉，两膝关节前后相交，左脚跟提起，重心稍下降，成交叉半坐姿势；眼视剑指。（图 17-4-5）

（5）弓步接剑：左手持剑稍外旋，手心转下，剑尖略下垂；左脚上步成左弓步；同时身体左转，右剑指经头右上方向前落于剑把上，准备接剑；双眼平视前方。（图 17-4-6）

图 17-4-1　图 17-4-2　　　图 17-4-3　　　图 17-4-4　　　　图 17-4-5　　　　　图 17-4-6

要点：两臂前举，肩宜松沉，不能耸起。转体、迈步和两臂动作协调柔和，弓步横向距离约 30 厘米。上体自然挺直，重心移动平稳。

【第一组】

一、并步点剑

右手松开剑指，虎口对着护手，握住剑把，然后腕关节绕环，使剑在身体左侧画一立圆，向前点出，力达剑尖，左手握成剑指，附于右腕部；同时右脚向左脚靠拢成并步，身体半蹲；眼视剑尖。（图 17-4-7）

要点：剑身立圆向前环绕时，两臂不可上举。点剑时，持剑要松活，主要用腕部的环绕将剑向前下点出。并步时，两脚不宜并紧，两脚掌要全部着地，身体略下蹲，身体保持直立。

二、独立反刺

（1）撤步抽剑：右脚向后方撤步；同时身体重心后移，右手持剑撤至腹前，剑尖略高，左剑指附于右腕随剑后撤。（图 17-4-8）

（2）收脚挑剑：身体右后转，随之左脚收至右脚内侧，脚尖点地；同时，右手持剑继续反手抽撩至右后方，然后右臂外旋，右腕下沉，剑尖上挑，剑身斜立于身体右侧，左手剑指随剑撤于右上臂内侧；眼视剑尖。（图 17-4-9）

（3）提膝反刺：上体左转，左膝提起成独立步；同时右手持剑上举，使剑经头右侧上方向前反手立剑刺出，手心向外，力注剑尖，左剑指经额下向前指出，指尖自然向上，高与眼平；眼视剑指。（图 17-4-10）

要点：提膝时，右腿自然直立，左脚面展平，小腿和脚掌微内扣护裆，左膝要正向前方，与左肘上下相对，不要偏向右侧，独立稳定。刺剑是使剑通过伸臂刺出，力贯剑尖，注意避免将剑身由下向上托起的错误做法。

三、仆步横扫

（1）撤步劈剑：上体右后转，剑随转体向右后方劈下，右臂与剑平直，左剑指落于右腕部；在转体的同时，右腿屈膝，左腿向左后方撤步，膝部伸直；眼视剑尖。（图 17-4-11）

图 17-4-7　　　　　图 17-4-8　　　图 17-4-9　　　图 17-4-10　　　　图 17-4-11

（2）仆步横扫：身体左转，左剑指经体前沿左肋向后反插，并向左上方画弧举起，手心斜向上，右手持剑，手心转向上，使剑由下、向左前方画弧平扫，高与胸平；右膝弯曲下蹲成半仆步，随着重心逐渐左移，左脚尖外撇，左腿屈膝，成左弓步；眼视剑尖。（图17-4-12）

要点：劈剑与扫剑转换过程中步形应为半蹲仆步，也可做成全蹲仆步，身体应保持直立。扫剑时，持剑要平稳，有一个由高到低（与膝或与踝同高）再到高的弧线，力在剑刃，不要做成拦腰平扫。定势时，右手停在左额前，剑尖置于体前中线，高与胸平。

四、向右平带

右脚提起收至左脚内侧（脚尖不点地）；同时右手持剑稍向内收引，左剑指落于腕部；右脚向右前方迈出一步，脚跟着地；同时右手持剑略向前引伸，左剑指仍附于右腕部；重心前移，右脚踏实成右弓步；右手持剑，手心翻转向下，向右后方斜带，剑指仍附于右腕；眼视剑尖。（图17-4-13）

要点：带剑时，剑应边翻转边斜带，剑把左右摆动的幅度要大，而剑尖则始终控制在体前中线附近，力在剑刃，不要过多地左右摆动；剑的回带和弓步要协调一致；带剑时应注意由前向后带，不要横向右推或做成扫剑。

五、向左平带

右手持剑屈臂后收；同时左脚提起收至右脚内侧（脚尖不点地），再向左前方上步，脚跟着地，成左弓步；右手持剑向前伸展，再翻掌将剑向左后方弧线平剑回带，握剑手带至左肋前方，力在剑刃，同时左剑指翻转收至腰间，再继续向左上方画弧举至额左上方，手心斜向上；眼视剑尖。（图17-4-14）

图17-4-12   图17-4-13   图17-4-14

要点：同向右平带，唯左右相反。

六、独立抡劈

（1）转体抡剑：右脚收至左脚内侧，脚尖着地；身体左转，右手持剑由前向下、向后画弧立剑斜置于身体左下方，左剑指下落，两手交叉于腹前；眼视左后方。（图17-4-15、图17-4-16）

（2）独立劈剑：右脚向前上步踏实，左腿屈膝上提，成右独立步；同时右手内旋上举，持剑画弧举于头上方，再向前下方立剑劈下，力在剑刃，右臂与剑成一条斜线，左手剑指向后、

向上画弧举至左上方，掌心斜向上；眼视前下方。（图 17-4-17）

要点：抢剑、举剑、劈剑应连贯，绕立圆，并与转腰、旋臂、独立配合一致。左手的运动要和持剑的右手相互配合，当右手持剑向前下方劈出时，左剑指由后向上画弧至头侧上方，两手一上一下、一前一后地对称交叉画立圆。

七、退步回抽

左脚向后落下，右手持剑外旋上提，再持剑回抽，剑把收于左肋旁，手心向内，剑尖斜向上，左剑指落于剑把上；同时重心后移，右脚随之撤回半步，成右虚步；眼视剑尖。（图 17-4-18）

要点：抽剑是立剑由前向后画弧抽回，力点沿剑刃滑动，右手手心先翻转向上将剑略向上提，随后由体前向后画弧收至右肋旁，避免将剑直线抽回。左脚后落的步幅不要过小，重心前后移动要充分，两腿虚实要分明。定式时，两臂撑圆合抱，上体左转，剑尖斜向右上方，两肩要松沉，不可紧贴身体。

八、独立上刺

身体微向右转，面向前方，右脚稍向前上步踏实，左腿屈膝提起；同时，右手持剑向前上方刺出（手心向上），力贯剑尖，高与头平，左剑指附在右腕部；眼视剑尖。（图 17-4-19）

要点：上步步幅不超过一脚长，上刺剑时，手与肩同高，两臂微屈。趁上刺之势，上体可微向前倾，不要耸肩、驼背。

图 17-4-15　　　　图 17-4-16　　　　图 17-4-17　　　　图 17-4-18　　　　图 17-4-19

【第二组】

九、虚步下截

左脚向左后方落步，右脚随即微向后收，脚尖点地，成右虚步；同时右手持剑随转体向左平摆，再随身体右转经体前向右、向下截按，剑尖略下垂，高与膝平，左剑指向左、向上绕举于头左上方（掌心斜向上）；双眼平视右前方。（图 17-4-20）

要点：下截剑时，主要用转体挥臂来带动剑向右下方截出，身、剑、手、脚要协调一致，剑身置于身体右侧。右虚步的方向左偏约 30°，转头目视的方向是偏右约 45°。

十、左弓步刺

（1）退步提剑：右脚向后退一步，重心右移，身体右转；同时，右手持剑向体前提起，高与胸平，剑尖指向左前方约 30°，再经头前后抽，手心翻转向外，左剑指附于右腕随剑一起回撤；眼视剑尖。（图 17-4-21）

（2）弓步平刺：身体左转，左脚收至右脚内侧（脚尖不点地），再向左前方迈出，脚跟着地，前移成左弓步；同时上体左转，右手持剑收于右腰间，再向左前方刺出，手心向上，力注剑尖，左剑指向下、向左、向上绕至左上方，手心斜向上，臂要撑圆；眼视剑尖。（图 17-4-22）

要点：右手持剑向下卷收时，前臂外旋，使手心转向上；同时仍要控制住剑身，使剑尖指向将要刺出的方向。全过程要在转腰的带动下，圆活、连贯、自然完成。

十一、转身斜带

（1）扣脚收剑：重心后移，左脚尖内扣，上体右转；同时右手持剑屈臂后收，横置胸前，手心向上，左剑指落在腕部；提脚转体，重心再移至左腿上；右脚提起，贴在左小腿内侧；剑向左前方伸送；眼视剑尖。（图 17-4-23）

（2）弓步右带：身体右后转，右脚向右前方迈出，成右弓步；同时右手持剑内旋翻转，手心向下，向右平带（剑尖略高），力在剑刃，左剑指仍附于右腕部；眼视剑尖。（图 17-4-24）

要点：弓步的方向为中线偏右约 30°，斜带是指剑的走向。

图 17-4-20　　　图 17-4-21　　　图 17-4-22　　　图 17-4-23　　　图 17-4-24

十二、缩身斜带

左脚提起后再向原位置落下，身体重心移向左腿，右脚随之收到左脚内侧，脚尖点地成丁步；同时，右手持剑向前微送，再右手翻转，手心向上，将剑向左平带（剑尖略高），力在剑刃，左剑指屈腕经左肋反插，向身后穿出，再向上、向前绕行画弧落于右腕部；眼视剑尖。（图 17-4-25）

要点：收剑时上体挺直，稍向右转。上体略向前探，送剑方向与弓步方向相同。收脚带剑时，身体向左转，重心落于左腿；要保持上体挺直，松腰松胯，臀部不外凸。

十三、提膝捧剑

（1）虚步分剑：右脚后退一步，重心后移，左脚微后撤，脚尖着地成虚步；同时两手向前伸送，再向两侧分开，手心都向下，剑斜置于身体右侧，剑尖向前。（图17-4-26）

（2）提膝捧剑：左脚略向前垫步，右膝向前提起，成独立步；同时右手持剑翻转向体前画弧摆送，左剑指变掌也摆向体前，捧托在右手背下面，两臂微屈，剑身直向前方，剑尖略高；眼视前方。（图17-4-27）

要点：右脚退步要略偏向右后方，上体转向前方。两手向体前摆送要走弧线，先微向外，再向内在胸前相合。捧剑时，两臂微屈，剑把与胸部同高。

十四、跳步平刺

（1）捧剑前刺：右脚向前落下，重心前移，左脚点地；同时两手捧剑微向下、向后收至腹前，再两手捧剑向前伸刺。（图17-4-28）

（2）跳步分剑：右脚蹬地，左脚随即前跨一步踏实，右脚在左脚将落地时迅速向左小腿内侧收拢；同时两手分撤至身体两侧，手心都向下，左手变剑指。（图17-4-29）

（3）弓步平刺：右脚向前上步，重心前移成右弓步；同时，右手持剑向前平刺（手心向上），左剑指绕举至额左上方，手心斜向上；眼视剑尖。（图17-4-30）

要点：向前跳步，动作轻灵、柔和。刺剑、分剑、再刺剑，动作连贯，上下肢配合协调一致。

图17-4-25　　图17-4-26　　图17-4-27　　图17-4-28　　图17-4-29　　图17-4-30

十五、左虚步撩

（1）收脚绕剑：重心后移，上体左转，右脚收至左脚前，脚尖点地；同时，右手持剑随转体向上、向后画弧，剑把落至左腰间，剑尖斜向上，左剑指落于右腕部。（图17-4-31）

（2）上步左撩：上体微右转，右脚向前垫步，脚尖外撇，上体继续右转，重心前移至右腿，左脚进步，成左虚步；同时，右手持剑随身体转动，立剑向下、向前撩出，手心向外，停于右额前，剑尖略低，左剑指仍附于右腕部；眼视剑尖。（图17-4-32）

要点：剑运行的路线，一要贴身，二要立圆，同时右前臂内旋，右手心转向外，虎口朝下，活握剑把，力达剑的前端。整个撩剑的动作要在身体左旋右转的带动下完成，要协调完整、连贯圆活，不要做成举剑拦架的动作。

十六、右弓步撩

（1）转体绕剑：身体右转，同时右手持剑向后画圆回绕，剑身竖立在身体右侧，手心向外，左剑指随剑绕行收于右肩前。（图17-4-33）

（2）上步右撩：身体微左转，左脚向前垫步，脚尖外撇，右脚前进一步，重心前移成右弓步；同时右手持剑由下向前反手立剑撩出，手心向外，高与肩平，剑尖略低，左剑指经腹前再向上绕至额左上方，手心斜向上；眼视前方。（图17-4-34）

要点：持剑手要活握把，剑尖不要触地，整个动作要连贯圆活。

  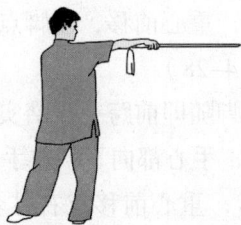 

图 17-4-31　　　　图 17-4-32　　　　图 17-4-33　　　　图 17-4-34

【第三组】

十七、转身回抽

（1）转体收剑：身体左转，左腿屈膝，重心左移，右脚尖稍内扣；同时右臂屈肘将剑收到体前，与肩同高，剑身平直，剑尖向右，左剑指落于右腕上；眼视剑尖。（图17-4-35）

（2）弓步劈剑：身体继续左转，左脚尖外撇，右腿自然蹬直成左弓步；同时右手持剑向左下方劈下；眼视剑尖。（图17-4-36）

（3）虚步前指：重心移向右腿，右膝弯曲，上体稍向左转，左脚撤半步，成左虚步；同时右手持剑抽至右胯后，剑斜置于身体右侧，剑尖略低，左剑指随右手后收，后坐抽剑，再向前指出，高与眼齐；眼视剑指。（图17-4-37）

要点：剑指向前指出，左脚点地成虚步，上体向左回转，三者要协调一致。虚步的方向和剑指所指的方向为中线偏右约30°。下抽剑时，要立剑向下、向后走弧线抽回，下剑刃着力。

图 17-4-35　　　　　　　图 17-4-36　　　　　　　图 17-4-37

十八、并步平刺

左脚略向左移，身体左转，右脚向左脚并步；同时左剑指内旋并向左画弧，右手持剑外旋翻转，经腰间向前平刺，左剑指收经腰间翻转变掌捧托在右手下，手心均向上；眼视前方。（图 17-4-38）

要点：刺剑和并步要协调一致，方向正中；剑刺出后两臂要微屈，两肩要松沉。

十九、左弓步拦

（1）转体绕剑：右脚尖外撇，左脚跟外展，身体右转，两腿屈蹲；右手持剑，手心转朝外，随转体由前向上、向右绕转，左手变剑指附于右腕部，随右手绕转。（图 17-4-39）

（2）上步拦剑：左脚向左前方上步，脚跟着地，身体左转，重心前移，成左弓步；右手持剑由右向下、向左前方拦架，力在剑刃，剑与头平，剑尖略低，右臂外旋，手心斜向内，同时左剑指向下、向左上绕举于额左上方；眼视剑尖。（图 17-4-40）

要点：绕剑时以剑把领先，转腰挥臂，剑贴近身体左立圆。拦剑是反手用剑下刃由下向前上方拦架，力在剑刃。拦剑时，剑要在体右侧随身体右旋左转，贴身绕一完整的立圆，右手位于左额前方，剑尖位于中线附近。

二十、右弓步拦

重心略后移，左脚尖外撇，身体先微左转再右转，右脚经左脚内侧向右前方迈出一步，成右弓步；同时右手持剑在身体左侧画一整圆，向右前托起拦出，手心向外，高与头平，剑尖略低，剑身斜向内，左剑指附于右腕部；眼视前方。（图 17-4-41）

要点：与左弓步拦相同，只是左右相反，弓步方向为中线偏右约30°，眼随剑移动。

图 17-4-38   图 17-4-39   图 17-4-40   图 17-4-41

二十一、左弓步拦

重心略后移，右脚尖外撇，其余动作与右弓步拦相同，唯左右相反。右手剑拦出时，右臂外旋，手心斜向内。（图 17-4-42）

要点：参看右弓步拦。

二十二、进步反刺

（1）转体后刺：右脚向前上步，脚尖外撇，上体微右转；同时，右手向下屈腕收剑，剑把落在胸前，剑尖转向下，左剑指也落在右腕部；身体继续右转，两腿交叉屈膝半蹲，左脚跟离地，成半坐盘姿势；右手持剑向后立剑平刺手心向前（起势方向），左剑指向前指出，手心向下，两臂伸平；眼视剑尖。（图 17-4-43）

（2）弓步反刺：剑尖上挑，上体左转，左脚前进一步成左弓步；同时右臂屈收，经头侧向前反手立剑刺出，手心向外，与头同高，剑尖略低，左剑指收于右腕部；眼视剑尖。（图 17-4-44）

要点：反刺剑时，右臂、肘、腕皆先屈后伸，使剑由后向前刺出，力达剑尖。右手位于头前稍偏右，剑尖位于中线，与面部同高。松腰松胯，上体挺直，不可做成侧弓步。

二十三、反身回劈

右腿屈膝，左脚尖内扣，上体右转，重心再移至左腿，右脚提起收至左小腿内侧，向右前方迈步，重心前移成右弓步；同时右手持剑上举，随转体向右前方劈下，左剑指下落至腹，再向上绕至额左上方，手心斜向上；眼视剑尖。（图 17-4-45）

图 17-4-42　　　　　　　图 17-4-43　　　　　　　图 17-4-44　　　　　　　图 17-4-45

要点：左脚尖要尽量内扣，右脚提收后不要做成独立步。剑要劈平，剑身与臂成一条线，力在剑尖中段。劈剑和弓步要协调一致，同时完成。

二十四、虚步点剑

上体左转，左脚提起向起势方向上步，脚尖外撇，随即右脚上步落在左脚前，脚尖点地，成右虚步；同时右臂外旋，画弧上举向前下方点出，展臂提腕，力注剑尖，左剑指下落经体左侧向上绕行，在体前与右手相合，附于腕部；眼视剑尖。（图 17-4-46）

要点：举剑时，右手略高于头，剑身斜向后下方，剑刃不要触身。虚步和点剑的方向与起势方向相同。点剑时要活握剑把，腕部上提。点剑时右臂先向下沉落，再伸臂提腕，高与肩平；点剑与右脚落地协调一致，同时完成；身体保持挺直。

【第四组】

二十五、独立平托

右脚向左脚后插步，脚前掌着地，两腿屈膝半蹲，以两脚掌为轴，向右转至面向正西，随之左膝提起成右独立步；同时右手持剑在体前由右向上、向左绕环，绕经体前向上托架，剑身平，稍高于头，左剑指附于右腕随右手环绕；眼视前方。（图 17-4-47）

要点：绕剑要与向左插步同时进行；上体保持挺直，并微向左转。托剑是剑下刃着力，剑由下向上托架。平托剑时，右手要活把握剑，手心向外，举于头侧上方；剑身放平，剑尖朝前。

二十六、弓步挂劈

（1）转体挂剑：左脚向前横落，身体左转，两腿交叉成半坐盘势，右脚跟离地；同时右手持剑经体左侧向后挂，剑尖向后；左剑指附于右腕部。（图 17-4-48）

（2）弓步劈剑：身体右转，右脚前进一步，重心前移成右弓步；同时右手持剑翻腕上举向前劈下，剑身要平，与肩同高；左剑指经左后方绕至头左上方；眼视前方。（图 17-4-49）

图 17-4-46　　　　　　图 17-4-47　　　　　　图 17-4-48　　　　　　图 17-4-49

要点：挂剑时，腕部先屈，使剑尖转向下，随转体，右臂向下、向后摆动，虎口向后，剑尖领先，剑身贴近身体左侧向后挂，剑的运行路线成立圆。视线随剑移动。

二十七、虚步抡劈

（1）转体抡剑：身体右转，右脚尖外撇，右腿屈弓，左脚跟离地成叉步；同时右手持剑经右向下、向后反抡摆，左剑指落于右肩前，手心向下；眼视剑尖。（图 17-4-50）

（2）虚步劈剑：身体左转，左脚向前上步，脚尖外撇，右脚上步，脚尖着地成右虚步；同

时右手持剑翻劈抡举至头侧上方，再向前下抡劈，剑尖与膝同高，剑与右臂成一条斜线，左剑指落经腹前翻转画弧，侧举向上画圆，再落于右前臂内侧；眼视前下方。（图 17-4-51）

要点：抡劈剑时，剑先沿身体右侧抡绕一个立圆，再顺势向前下劈剑，力点仍为剑刃中部。整个动作完整连贯。下劈剑时剑身与右臂保持一条直线，不要做成点剑。

图 17-4-50　　　　　　　　　　　　图 17-4-51

二十八、撤步反击

上体右转，右脚提起向右方撤一步，随之重心右移，左脚跟外展，左腿自然蹬直成右侧弓步（横挡步）；同时右臂外旋，手心斜向上，同左剑指一起略向回收，再向后上方反击，力在剑刃前端，剑尖斜向上，高与头平，左剑指向左下方分开，高与腰平，手心向下；眼视剑尖。（图 17-4-52）

要点：撤步时，右脚掌先向后撤，再蹬左腿。反击时，要在向右转体的带动下，将剑向右上方击打，右臂、肘、腕先屈后伸，力达剑前端。分手、弓腿、转体动作一致。

二十九、进步平刺

（1）提脚横剑：身体先微向左转，再向右转，左脚提起收于右小腿内侧；同时右手持剑先

向左摆，再翻掌向右领带，将剑横置于右胸前，剑尖向左，左剑指向上绕经面前落在右肩前，手心向下。（图 17-4-53）

（2）弓步平刺：身体左转，左脚向前落步，脚尖外撇，右脚上步，重心前移成右弓步；同时右手持剑向下卷裹，收于腰侧，再向前刺出，高与胸平，手心向上，左剑指经体前顺左肋反插，向后再向左上绕至头侧上方；眼视剑尖。（图 17-4-54）

要点：以腰带臂，以臂领剑，剑走平弧；剑卷落时，右臂外旋，手心转向上，剑尖指向正前方。刺剑时转腰顺肩，上体挺直，剑与右臂成直线。刺剑、弓腿和剑指动作要协调一致。

三十、丁步回抽

重心后移，右脚撤至左脚内侧，脚尖点地成右丁步；同时，右手持剑屈肘回抽，手心向内，置于左腹旁，剑身侧立，剑尖斜向上，左剑指落于剑把之上；眼视剑尖。（图 17-4-55）

要点：抽剑时，右手先外旋，将剑把略向上提，随即向后、向下收至腹旁，剑走弧线抽回。

图 17-4-52　　　　图 17-4-53　　　　图 17-4-54　　　　图 17-4-55

三十一、旋转平抹

（1）摆步横剑：右脚向前落步，脚尖外摆，上体稍右转；同时右手翻掌向下，剑身横置胸前；左剑指附于右腕部。（图 17-4-56）

（2）扣步抹剑：上体继续右转，左脚向右脚前扣步，两脚尖相对成"八"字形；同时右手持剑随转体由左向右平抹，剑指仍附于右腕处。（图 17-4-57）

（3）虚步分剑：以左脚掌为轴向后转身，右脚随转体后撤一步，重心后移，左脚脚尖点地成左虚步；右手持剑在转体撤步时继续平抹，左剑指仍附于右腕部；在变虚步时，两手左右分开，置于胯旁，手心都向下，剑身斜置于身体右侧，剑尖位于体前；身体转向起势方向；眼视前方。（图 17-4-58）

要点：身体向右旋转近一周，转身要求平稳连贯、速度均匀；上体保持挺直。摆步和扣步的脚都应落在中线附近，步幅不超过肩宽。特别是扣步时，不可扫腿远落，也不要跨越中线过多，致使收势回不到原位。撤步要借身体向右旋转之势，以左脚掌先着地，摆步时脚跟先着地，扣步时脚掌先着地，撤步也是右脚掌先着地。

图 17-4-56　　　　　图 17-4-57　　　　　图 17-4-58

三十二、弓步直刺

左脚提起向前落步，重心前移成左弓步；同时右手持剑收经腰间，立剑向前刺出，高与胸平；左剑指附在右腕部；眼视前方。（图 17-4-59）

要点：左脚提起收至右脚内侧后再向前迈出。左剑指先收至腰间，再附于右腕一起将剑刺出。

【收　势】

（1）后坐接剑：重心后移，上体右转；同时右手持剑屈臂后引至右侧，手心向内，左剑指随右手屈臂回收，并变掌附于剑柄，准备接剑；眼视剑柄。（图 17-4-60）

（2）跟步收势：身体左转，重心前移，右脚向前跟步，与左脚平行成开立步；同时左手接剑上举，经体前垂落于身体左侧，右手变成剑指向下、向后画弧上举，再向前、向下落于身体右侧；眼视前方。还原成预备姿势。（图 17-4-61）

要点：接剑时，左掌心向外，拇指向下，与右手相对；两肘与肩同高，两肩注意松沉。换握剑后，左手持剑画弧下落与重心前移要协调一致，右剑指画弧下落与右脚跟进半步要协调一致。

图 17-4-59　　　　　　　图 17-4-60　　　图 17-4-61

第十八章

跆拳道运动

第一节　跆拳道概述

　　跆拳道是一种手脚并用的传统搏击格斗术，以其变幻莫测、优美潇洒的腿法著称于世，被世人称为踢的艺术，同时，也是一项紧张激烈、惊险刺激的以腿法对抗为主要形式的现代竞技运动，更是一门强健体魄、磨炼意志品质的高尚武道文化。跆拳道的发展也经历了很长的一段艰苦的历程，1961年9月韩国成立了唐手道协会，后更名为跆拳道协会，并使这项运动成为全国运动会正式竞赛项目。迄今为止，全世界已有160多个国家开展跆拳道运动，7000多万名爱好者参加练习；从而获得了世界第一搏击运动的称誉。跆拳道的第1届世界锦标赛和第1届亚洲锦标赛分别于1973年和1974年在韩国汉城（今首尔）举行。1986年跆拳道被列为第10届亚运会正式比赛项目。1988年被列为汉城奥运会的表演项目。1994年9月经国际奥委会正式通过，跆拳道被列为2000年奥运会正式比赛项目，设男女各四个级别。跆拳道运动已经成为完全独立的国际体育比赛项目。在世界锦标赛、亚运会和亚洲锦标赛上共设男女各八个级别，跆拳道每两年举办一次世界锦标赛和世界杯比赛。

　　跆拳道中的"礼仪"是跆拳道基本精神的具体体现。严格的礼仪、精神和行为规范教育，是跆拳道的重要内容。跆拳道练习虽然是以双方格斗的形式进行，但是不管它怎样激烈，由于双方都是以提高技艺和磨炼意志品质为目的，所以在双方各自内心深处都有向对方学习和表示敬意的心理。通过跆拳道训练，能培养学生勇猛善战、敢打敢拼的意志品质，坚忍向上的作风，讲究礼仪、修养及完善的人格。因此在学习、练习或比赛前后都一定要向对方敬礼，即跆拳道运动始终倡导的"以礼始，以礼终"的尚武精神。由于跆拳道是学生身体技能和精神的综合修炼，目的是使学生在艰苦的磨炼中培养出理想的人格和体魄，并能够真正掌握防身自卫的本领，因而必须对学生进行"礼仪"的教育和熏陶，培养学生克己礼让、宽厚待人和诚实谦逊的道德品质。

　　跆拳道的"礼仪"贯穿于整个人的行为规范中，在平时遇到老师、长辈要进行问候；在训练中，特别是在踢靶练习和自由对抗中，要向对方行礼，感谢对方为自己的训练付出的辛勤劳动。在训练场上，敬礼姿势从坐姿到站姿都有一定的规范要求。礼仪不只是形式上的表现，而是要发自内心的。在学习、训练过程中态度、方法要正确，要对跆拳道运动的历史、内容、特点、作用及教育意义有全面的了解和认识。学习态度端正，练习时着装整洁，对老师、对同学都要表现出恭敬、礼让、谦虚、互助互学的心态，在长期的学习和不断的比赛中逐渐将礼仪转化为心理动力，培养待人友善的言行举止、忍让和友好的生活态度、虚心和好学的学习风气，在尊重前辈、遵守信义的前提下磨炼技艺。

第二节　跆拳道基本技术

　　跆拳道以腿法的攻击为主，被称为踢的艺术。要想学好跆拳道，必须要学好、练好跆拳道的基本技术。

一、拳　攻

（一）动作要领

　　以左势实战姿势开始。右脚蹬地，向左转腰，右手拳从胸前向前击出；击打目标后，右臂回收至原来位置，仍成左势实战姿势。（图18-2-1）

（二）动作要点

1.判断准确，出拳果断。
2.出拳时要充分利用蹬地、转髋转腰、顺肩和旋腕的合力，力达拳面。
3.击打的瞬间，肩、肘、腕、指各关节紧张用力，聚力而发。
4.击打目标后迅速放松，收拳回到原来位置。

二、推　踢

（一）动作要领

　　以左势实战姿势开始。右脚蹬地屈膝提起，左脚以脚掌为轴向外旋转约90°，重心往前压，

同时右脚迅速向前方直线推踢，力点在脚掌；推踢后屈膝收腿成左势实战姿势。（图 18-2-2、图 18-2-3）

（二）动作要点

1. 提膝时尽量收紧大、小腿。

2. 身体重心往前移，加大前推时的力度。

3. 推踢时右腿往前上方伸展，髋向右上侧送。

4. 推踢时的用力方向是水平向前。

  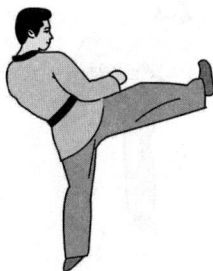

图 18-2-1　　　　　　图 18-2-2　　　　　　图 18-2-3

三、前　踢

（一）动作要领

以右势实战姿势开始。左脚蹬地屈膝提起，右脚以脚掌为轴向外旋转约 90°；同时左腿伸膝、送髋、顶髋把小腿快速向前踢出，力达脚背；踢击目标后迅速收回成右势实战姿势。（图 18-2-4、图 18-2-5）

（二）动作要点

1. 膝关节上提时大、小腿折叠，膝关节夹紧，小腿和踝关节放松。

2. 踢击时顺势往前送髋；高踢时往上送髋。

3. 小腿回收要与前踢一样快。

图 18-2-4　　　图 18-2-5

四、横　踢

（一）动作要领

以左势实战姿势开始。右脚蹬地夹紧向前、向上提膝，左脚以脚掌为轴脚跟内旋；右膝

关节抬至水平位置，小腿迅速向前踢出；击打目标后迅速收小腿，重心落下成左势实战姿势。（图18-2-6～图18-2-8）

（二）动作要点

1. 膝关节夹紧向前提膝，尽量走直线。

2. 支撑脚外展180°，使身体转向另一侧。

3. 髋关节往前上方送，上体与右腿在同一个平面内成直线。

4. 腰部发力，髋关节展开，大腿带动小腿，踝关节放松。

图18-2-6   图18-2-7   图18-2-8

五、后 踢

（一）动作要领

以左势实战姿势开始。左脚以脚掌为轴内旋成脚跟正对对手，上身旋转，右膝向腹部靠近，大、小腿折叠，右腿用力向攻击目标直线踢出，重心前移落下成右势实战姿势。（图18-2-9～图18-2-12）

图18-2-9   图18-2-10   图18-2-11   图18-2-12

（二）动作要点

1. 起腿后上体和大、小腿收紧。

2. 脚向后上方踢出后，力量通过脚跟沿出腿方向直线击出。

3.转身、提腿、出腿、发力等动作连贯、快速，一次性完成，不能停顿。

六、侧　踢

（一）动作要领

以左势实战姿势开始。右脚蹬地起腿，屈膝上提，左脚以脚掌为轴向外旋转180°，脚跟正对前方，右腿快速向右前上方直线踢出，力点在脚跟，放松收腿成左势实战姿势。（图18-2-13、图18-2-14）

（二）动作要点

1.起腿时，大、小腿夹紧，直线向上提起。
2.提膝、转体、踢击要协调、连贯；踢击时要转体、展髋，上体略侧倾。
3.踢击目标的瞬间，头、肩、腰、髋、膝、腿、踝在同一平面内。

七、下　劈

（一）动作要领

以左势实战姿势开始。右脚蹬地，重心前移，右脚上举至头部上方时，迅速向前下方劈落，用脚后跟或脚掌击打目标后，放松落地成右势实战姿势。（图18-2-15、图18-2-16）

图18-2-13　　　图18-2-14　　　　　图18-2-15　　　图18-2-16

（二）动作要点

1.腿尽量往高、往后举，身体重心抬高。
2.支撑脚脚跟离地，起腿要快速、果断，尽量向前上方送髋。
3.踝关节放松，脚向前下劈，落地要有控制。

八、摆 踢

（一）动作要领

以左势实战姿势开始。右脚蹬地屈膝提起，左脚以脚掌为轴向外旋转约180°，右脚向左前方伸出，用力向右侧水平击打，重心往前落下成左势实战姿势。（图 18-2-17～图 18-2-19）

图 18-2-17　　　　图 18-2-18　　　　图 18-2-19

（二）动作要点

1.起腿后右腿屈膝抬过水平位置，然后随转体内扣右膝关节。
2.右脚要随转体尽量向前上方伸展。
3.右脚掌向右鞭打时要屈膝扣小腿。

九、后旋踢

（一）动作要领

以左势实战姿势开始。左脚以前脚掌为轴向外旋转90°，上身旋转，重心前移，屈膝收腿，右腿向右后方最高点伸出并用力向左屈膝击打，重心在原地旋转，身体继续转动，脚落于原来位置，恢复成左势实战姿势。（图 18-2-20～图 17-2-23）

（二）动作要点

1.转身、旋转、踢腿动作连贯。
2.击打点在正前方，腿的运行轨迹呈水平弧线。
3.屈膝起腿的旋转速度要快。
4.蹬地、转腰、转上体、摆腿依次发力。

图 18-2-20　　　　图 18-2-21　　　　图 18-2-22　　　　图 18-2-23

十、双飞踢

（一）动作要领

两人从闭势实战姿势开始。攻方居右先用右横踢攻击对方左肋部，随即左脚蹬地起跳，身体腾空右转，用左横踢迅速踢击对方胸部或腹部，左脚横踢目标后迅速前落成左势实战姿势。（图 18-2-24～图 18-2-28）

  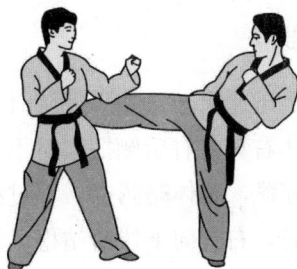

图 18-2-24　　　　　　　　图 18-2-25

图 18-2-26　　　　图 18-2-27　　　　图 18-2-28

（二）动作要点

1.右腿横踢目标的同时左脚蹬地起跳。

2.左脚起跳后迅速随身体右转，并用左脚横踢目标。

3. 两腿在空中完成交换动作后，右脚先落地。

十一、旋风踢

（一）动作要领

以左势实战姿势开始。以左脚掌为转动轴，脚跟向前转动一周，右脚屈膝上提，随身体转至正对前方时，左脚蹬地跳起向左横踢，右、左脚依次落地。（图 18-2-29 ～图 18-2-31）

图 18-2-29　　　　　图 18-2-30　　　　　图 18-2-31

（二）动作要点

1. 转体动作要迅速果断，左脚外旋时脚跟正对前方。
2. 右腿随身体右转向右后侧摆起时不要过高，以能带动身体旋转起跳为宜。
3. 左脚蹬地起跳，身体略腾空，不过膝，目的是快速旋转出腿。
4. 左腿横踢时，右腿向下快落站稳，即横踢目标的同时右脚落地。

第三节　跆拳道基本战术

一、假动作或假象战术

用逼真的假动作或假象欺骗对手，引其上当，分散其注意力，使其露出破绽，利用这个机会猛烈攻击而得分。

二、心理战术

比赛开始前，利用情绪、动作和表情等威慑对手，比赛中用气势压倒对手，或利用规则允许和基本允许的各种手段，干扰对方情绪，给对方造成心理负担，使对手技战术发挥失常，挫伤对方的锐气，发挥自己的优势，在气势上战胜对方。

三、防守反击战术

利用防守好的特点，在防守的基础上利用反击技术打击对方。

四、体力战术

对于耐力好的运动员来说，要充分发挥体力比对方好的优势，让对手和自己一直处于运动之中，与对方比拼体力，耗掉对方的体力而战胜对手。

五、步法战术

利用自己步法灵活和动作敏捷的优势，围绕对手游斗，引对手上当或扰乱其情绪；待对方反击时又迅速撤退或靠近对手，扰乱对手的情绪和攻防意图，破坏对手的进攻而战胜对手。

六、优势战术

在比赛平分的情况下，利用规则上允许的技术，靠主动进攻次数或使用高难技术而取胜。规则中规定，在比赛平分的情况下，裁判员根据双方主动进攻的次数和使用高难技术的多少进行判定，进攻次数或使用高难技术多的一方为胜方。

七、语言战术

教练员和运动员达成默契的配合，用语言引诱对手上当受骗；但要注意语言的隐蔽性和合理性，既能够使对方上当，又不要触犯规则。

竞技跆拳道的各项战术是互相矛盾、互相克制的，正如每个进攻方法都有反攻一样。由于跆拳道比赛过程情况复杂、变化多端，对手多种多样，运动员应根据比赛中随时变化的情况，灵活机动地运用一种或多种战术，从而达到比赛的预期目的。

第四节　跆拳道竞赛规则简介

一、比赛时间

跆拳道竞赛每场比赛为 3 局，每局比赛 2 分钟，局间休息 1 分钟。比赛时间和比赛局数也可根据实际情况做相应调整，由比赛技术代表决定调整为每局比赛 1 分钟或 1 分半钟，或调整为每场比赛设 2 局。

二、比赛开始和结束

每场比赛开始前，主裁判员给出"青"（Chung），"红"（Hong）的口令，示意双方运动员进入比赛区。双方运动员相向站立，听到主裁判员发出"立正"（Cha-ryeot）和"敬礼"（Kyeong-rye）的口令时互相敬礼。主裁判员发出"准备"（Joon-bi）和"开始"（Shi-jak）口令开始比赛。最后一局比赛结束后，主裁判员发出"立正"（Cha-ryeot）、"敬礼"（Kyeong-rye）口令时，运动员相互敬礼。主裁判员举起获胜方一侧的手臂，面向记录台宣判。

三、允许使用的技术

跆拳道竞赛规则允许使用的技术有拳的技术和脚的技术两种。拳的技术指紧握拳、使用直拳，用指关节部分击打的技术；脚的技术指使用踝关节以下部位进行击打的技术。

四、允许攻击的部位

跆拳道竞赛规则允许攻击的部位只有两个，一是头部，二是躯干。在对抗中，允许使用拳和脚的技术攻击被护具包裹的躯干部位（除脊柱之外）；拳的技术只允许击打电子护具包裹部位中灰色和蓝色或者灰色和红色部位；用拳击打电子护具灰色以上的任何部位，将视为犯规行为。只允许用脚的技术攻击锁骨以上的头部。

五、有效得分

使用有效拳的技术击打躯干部位得 1 分；使用有效踢击技术击打躯干部位得 2 分；使用有效旋转踢技术击打躯干部位得 3 分；使用有效踢击技术击打头部得 3 分；使用有效旋转踢技术击打头部得 4 分。被判罚 1 个"扣分"则给对方加 1 分。

六、计分和公布

在未使用电子头盔的情况下，边裁判员使用手动计分设备对击打头部技术予以确认。如果主裁判员认为一方运动员被踢击技术击中头部而站立不稳或被击倒，并开始读秒，但电子头盔未确认此次得分时，主裁判员应提出录像审议申请进行裁决。

七、犯规行为与判罚

下列犯规行为判罚"扣分"：越出边界线；倒地；回避或拖延比赛；抓或推对方运动员；为阻碍对方运动员进攻而提膝阻挡或踢对方运动员腿部，或提膝控腿超过 3 秒并无任何攻击技术以阻碍对方运动员的进攻，或有意图踢击对方腰部以下部位的行为；踢击对方腰部以下部位；"分开"口令后攻击对方运动员；用手攻击对方运动员头部；用膝部顶撞或攻击对方运动员；攻击倒地的运动员；运动员或教练员有不良言行。

八、犯规败

当一名运动员被判罚 10 个"扣分"时，主裁判员判其"犯规败"。当一名运动员操纵计分系统或拒绝服从主裁判员口令时，主裁判员判其"犯规败"。

九、加时赛和优势判定

3 局比赛结束后比分相同，进行第 4 局加时赛，时间为 1 分钟。先得分一方运动员或对方被判罚 2 个"扣分"时，得分一方获胜。

加时赛结束时双方均未得分，则第 4 局加时赛中电子护具感应击打次数多的一方获胜。如果击打次数相同，则前 3 局比赛中获胜局数多的一方获胜。上述条件仍相同时，整场 4 局比赛中被判罚"扣分"少的一方获胜。上述条件仍相同时，由临场裁判员进行优势判定。

附 录

大学生体质健康评分表

附表-1 体重指数（BMI）单项评分表 （单位：千克/米²）

等 级	单项得分	大学男生	大学女生
正 常	100	17.9 ~ 23.9	17.2 ~ 23.9
低体重	80	≤17.8	≤17.1
超 重		24.0 ~ 27.9	24.0 ~ 27.9
肥 胖	60	≥28.0	≥28.0

附表-2 大学男生各测试项目评分表 （大一、大二适用）

等级	单项得分/分	肺活量/毫升	50米跑/秒	坐位体前屈/厘米	立定跳远/厘米	引体向上/次	耐力跑1000米/分·秒
优 秀	100	5040	6.7	24.9	273	19	3'17"
	95	4920	6.8	23.1	268	18	3'22"
	90	4800	6.9	21.3	263	17	3'27"
良 好	85	4550	7.0	19.5	256	16	3'34"
	80	4300	7.1	17.7	248	15	3'42"
及 格	78	4180	7.3	16.3	244		3'47"
	76	4060	7.5	14.9	240	14	3'52"
	74	3940	7.7	13.5	236		3'57"
	72	3820	7.9	12.1	232	13	4'02"
	70	3700	8.1	10.7	228		4'07"
	68	3580	8.3	9.3	224	12	4'12"

续　表

等　级	单项得分/分	肺活量/毫升	50米跑/秒	坐位体前屈/厘米	立定跳远/厘米	引体向上/次	耐力跑1000米/分·秒
及　格	66	3460	8.5	7.9	220		4'17"
	64	3340	8.7	6.5	216	11	4'22"
	62	3220	8.9	5.1	212		4'27"
	60	3100	9.1	3.7	208	10	4'32"
不及格	50	2940	9.3	2.7	203	9	4'52"
	40	2780	9.5	1.7	198	8	5'12"
	30	2620	9.7	0.7	193	7	5'32"
	20	2460	9.9	−0.3	188	6	5'52"
	10	2300	10.1	−1.3	183	5	6'12"

附表-3　大学男生各测试项目评分表　　　　（大三、大四适用）

等　级	单项得分/分	肺活量/毫升	50米跑/秒	坐位体前屈/厘米	立定跳远/厘米	引体向上/次	耐力跑1000米/分·秒
优　秀	100	5140	6.6	25.1	275	20	3'15"
	95	5020	6.7	23.3	270	19	3'20"
	90	4900	6.8	21.5	265	18	3'25"
良　好	85	4650	6.9	19.9	258	17	3'32"
	80	4400	7.0	18.2	250	16	3'40"
及　格	78	4280	7.2	16.8	246		3'45"
	76	4160	7.4	15.4	242	15	3'50"
	74	4040	7.6	14.0	238		3'55"
	72	3920	7.8	12.6	234	14	4'00"
	70	3800	8.0	11.2	230		4'05"
	68	3680	8.2	9.8	226	13	4'10"
	66	3560	8.4	8.4	222		4'15"
	64	3440	8.6	7.0	218	12	4'20"
	62	3320	8.8	5.6	214		4'25"
	60	3200	9.0	4.2	210	11	4'30"

293

等　级	单项得分 /分	肺活量 /毫升	50米跑 /秒	坐位体前屈 /厘米	立定跳远 /厘米	引体向上 /次	耐力跑 1000米 /分·秒
不及格	50	3030	9.2	3.2	205	10	4'50"
	40	2860	9.4	2.2	200	9	5'10"
	30	2690	9.6	1.2	195	8	5'30"
	20	2520	9.8	0.2	190	7	5'50"
	10	2350	10.0	−0.8	185	6	6'10"

附表-4　大学女生各测试项目评分表　　　　　　　　（大一、大二适用）

等　级	单项得分 /分	肺活量 /毫升	50米跑 /秒	坐位体前屈 /厘米	立定跳远 /厘米	1分钟仰卧 起坐/次	耐力跑800米 /分·秒
优　秀	100	3400	7.5	25.8	207	56	3'18"
	95	3350	7.6	24.0	201	54	3'24"
	90	3300	7.7	22.2	195	52	3'30"
良　好	85	3150	8.0	20.6	188	49	3'37"
	80	3000	8.3	19.0	181	46	3'44"
及　格	78	2900	8.5	17.7	178	44	3'49"
	76	2800	8.7	16.4	175	42	3'54"
	74	2700	8.9	15.1	172	40	3'59"
	72	2600	9.1	13.8	169	38	4'04"
	70	2500	9.3	12.5	166	36	4'09"
	68	2400	9.5	11.2	163	34	4'14"
	66	2300	9.7	9.9	160	32	4'19"
	64	2200	9.9	8.6	157	30	4'24"
	62	2100	10.1	7.3	154	28	4'29"
	60	2000	10.3	6.0	151	26	4'34"
不及格	50	1960	10.5	5.2	146	24	4'44"
	40	1920	10.7	4.4	141	22	4'54"
	30	1880	10.9	3.6	136	20	5'04"
	20	1840	11.1	2.8	131	18	5'14"
	10	1800	11.3	2.0	126	16	5'24"

附表–5　大学女生各测试项目评分表　　　　　　　（大三、大四适用）

等 级	单项得分/分	肺活量/毫升	50米跑/秒	坐位体前屈/厘米	立定跳远/厘米	1分钟仰卧起坐/次	耐力跑800米/分·秒
优　秀	100	3450	7.4	26.3	208	57	3'16"
	95	3400	7.5	24.4	202	55	3'22"
	90	3350	7.6	22.4	196	53	3'28"
良　好	85	3200	7.9	21.0	189	50	3'35"
	80	3050	8.2	19.5	182	47	3'42"
及　格	78	2950	8.4	18.2	179	45	3'47"
	76	2850	8.6	16.9	176	43	3'52"
	74	2750	8.8	15.6	173	41	3'57"
	72	2650	9.0	14.3	170	39	4'02"
	70	2550	9.2	13.0	167	37	4'07"
	68	2450	9.4	11.7	164	35	4'12"
及　格	66	2350	9.6	10.4	161	33	4'17"
	64	2250	9.8	9.1	158	31	4'22"
	62	2150	10.0	7.8	155	29	4'27"
	60	2050	10.2	6.5	152	27	4'32"
不及格	50	2010	10.4	5.7	147	25	4'42"
	40	1970	10.6	4.9	142	23	4'52"
	30	1930	10.8	4.1	137	21	5'02"
	20	1890	11.0	3.3	132	19	5'12"
	10	1850	11.2	2.5	127	17	5'22"

附表–6　大学生加分指标测试项目评分表一　　　　　　　（单位：次）

加　分	引体向上（男）		1分钟仰卧起坐（女）	
	大一、大二	大三、大四	大一、大二	大三、大四
10	10	10	13	13
9	9	9	12	12
8	8	8	11	11
7	7	7	10	10

续 表

加 分	引体向上（男）		1分钟仰卧起坐（女）	
	大一、大二	大三、大四	大一、大二	大三、大四
6	6	6	9	9
5	5	5	8	8
4	4	4	7	7
3	3	3	6	6
2	2	2	4	4
1	1	1	2	2

注：引体向上（男）、1分钟仰卧起坐（女），均为高优指标，学生成绩超过单项评分100分后，以超过的次数所对应的分数进行加分。

附表-7　大学生加分指标测试项目评分表二　　　　（单位：分·秒）

加 分	1000米跑（男）		800米跑（女）	
	大一、大二	大三、大四	大一、大二	大三、大四
10	-35″	-35″	-50″	-50″
9	-32″	-32″	-45″	-45″
8	-29″	-29″	-40″	-40″
7	-26″	-26″	-35″	-35″
6	-23″	-23″	-30″	-30″
5	-20″	-20″	-25″	-25″
4	-16″	-16″	-20″	-20″
3	-12″	-12″	-15″	-15″
2	-8″	-8″	-10″	-10″
1	-4″	-4″	-5″	-5″

注：1000米跑（男）、800米跑（女）均为低优指标，学生成绩低于单项评分100分后，以减少的秒数所对应的分数进行加分。